아비나바 바라티의
# 숭고미의 미학(味學)

<표지 그림 설명>

### 아름다운 <악마의 다리>
(Teufelsbein der shönen)

그 옛날 한 도망자가 꿈꾼
<천사들이 오르락내리락 했다는
그 **숭고(崇高)의 사닥다리**>가
혹 저런 것이었을까?

저 높은 곳의 **돌**(석재)로
이 아래쪽의 수도원을 짓느라
저 **나귀**들은 <희생의 짐>을 졌으리라.

이곳과 저곳을 연결하는
**저 다리는 몹시도 험난하여**
"**악마의 다리**"라고 했다는데……

아, 이런!
그 옛날 <바벨탑>과는
<(벽)**돌**의 운반 방향>이 정반대구먼!
그래서 "**아름다운(美)**"이고.

※ **나귀**는 土星(Saturn, 안식일)의 짐승으로 <창조적 고뇌>를 말한다.

아비나바 바라티의

# 숭고미의 미학(味學)

- 그 <미적 경험>, 차맛카라! -

金恩在 지음

지혜의나무

# 목차

# 들어가며

우리는 누구나 <아름다운 것>을 보면 감탄하고 이끌린다. 어떤 이는 <아름다운 얼굴과 몸>을 보고, 어떤 이는 <아름다운 행동과 한 편의 **드라마** 같은 행위>를 보고, 또 어떤 이는 <한 폭의 그림 같은 풍광>을 보고, 어떤 이는 <아름다운 시나 황홀한 음악>을 듣고서, 또 어떤 이는……

우리는 모두 <(나름의) 아름다운 것들>에 끌린다. 우리의 시선은 그쪽을 향하고, <더 아름다운 것>을 볼 때마다 우리 눈의 동공(瞳孔)은 무의식적으로 더 열리게 되고, 우리의 마음은 들떠서 그쪽으로 움직이게 된다. 왜 그런가?

그것은 어쩌면 우리 자신도 잘 알아채지 못하는 <인간 정신 요소>의 이상(理想)인 **진선미**(眞善美)의 무의식적인 추구에서 나온 어떤 것일지도 모르고, 아니면 신비가들의 황홀경인 "**삿-칫-아난다**" 즉 <**존재**(存在)-**의식**(意識)-**지복**(至福)>이라는 그 어떤 것의 "**맛**(味, 라사)"일지도 모른다.

☯

6

&lt;궁극의 실재&gt;를 향한 우리의 &lt;궁극적 관심&gt;인 종교를, 만약 종교학자 루돌프 옷토처럼, 이렇게 정의한다면……

"Mysterium tremendum et fascinans!"
"두렵고도 매혹적(魅惑的)인 신비(神秘)!"

&lt;그것&gt;은 저 미학자(美學者) 에드먼드 버크의 책 『A Philosophical Enquiry into the Origin of Our Ideas of the Sublime and Beautiful』 즉 &lt;숭고(崇高)와 아름다움(美)이라는 우리의 관념의 기원(起源)에 대한 철학적(哲學的) 탐구&gt;라는 제목처럼 미학(美學)에서도 찾을 수 있을 것이다.

여기서 "철학적(Philo-sophical) 탐구"는 당연히 &lt;진리(眞理, 실재)에 대한, 우리의 진지하고 줄기찬 사랑(善美)&gt;이어야 한다.

☯

움베르토 에코의 &lt;미(美)의 역사&gt;는 처음에 고대 그리스의 이상적인 미를 다루면서 이런 말로 시작한다. 미(美)라는 것이 도대체 무엇인가? 그리고 그 유명한 델피의 신탁(神託)은 이렇게 선언한다고 전한다.

## "가장 올바른 것이 가장 아름답다!"

필자는 이 <신탁(신의 말씀)>을 따라 <아름다운 것>과 <가장 아름다운 것>, 그리고 <올바른 것>과 <가장 올바른 것>을 찾아보려고 한다.

필자는 미학자가 전혀 아니다. 그러므로 이 책을 그렇게 읽으려들지 말길. 필자는 미학을 잘 모른다. 그러나 아름다운 것과 올바른 것을 좋아하고 사랑하는 것만큼은……

어쨌든 미학과 문학, 예술을 끌어다 쓸 것이다. 그들 역시도 분명 아름답고 올바르고 숭고한 것을 느끼고 추구했을 터. 그렇지만 이 책은 <미학(美學) 서적>이 아니다. 그래서 **미학**(味學)이라고 했다.

일찍이 저 **탄트라 알로카**를 쓴 **아비나바굽타**는 후에 **아비나바 바라티**라는 책도 썼는데, 바라타의 <나탸 샤스트라>에 대한 주석이라고 한다.

그리고 현대에 와서 **탄트라 알로카**를 번역했던 **라니에로 뇰리**(Raniero Gnoli)는 1956년 - 필자가 태어난 해다. - <아비나바굽타에 따른 미적 경험>이라는 작고 아름다운 책을 썼는데, 바로 **아비나바 바라티**를 따른 것이다.

그리고 또 이 책은 **뇰리**의 그 책을 따른 것이고.

## "가장 올바른 것이 가장 아름답다!"

올바른 것을 찾아 아름다운 것을 맛보려는 일에 무슨 시비가…… 일찍이 **아비나바굽타**는 말했다.

**"만약 내가 잇차(맛보려는 '입맛')를 갖지 않으면 지식(맛보아 아는 일)은 가능하지 않다!** 어떤 것이 나타났을 때, 그쪽으로 향하지 않는 것은 그것을 피하는 것이다. (선뜻) **향하는 일은** (이전에, 아니면 전생에 가졌던) **아난다(기쁨의 맛)의 경험 없이는 가능하지 않다!** 그것이 사람이 자신이 싫어하거나 모르는 것 쪽으로는 잘 나아가지 않는 이유다."

그러니 혹 **행운(복)이 있으면**, 아니면 혹 **인연이 있으면**, 아니면 혹 **하늘의 뜻이 있다면**……, 우리는 성경이 권하는 그 유명한 것을 맛볼지도 모른다.

## "너희는 여호와의 선하심을 맛보아 알지어다!"

여기의 **여호와**는, 물론, 소위 이 현실의 교회나 시원찮은 신학자들이 말하는 그런 것이 전혀, 전혀 아니다. 이것은 필자가 피를 토하며 **밝히려고 하고**, **드러내려고 하는** 무엇이다.

여호와는 야훼 즉 <**있는 (이) 무엇**>이다. 한자로 **실재**, **현존**이다. **참나**, **얼나**다. <모든 것(**전체성**)> 아니면 <**하나님**(一者性)>이다. 그러나 그 어떤 말도 **그것**에게는 맞지 않을 것이다.

**그러나 그것을 "맛본" 인간들은 분명히 있었다!**

우리는 그런 사람을 성경의 용어로는 <**성령 받은 자**>, 불교의 용어로는 <**깨달은 자**(붓다)>, 트리카 용어로는 <**은혜를 베푸는 존재**(쉬바)> 등으로 부를 지도 모른다.

이 책은 <**지금 이 글을 읽고 있는 독자인 내가 바로** 그런 무엇이 (될 수 있)다>는 것을 말하고 또 안내하기 위해서다. 굳이 말하면 주로 **샥토파야**가 이끌어가는……

그러므로 플라톤의 <향연(饗宴, Symposium)>에 니오는 저 현명한 무녀(巫女, 여선지자) 디오티마의 말대로 차근차근히 할 일이다. **아름다움과 숭고를 "느끼는"** 일은 우뇌(右腦)의 것으로, 이른바 감정의 **일이지만, 샥토파야는 좌뇌**(左腦)**의 것, 지성**(이성, **언어)의 일이기 때문이다!**

(좌뇌와 우뇌에 관한 것은, 바로 나의 뇌에 관한 것인 만큼, **비갸나 바이라바**의 <나가며> 부분 등을 참고하라.)

이 책을 꾸미며 참고한 책과 또 읽어야 할 책을
몇 권 소개한다.

1. 『The Aesthetic Experience According to
   Abhinavagupta』
   - 아비나바굽타에 따른 <미적 경험> -
   라니에로 놀리, 2015

2. 『The Naṭya-śāstra(나탸 샤스트라)』
   - A treatise on Hindu Dramaturgy and
     Histrionics(인도 극작법과 연극의 연구) -
   Manomohan Ghosh 역(譯), 1951

3. 『미(美)의 역사』
   움베르토 에코, 2017

4. 『앙겔루스 노부스』
   - 탈근대의 관점으로 다시 읽는 미학사 -
   진중권, 2017

5. 『인도(印度) 음악(音樂)』
   윤혜진, 2009

"숭고(崇高)"라는 한자어는 <높을 숭, 높을 고>로 "뜻이 높고 고상(高尙)하다"는 뜻이고,

　**숭고미**는 "숭고한 느낌을 주는 아름다움"으로,

　**철학**에서는 <미적 범주의 하나>로, "자연을 인식하는 '나'가 자연의 조화를 현실에서 추구하고 실현하고자 하는 태도를 보임으로써 미의식(美意識)이 나타난다. <인간의 보통 이해력으로는 알 수 없는 **경이**(驚異), **외경**(畏敬), **위대**(偉大)함 등의 느낌>을 준다."고 국어사전은 말한다.

　**철학**과 **종교**의 경계(境界)가 무엇인가?
　"경계"라는 것이 실제로 있기나 한 것인가?

　**숭고미**(崇高美)가 "인간의 보통 이해력으로는 알 수 없는 **경이**(驚異), **외경**(畏敬), **위대**(偉大)함 등의 느낌을 주는 것"이라면……
　그것은 **종교**의 저 "**성**(聖)**스러움**"일 수도 있다.
　그래서 **미학**(美學)이라는 **취미**(趣味)의 **맛**(味)에다 이 『**숭고미의 미학**(味學)』의 **맛**(味)과 <**성스러움의 의미**(意味)>의 **맛**(味)을 더한다면……

　6. 『**성스러움의 의미**(意味)』
　　　루돌프 옷토 지음, 길희성 옮김, 2021

# 제 1 장

## 숭고미(崇高美)의 뜻맛

< 1 > 온몸은 아름다움을 찾고
< 2 > 서양 미학의 정원에서


제 1 장에서는 주로 <공간적인, 시각적인 것> 즉 미술(?)을 다루고,

제 2 장에서는 주로 <시간적인, 청각적인 것> 즉 음악(?)을 다루고,

제 3 장부터는 <공간적인 것과 시간적인 것> 즉 우주(宇宙)가 관련되는 연극('놀이')을 다룬다.


그리고 또 "숭고(崇高)"와 "숭고미(崇高美)"라는 말을 필자는 특별히 가리지 않고 쓴 곳도 있음을 일러둔다. <숭고>, <숭고함>, <숭고한 무엇>은 그 자체가 아름답기 때문이다.

## < 1 > 온몸은 아름다움을 찾고

고요한 달밤

고요한 달밤에 거문고를 안고 오는 벗이나
단소를 손에 쥐고 오는 이가 있다면
굳이 줄을 골라 곡조를 아니 들어도 좋다

이른 새벽에 홀로 앉아 향을 사르고
산창에 스며드는 달빛을 볼 줄 아는 이라면
굳이 불경을 아니 외워도 좋다

아침 일찍 일어나 세수한 물로 화분을 적시며
난초 잎을 손질할 줄 아는 이라면
굳이 화가가 아니라도 좋다

저문 봄날 지는 꽃잎을 보고
귀촉도 울음소리를 들을 줄 아는 이라면
굳이 시인이 아니라도 좋다

구름을 찾아가다가 바랑을 베개하고
바위에 기대어 잠든 스님을 보거든
굳이 도에 대한 이야기를 하지 않아도 좋다

14

해 저문 산야에서 나그네를 만나거든
어디서 온 누구인지 물을 것도 없이
굳이 오고가는 세상사를 들추지 않아도 좋다


젊은 시절 "내 생활(삶)의 전부였던" 교회를 떠나 시골의 산야에서 주말을 보낼 즈음, <배경음악이 깔린 mp3 파일>로 들었던 이 시낭송에 나는 혼자 눈물을 글썽이곤 했다. 지금도 그렇지만……

시 감상을 따로 할 필요는 없으리라. 스님-시인 답게 각 연의 끝에 **"아니, 아니라도, 않아도"**라는 <부정의(불교적) 말>에다, **"좋다"**라는 <긍정의(힌두적) 말>로 마치는 것이 무엇보다 **좋다!**


굳이 한마디 하자면, **"거문고, 단소, 울음소리"**로 청각(聽覺)을, **"향(香)"**으로는 후각(嗅覺)을, **"손질"**로는 촉각(觸覺)을, **"달빛"** 등으로는 시각(視覺)을, **"불경(佛經), 이야기, 들추는 것"** 등으로는 마음 즉 지각(知覺)을 묘사하고 있고, 그리고 음악인, **화가**, **시인**, 구도자, 야인(野人)을 그리고 있다.


필자도 어릴 적, 감각(感覺)이 무엇인지, <어떻게 내가 내 앞의 것을 아는지, 인식하는지> 궁금했다. 일부러 눈을 감고, 어둠 속에 손을 내밀어 주위를 더듬곤 했다. 그리고 어두워 아무것도 보이지 않을 때면 손과 귀에 의지해야 한다는 것도 알았고……

촉각(觸覺, 스파르샤)은 성(性) 즉, 섹스를 다룬 <뱀과 얼나 이야기>에서 충분히 다룬 것으로 하자. "성(性)은 성(聖)이 될 수 있다!"는……

촉각 즉 감촉은, 지금 미학(美學)을 다루는 입장에서라면, 저 미켈란젤로의 작품 <천지 창조>의 <신(神)과 아담(인간)의 접촉>을 꼭 기억하기를.

그 <아찔한 순간>을…… 꼭 기억하기를.

<남성과 여성의 접촉>뿐만 아니라 <신과 인간의 접촉>은 어떤 <새로운, 절대의 세계>를, 즉 <천국(하나님의 나라)>을 창조하니까 말이다.

참고로 미켈란젤로는 <미가엘 천사>라는 뜻이고, 미가엘은 <누가 하나님과 같은가?>라는 뜻이다. 그 무엇을 신성(하나님)에 비길 수 있겠는가? 화가가 말하듯이, <그런 접촉의 경험> 말고는.

후각(嗅覺)은 소설 <향수(香水) - 어느 살인자의 이야기>에서 잘 다루고 있다. (<뱀과 얼나 이야기>에서 다루었고, <거울 속에서>에서 깊이 다룬다.)

한마디로, 주인공 장 바티스트 그르누이는 작가 파트리크 쥐스킨트가 우리에게 "<사랑의 향기>를 날리는" 그리스도로 묘사하면서 소개하고 있다.

"여섯 살이 되었을 때, 그는 <후신경(嗅神經)을 통해> - <냄새에 관한, '신(神)의 말씀'>을 통해 - 주변의 모든 사물을 파악했다. 집에 있는 모든 것, 모든 사람, 돌과 나무, 심지어 작은 얼룩에 이르기까지 그는 냄새로 알아낼 수 있었다. 그는 수십만 가지의 독특한 냄새를 수집했고 그것을 자유자재로 아주 정확하게 다룰 수 있었다.

  어디 그 뿐인가. 심지어 그는 상상(想像) 속에서 냄새들을 서로 섞을 수도 있었기 때문에 이 <현실 세계에서는 존재하지 않는 냄새>를 만들어 낼 수도 있었다. 마치 자신이 체험한 모든 냄새의 색인이 실린 커다란 사전을 갖고 있는 것 같았다. 그래서 그것을 이용해서 <냄새의 단어로 이루어진 새로운 문장>을 얼마든지 마음대로 만들어 내고 있었다."

  [마치 "천국의 제자된 서기관마다 마치 새것과 옛것을 그 곳간에서 내어 오는 주인과 같다"는 그 말은 **그르누이** 같은 천재에게나 어울릴 것이다.]

  "아마도 그의 재능은 <청각을 통해서 **멜로디**와 **하모니** 그리고 절대음(絶對音)을 알아낼 수 있을 뿐만 아니라, 완벽하게 새로운 **멜로디**나 **하모니**를 만들어 낼 수 있는 음악의 신동>에 비교하는 것이 가장 적절할 것이다. 물론 <냄새의 자음과 모음>은 음계와는 비교할 수 없을 정도로 방대하고 다양할 뿐만 아니라, **그르누이**라는 신동(神童)의 창조 활동 은 오로지 그의 내면세계에서만 이루어지고 있기 때문에, **그 자신 외에는 어느 누구도 알아채지 못 한다**는 차이점은 있었다."

[그는 <선(善)과 악(惡)을 초월해서> 살인(殺人)과 활인(活人)을 "살고 있었다." 그러나 우리는 작품의 줄거리만을 보고, 그저 자기 목적을 위해 저지르는 "어느 살인자의 이야기"로만 알고는 넘어간다.]

아마도 **쥐스킨트**는 <"개(犬)만도 못한" 우리의 후각>을 주제로 해서, 현대를 살아가는 우리에게 <우리가 잃어버린 그 무엇>을 조금이라도 냄새 맡 으라고, 맛보라고, 이 멋있는 <**향수**(Perfume)>를 한 병 가득, 선물로 준 것은 아닐는지……

미각(味覺)은……
초, 중, 고등학교에서 <혀의 미뢰(味蕾)>를 공부 하며 <단, 짠, 신, 쓴 맛>만을 배웠다. 그리고 한때, 우리나라 TV **프로그램**에서 모든 <먹거리의 맛>은 오로지 "담백한 맛"(그 표현) 뿐이었다.
하여튼 미학(味學)은 앞으로 다룰 주제여서 잠시 미루고, 청각(聽覺)과 시각(視覺)을……

문자 즉 말로 음악의 아름다움을 전하기는 정말 어렵다. 그 어떤 음악가, 그 어떤 작곡가가 자기가 연주하고, 만든 음악의 아름다움을 말로써 표현할 수 있을까? 그래서 백아절현(伯牙絶絃)의 이야기도 있지 않은가?

"단현(斷絃)"이라는 말은 금슬(琴瑟) 즉 거문고와 비파의 줄이 끊어졌다는 뜻으로, <**사랑하는 아내의 죽음**>을 가리키기도 한다. 필자는 한동안 <아내를 찾지 못하여 몹시 그리워하는 꿈>을 자주 꾸었다. 잠에서 깨면서 옆에 아내가 누워 있는 것을 보고 의아해 하면서 말이다.

꿈의 아내는 **아니마** 즉 <나의 영혼>을 말한다. 나의 <내면성>, <여성성>, <감성(感性)>을 말한다. 그런 것이 약하거나 없을 때면, "나"라는 현악기는 마치 줄이 끊어진 것과도 같았으리라. 그러니 어찌 <조화(調和)로운 소리>가 나올 수 있었겠는가?

그러나 화가의 미술과 시인(詩人)의 시와 문학은 그렇지 않다. (우리가 쓰는 감각 에너지의 대부분은 시각적인 것이라, 그림과 말로 표현할 수 있다.)

오페라와 영화는 <종합(?) 예술>이라고 흔히 말한다. 영화에 대한 것은 **안드레이 타르코프스키**의 <봉인된 시간>을 읽으면 좋을 것이다.

<종합(?) 예술>이라는 말이 나왔으니 하는 말이지만, 시각과 청각을 합쳤다고 종합은 아닐 것이다. 그런 의미에서 가만히 생각해보면, 진정한 <종합 예술>은 건강한 사람의 경우, 우리의 이 삶 자체가 아닐지…… 멋있는 <한 편의 진정한 종합 예술> 즉 나의 <인생(人生) 드라마>를 만들 일이다.

<바베트의 만찬>이라는 영화가 있었다. 그것이 만약 <프랑스 요리에 관한 영화>라면, 그것은 너무 피상적인 것이다. 어릴 때, "<영국 신사>가 <일본 여자>와 함께 <프랑스 요리>를 먹는 것"이 최고로 멋진 일이라는 말을 들은 적이 있다.

TV 시청이 유선으로 되면서 **채널**과 **프로그램**의 수가 엄청나다. 그러나 볼 만한 것은 별로 없다.

"엥겔지수"가 우리네 생활수준을 가늠하는 척도라고 배운 것을 기억한다. "**무엇을 먹을까 무엇을 입을까**"와 관련된 **프로그램**은 우리의 영성 수준을 가늠하는 척도일지도 모른다.

예수는 비유를 통해, <존재계가 한 상(床) 가득 차려놓았다>고 하면서, 우리더러 그것을 맛보라고 초대한다. 그러나 우리는 <이런저런 핑계(이유)로> 그 잔치에 가지 않는다. "와서 **맛보라!**" 존재계의 **은혜**라는 그 맛을, 아니면 **현존**이라는 그 맛을.

비갸나 바이라바는 말한다.

**먹고 마셔라. 그리고 느껴라.**

그러나 그것은 소설과 영화로 만들어진 <**장미의 이름**>에서처럼 아리스토텔레스의 <시학(詩學)>의 잃어버린 <희극편>을 "손가락 끝에다 침을 묻혀서 책장을 넘겨가면서 혀로 맛보는" 그런 일은 물론 아닐 것이다.

어떻게 해야 **숭고**를 맛볼 수 있을 것인가?

<**숭고**라는 그 체험, 그 경험>은 이 책에다 손을 얹고, 인도의 어느 시골에서 사온 향(香)을 맡으며, 저 앨버트 케텔비의 <**어느 수도원의 뜰에서**(In a monastery garden)>를 들으며, **카스파허 다비트 프리드리히**의 <**참나무 숲의 수도원**>을 보며, 자기 <말(Words)은 가치(worth)가 있다>는 워즈워스의 <**틴턴 수도원**>을 음미(吟味)해야 하는 것인가?

## < 2 > 서양 미학의 정원에서

[<서양 미학의 정원에서>는 <미학 이전의 미학>, 칸트의 <아름다움과 숭고함의 감정에 관한 고찰>을 나름 간추리려고 했다.

"수십 년 만에 겨우 살아난 것 같은 이 필자의 감정과 느낌>을 또 묶어버리는 것 같아" 학문적, 철학적인 이야기는 그만두려고 안간힘을 썼으나, 결국은 <판단력 비판>까지 오게 되었다.

그리고 여기에 필자가 옮기는 것들은 <서양 미학 정원의 진면목>은 아닐 것이다. 또 필자는 <그럴 위치>에 있지도 않다.]

미학에 관한 임마누엘 칸트의 <판단력 비판>이 나오기까지 서구(西歐)의 <미학 이론>은 대략 세 가지로 나뉘어져 있었다고 한다.

상티망(sentiment, 정감)이라는 개념을 중심으로 전개된 ① 프랑스의 <정감론(情感論) 미학>, 감정과 취미(趣味)라는 개념을 토대로 전개된 ② 영국의 <경험론 미학>, 또 완전성(Vollkommenheit)이라는 개념을 중심으로 객관적 미(美) 개념을 파악하려고 했던 ③ 독일의 <이성론 미학>이 그것이다.

프랑스의 정감론은 영국의 취미론으로 흡수되고,

22

다시 이것은 독일의 **칸트**에서 하나로 종합된다고
한다. (우뇌의 것이 좌뇌로 흡수된 모습이다.)

☯

　우선 필자의 "**숭고미**"라는 말은 에드먼드 버크의
저 <숭고와 아름다움의 관념의 기원에 대한 철학적
탐구>에서 애써 분리(分離)한 <숭고와 아름다움>의
합성어나 통합어(?)도 아니고, 또 <문학이 추구하는
아름다움(美)의 범주>인, 비장미(悲壯美)와 우아미
(優雅美), 골계미(滑稽美), 숭고미의 그것도 아니다.
　["그러면 당신(필자)의 '숭고미'의 정의(定義)는
도대체 무어요?"라고 물으신다면…… 허, 참! 대략
아래의 논리(?)로 답하리다.]

　현대의 작가 **파스칼 키냐르**는 <은밀(隱密)한 생>
에서 이렇게 말한다.

　"<아름다운 글>은 발음되기도 전에 **들린다**.
　그것이 문학이다.
　<아름다운 악보>는 연주되기도 전에 **들린다**.
　그것이 미리 **준비된** 서양 음악의 찬란함이다.
　음악의 원천은 소리의 생산에 있지 않다. 그것은
**<듣기>라는 절대 행위** 안에 있다.

창조 행위에서 이 <절대 행위>는 소리의 생산에 선행한다. <작곡>이라는 행위가 이미 그것을 듣고, 그것으로 작곡을 한다.

선행하는 이 <자신의 (소리 없는) 소리 듣기>는 본래 소리의 **<문지방(limina) 아래(sub)>**[1]에 있다. 그것은 즉흥적 음악에 비해 난해한 음악의 특성인 **<한계 밑으로(sub-limitas, 제한 너머)>**[2]에 있다."

✍ 영어 "sublime(숭고한)"은 [1]이나 [2]에서 파생된 말이다. **바이카리 바크**가 아닌, **마드야마 바크**나 **파쉬얀티 바크**를 듣는 것을 말한다.

**숭고**의 그리스어는 "ὕψος(힙소스)"로 <고양된, 높이 들린>의 의미다. **뱀과 얼나 이야기**에서 다루었다. 휘페로온(다락방, upper room)으로 말이다.

<문지방 **아래**>든 <(**위**의) 다락방>이든 그 의미는 같다.

"아래"나 "위"가 <똑같은 **의미**(意味, 뜻의 **맛**)>일 때, 그때 성경은 우리에게 이루어진다.

**Littera enim occidit, Spiritus autem vivificat!**
**문자는 사람을 죽이고, 성령은 사람을 살린다!**

"아래"와 "위"가 문자 그대로 다르다고 느낄 때, 우리는 그 무엇인가로부터 분리되어 있는 것이고, <똑같은 "뜻의 맛(意味)">일 때, 그것은 영(靈)이 작용한 것으로 그것이 "사람을 활기차게, 우리를 살아 있게" 하는 것이다.

그것이 <숭고의 아름다움>이다. 그것이 필자의 **숭고미**다. (혹 필자의 '숭고'가 엉뚱하게 오해될까 하여 <나가며>에서까지 사리고 보듬는다.) ⧖

☯

롱기누스는 <숭고에 관하여(Peri **Hypsous**)>에서 이렇게 말한다.

"<진정한 숭고미>는 **어떤 <내적인 힘>이 작용함으로써 우리의 영혼이 위로 들어 올려져**, 우리는 고양(高揚)과 자부심 넘치는 의미로 충만하게 되고, 또 우리가 들었던 것을 마치 우리 자신이 그것을 만들어낸 것처럼 여기도록 만드는 데 있다."

한마디로, 숭고미라는 것은 <**독자(관객) 스스로가 창조자가 되어**, (인간이란 한계를 극복하는) **지고한 상상의 세계를 경험하는, 그런 미적 체험**>이라는 것이다.

"만약 읽고(보고, 듣고) 난 뒤에, <우리가 단순히 알고 있는 그 이상의 의미>를 주지 않는다면, 그 글(작품)은 숭고미의 성질을 지니지 못한 것이다. **되풀이하여 읽어(보고, 들어)도 그 효과가 감소되지 않는 작품이 위대한 작품이다.** 그 글(작품)이 주는 호소력에 저항하기가 어렵고 불가능할 정도이면, 그 글(작품)은 기억 속에 견고히 자리를 잡아 망각되지 않을 것이다.

**진리와 아름다움에 대한 숭고미의 성질은 어느 시대에나 모든 사람들을 즐겁게 하는 그런 작품들 속에 들어 있다.** 추구하는 대상, 생활 방식, 나이, 언어가 다른 사람들이 모두 똑같은 방식으로 생각하는 작품들에는 숭고미의 특성이 들어 있다."

☯

버크는 <숭고와 아름다움의 관념의 기원에 대한 철학적 탐구>의 서론 <취미(趣味)에 관하여>에서 이렇게 썼다.

"하지만 트집 잡을 만한 빌미를 주지 않기 위해 미리 말하면, 내게 **취미(趣味)**는 <감성적 능력>을 뜻하거나, **<상상력의 산물이나 고상한 예술 작품에 대해 판단하는 정신적 능력>**을 뜻한다."

하지만 필자가 트집(?) 잡고 싶은 것은 **취미**라는 말을 사용한 일이다. **취미**(趣味)라는 한자는 <맛을 ① 향해, ② 달려, ③ 다다르는(미치는, 이르는) 것>이다. 그것이 "趣"의 뜻이다.

"**취미**"라는 말의 영어는 "Taste(**맛**)"가 으뜸이다. 그 <맛이 가득할(taste-ful)> 때 "우아한, 고상한" 사람이고, 그 <맛이 없을(taste-less)> 때 "천박한" 사람이다. 하여튼 **버크**도 미각(taste, 취미 능력)을 자세히 말하고 있다. 그는 말한다.

"우리 외부에 존재하는 대상들과 관련된, 인간의 내부에 존재하는 능력을 아는 대로 모두 열거하면 <감각 능력>, <상상력> 그리고 <판단력>을 들 수 있다."

필자에게 <감각 능력>이란 **갸나 인드리아** 즉 <다섯 가지 감각 인식의 힘>을 말하는 것 같고, 또 <상상력>은 **마나스** 즉 마음을, <판단력>은 **붓디** 즉 지성(知性) 정도를 말하는 것 같다.

**칸트**의 판단력에 **붓디** 이상의 의미를 부여하려는 시도는 아무래도 무리일 것 같다. 또 그것은 <순수 이성>에 **붓디** 이상의 의미를 부여하려는 것과 같을지도 모르겠다. (<단순 비교>는 어불성설이다!)

일단 **칸트**의 <이성>은 좌뇌의 것으로, 그리고 또 <판단력>은 우뇌의 것으로 받아들이는 일은 무리가 없을 듯하다. (이것도 <단순 비교>일지 모른다.)

**"사람의 마음은 차이보다는 닮은 점을 발견할 때 훨씬 더 흥분하고 만족감을 느끼게 마련이다.** 왜냐하면 우리는 유사성을 발견하거나 모방을 하면서 기존의 이미지들을 결합하여 또 새로운 이미지들을 창조하여 우리의 지적 자산을 늘려가기 때문이다."

"(아주 무지한 사람이라도) 비유나 비교, 은유나 **알레고리에는** 아주 뛰어난 능력을 보이는 현상은 바로 이런 이유 때문이다."

"취미가 상상력과 관련되는 한, 그 원리는 모든 인간에게 동일하다. 그것이 영향을 받는 방식이나 그 원인에 아무런 차이도 존재하지 않는다. 하지만 그 정도에는 차이가 있는데, 그 이유는 두 가지다.
하나는, 어떤 사람의 천부적 감수성이 다른 사람보다 더 예민하기 때문이고,
또 하나는, 어떤 사람이 **어떤 대상에 대해** 다른 사람보다 **더 자세하게 긴 시간을 들여 주의 깊게 관찰하기 때문**이다."

"**감수성에 결함이 있으면 취미(趣味)가 결여된다.** 판단력이 약하면(결함이 있으면) <잘못된 취미>나 <나쁜 취미>가 생긴다."

"고령으로 인해 연약해져서 어느 정도 여성적인 편파성마저 갖게 된 우리의 할아버지들은 무척이나 사랑한다."

<영적 경험>을, <영적 체험>을 중요시하는 필자로서는 <이런 영국의 경험론(?)>에 솔깃하지 않을 수 없다!

이제 숭고의 감정에 대한 이야기를 들어보자.

"<자연 속에 존재하는 거대하고 숭고한 사물>이 불러일으키는 가장 강력한 감정은 **경악**(驚愕, **차맛 카라**, astonishment, **경이**, 驚異)이다.

**경악은 <우리 영혼의 모든 움직임이 일시적으로 정지된 상태>**를 말하는데, 거기에는 **약간의 공포가 수반**된다.

이 경우 우리 마음은 그 대상에 완전히 사로잡혀 다른 어떤 대상도 생각하지 못하고, 우리 마음을 사로잡은 그 대상에 대해 이성적으로 사고할 수도 없다.

여기에서 **숭고**의 엄청난 힘이 생겨난다.

**숭고**는 이성적 추론으로 생겨나는 것이 아니라 오히려 그것을 앞질러서 **<저항할 수 없는 힘>으로 우리를 몰아붙인다.**

**숭고**의 효과 중에서 가장 강력한 것은 **경악**이며, 그보다 약한 효과는 **경탄과 숭배, 존경**이다."

☯

이제 **칸트**의 <판단력 비판>을 간단하게 살핀다.

(<**칸트 철학**>에 대한 우리의 연구는 <강씨(康氏) 철학설대략(哲學說大略)>으로 1900년대 초(初)라고 하니, 미국 선교사들이 세운 대구 계성(啓聖)학교 개교 시기쯤이다.

필자는 세 가지만을 다룬다. 그것이 "**숭고미**"를 다루는 이 책의 목적에도 맞다.)

잘 아는 대로 **칸트**의 비판서는 <순수이성 비판>, <실천이성 비판>, <판단력 비판>으로, 필자는 이들 비판을 좀 비판(批判, 손으로 때리고 칼로 베는 일, "**가시를 빼기 위한 가시**"로써)하려고 한다.

<**칸트 철학 용어**>에 익숙한 이에게는 괜찮겠지만 그렇지 못할 경우에는 오해와 곡해의 연속이 아닐 수 없다. 그래서 <칸트의 세계(?)>를 "**필자가 아는 한에서**"(간단히) **확충**하려고 한다.

✍ <확충(擴充, amplification)>은 융의 용어다. <꿈의 해석(解釋)>에서 확충은 아주 필요한 것이다. 설명은 생략한다.


그리고 **"필자가 아는 한에서"**라는 것은, 이렇게 말할 수 있다. (시건방진 소리로 들릴 수 있지만,) <이 지상(地上)에서 **"내 위에 별이 빛나는 하늘**(der bestirnte himmel über mir)"을 보는 것>이 아닌 <저 어두운 우주 허공(虛空) 같은 "내 안에서 별이 떠돌며 빛나는 하늘"을 보는 것>을 말하고,

<**"내 안의 도덕 법칙**(das das moralische Gesetz in mir)"을 행함>만이 아닌 <**"내 안팎의 의식**"이 출현된 삶과 죽음을 사는 것>을 말한다.

그런 것이 인도의 철학 특히 **카시미르 쉐이비즘** (스승들)의 경험이고 시야이기 때문이다.

참고로, 우주 안의 이 모든 것은 **의식**(意識)에서 출발한 것이고, 단지 우리의 시각이 어느 (단계의) **탓트와**의 것이냐의 차이일 뿐이다. ⧖


먼저 일반적인 것부터……


**칸트**의 비판서 전체는 <인간이란 무엇인가?>에 대한 것이라고 하며, 각 비판서의 주제는 (필자가 약간 고쳐) 대략 다음과 같다고 한다.

<제1 비판서>는 <나는 무엇을 알아야 하는가?>
<제2 비판서>는 <나는 무엇을 해야만 하는가?>
<제3 비판서>는 <나는 무엇을 바라야 하는가?>

<순수(純粹) 이성(理性)>은 <reinen vernunft, pure reason>으로, "이성"의 국어 사전적 의미는 다음과 같다.

① <개념적으로 사유하는 능력>을 (감각적 능력에 상대하여) 이르는 말

② <진위, 선악을 식별하여 바르게 판단하는 능력>

③ <절대자를 직관적으로 인식하는 능력>

④ <칸트 철학>에서, <선천적 인식 능력>인 <이론 이성>과 <선천적 의지 능력>인 <실천 이성>을 통틀어 이르는 말.

좁은 의미로 (감성, 오성과 구별되어) <이데아에 관계하는 더 높은 사고 능력>.

그리고 만약 <칸트 철학>으로 "들어가면", <순수 이성>에만 책 한 권이 모자랄 지경이고, 그다음은 <실천 이성>이 기다리고 있고, 또 그다음은 이들을 연결한다는 <판단 이성(판단력)>이 기다리고 있을 것이다. 그래서 <칸트 연구>에 한 평생을 바쳤다는 이도 있다. 정확하게 말하면 이들은 <칸트의 말(의 유희)>에 한 평생을 바친 것이다.

(1) <숭고에 대한 정의>로부터 시작하자.

그는 "<단적으로, 절대적으로 큰 것>을 우리는 '숭고하다'고 부른다."고 하면서 "그것과 비교했을 때 다른 모든 것이 작은 것"이라고 한다.

"숭고란 <우리가 그것을 단지 생각할 수 있다는 것>만으로도 <감각기관의 모든 척도를 능가하는> 어떤 마음의 능력이 있음을 증명하는 것이다."

[그러면서 잘 아는 대로 그는 <수학적 숭고>와 <역학적 숭고>를 말한다. 여기서 <칸트의 세계>로 더 "들어가지" 않고, 비갸나 바이라바가 추천하는 <그것과 만나는 방편, 그것을 경험하고 체험하는 방법>을 소개하는 것으로 그치고자 한다. 왜냐하면 이른바 '생각은 생각으로' - '철학은 철학으로' - 끝날 때가 많기 때문이다.]

**구름 너머를 보라.**

<보는 것>으로다. <생각하는 것>으로가 아니다. 단지 하늘을 보라. 하늘은 무한(無限)하다. 하늘은 그 어디에도 끝이 없다. **하늘은 어떤 대상(對象)이 아니다.** 언어적으로는 그렇다. 그러나 <존재적으로> 하늘은 하나의 대상이 아니다.

대상은 시작과 끝이 있는 것으로, 우리는 대상의 주위는 한 바퀴 돌 수 있다. 그러나 하늘의 주위를 돌 수는 없다. 아니면 돌 수 있겠는가? 우리는 그 안에, 그 속에 있다. 그러므로 우리가 하늘의 대상일지는 몰라도, 하늘이 우리의 대상일 수는 없다. 우리는 그것을 <볼> 수는 있겠지만, <다른 대상을 보듯이> 볼 수는 없다.

내가 <어떤 꽃>을 바라보고 있다면, 그러면 나는 무언가를 바라보고 있는 것이다. 어떤 꽃이 거기에 있다. 그러나 하늘은 거기에 있는 무엇이 아니다. <하늘>이란 말이 우리에게 어떤 의미인가? **그것은 <거기에 아무것도 있지 않는 것>을 말한다. 하늘은 (텅 빈) 공간(空間)을 의미한다.**

모든 대상들이 하늘 안에 있다. 그러나 하늘은 대상이 아니다. 그것은 단지 허공(虛空)이고, <대상들이 존재할 수 있는 공간>이다. 하늘 자체는 단지 <텅 빈 것>이다. 그것이 **구름 너머**라고 한 이유다. 구름은 하늘이 아니다. 그것은 하늘 안에서 떠도는 대상이다. 하늘을 보라.

무슨 일이 일어날 것인가? 하늘, 그 **<텅 빈 것>** 에서는 우리의 감각으로 파악(把握)될 대상이 없다. 거기에서는 움켜쥐고 매달릴 대상이 없기 때문에 우리의 감각은 쓸모가 없게 된다. 만약 <생각하는 것 없이> 푸른 하늘을 들여다볼 수 있다면, 우리는 갑자기 모든 것이 사라져 버렸다는 것을, 거기에는 아무것도 없다는 것을 느낄 것이다.

우리는 문득 나 자신을 알아채게 될 것이다. 그 **<텅 빈 것>을 들여다보는 것으로 우리는 <텅 비게> 된다.** 왜냐하면 우리의 눈은 거울과 같기 때문이다. 우리의 눈 앞에 있는 것은 무엇이든 반영된다.

그러나 우리가 <텅 비어 있는 것>을 들여다보고 있을 때면, 거기에는 반영될 것이 아무것도 없다. 아니면 **<텅 빈 것>**만 반영된다.

## 구름 너머를 보라.

<텅 빈 것>이 속에 반영될 때…… <텅 빈 것>에 걱정이 있고, 욕망과 긴장이 있을 수 있겠는가? <텅 빈 것>에 마음이 있겠는가? 그런 것은 멈추고, 사라진다.

우리는 욕망한다. 식욕과 성욕과 소유욕, 그래서 생각하고 긴장하는 것이다. 예쁜 여자가 지나간다. 갑자기 어떤 욕망이 일어나고, 마음은 혼란해진다. 마음은 여러 갈래로 흩어져 꿈과 투사(投射)를 시작한다. 나는 잠시 미치게 된다. 욕망이 모든 광기의 씨앗이다.

그러나 <텅 빈 것>을 바라볼 때는 어떤 욕망도 일어나지 않는다. 아니면 일어나겠는가? 그 누구도 <텅 빈 것>을 소유하고 싶지 않다. <텅 빈 것>을 소유하고 싶다? 마음의 움직임이 멈춘다.

**어떤 것을 묵상하든, 우리는 그것처럼 된다.** 왜냐하면 **마음은 무한한 형태를 취(取)할 수 있기 때문이다.** 그것이 부(富)를 추구하는 사람은 그 마음이 단지 재화(財貨)가 되는 이유다. 그를 흔들어 보면 돈 소리를 들을 수 있다.


(2) <합목적성(Zweckmäßigkeit)의 원리>

칸트에 따르면, **판단력은 <특수한 것은 보편적인 것에 포함된 것으로 사유하는 능력>을 말하며**[1], 또 이 판단력은 (우리가 보통 잘 알고 있는) <규정적 판단력>과 (이 <판단력 비판>에서 말하는) <반성적 판단력(reflektierende Urteilskraft)>으로 나눈다.

✍ [1] 얼핏 보면, <별 것> 아닌 것 같은 말이지만 아주 굉장한 말이다. 몇 가지 논거로 그렇다.
① **비쉐샤 스판다** 즉 <특별한 창조적 박동>은 **샥티**의 본성이고, **사만야 스판다** 즉 <우주(보편)적 창조의 박동>은 **쉬바**의 본성이다.

② 인간은 바이카리를 통해 무엇을 <말하고>, 또 마드야마를 통해 <생각(개념화)하고>, 파쉬얀티를 통해 어떤 <미확정적인 상태>를 경험하고, 파라를 통해 내적으로 어떤 <진리(실재)>를 경험한다.

이 <원초적 경험>에 대한 것을 "자세히 살피면(깨어서 체험하면)", 그것은 곧 **나 자신의 <선험적(경험 이전의, a priori) 의식>이라는 것은 확고한 것이다. 이것은 반박될 수 없는 사실이다.**

③ "Analogia Entis(존재의 유비)"다! 저 스콜라 철학의 **모토** 중 하나다.

④ <깨달은 사람>은 "나는 깨달았다."는 느낌이 없(어야 한)다. (**파라 트리쉬카**에서 다루었다.)

⑤ 그러나 우리는 대개 "나는 특별하다!"고 생각하며 살아가고 있다.

그러니 **칸트**의 "판단력"이란 말에 대한 판단력은 아주 굉장한 것이다. ⌛


이제 <반성적 판단력(Reflective Judgment)>을 "반성하는 자세로" 살펴본다. (<반성하는 모습>은 일단은 보기 좋으니….) 김상현은 이렇게 말한다.


"<반성적 판단력>은 우리가 <'우연의 일치'라고 부르는 현상들>, 즉 <지성의 법칙이나 이성의 실천 법칙으로는 해명할 수 없는 현상들>을 위해서다.

그래서 <반성적 판단력>으로 현상을 통일적으로 인식하기 위해서는, 지성이나 이성에서 유래하는 원리와는 다른, 판단력에서 유래하는 원리가 필요하고, 이를 <합목적성의 원리>라고 부른다.

<합목적성의 원리>는 반성적 판단력이 '자연을 반성하기 위해 자신에 대해 하나의 법칙을 지정'한 것이지, 대상을 인식하거나 자연의 체계적 통일이 객관적임을 주장하기 위한 것이 아니다."

겨우 <반성적 판단력>을 이해하려는 필자에게, 또 <합목적성의 원리>라는 것이······ <합목적성>은 <목적에 부합함, 목적에 맞음>이란 뜻으로 목적을 전제로 하는 것인데, 백종현의 책에는 그 합목적성에다 "<목적 없는> 합목적성"이란 말이 나오면서, **칸트**는 인간에게 그런 감정 원리가, <미적 감정>이 있다고 했다고 한다.

[<판단력 비판>을 간단하게 읽으려면 김상현의 책을, <3대 비판서>를 간략하게 읽으려면 백종현의 <인간이란 무엇인가>를 추천한다.

하여튼 **"목적 없는"** <미적 감정>은 곧 "실용성이 없는 것", <비-보통적인 것>으로 나중에 많이 다룰 것이다. 굳이 장자에 나오는 <미친 사람>의 말로 하면 "무용지용(無用之用)"정도······]

그리고 **하인텔**은 합목적성(合目的性)을 <주관적 합목적성>과 <객관적 합목적성>으로 구분하고, 또 <객관적 합목적성>은 어떤 것들로 구분하고……

"필자가 보기에"[1] 그런 것은 별로 convenience (편의성)도, suitability(적합성)도, 또 usefulness (유용성)도 아닌 것 같다.

(독일어 "Zweckmäßigkeit"의 뜻이 그렇다.)

✍ [1] 잘 아시다시피, <철학과 모든 학문(생각)>은 <구분하고 나누는 일>이고, <명상과 영성의 길>은 **일단은** <통합하고 합일(合一)하는 일>이다. 그것이 명상(冥想, 생각이 어두워지는 일)의 뜻이다. 그런 의미에서 하는 말이다. 다시 말하지만 말은 어렵다. 어휴(Puh, war das anstrengend)! ⧗

하여튼 대상의 <객관적 합목적성에 대한 판단>은 <반성적 판단력의 논리적 사용>과 관련되고, 반면 <반성적 판단력의 감성적 사용>은 대상의 <주관적 합목적성>과 관련된다.

당연히 **<순수한 감성적 판단>은 대상의 <객관적 합목적성에 대한 판단>**이 아니다!

다시 **비갸나 바이라바**로 돌아가서, 위의 소리가 무슨 **의미**(意味, **뜻맛**)인지를 알아보자.

## 누군가로 미움과 사랑이 일어날 때, 알아채라.

어떤 사람이 적대시되거나 밉다는 기분이 일어날 때, 아니면 누군가가 사랑스러움을 느낄 때, 우리는 무엇을 하는가? 우리는 그것을 그에게 투사한다.

내가 누군가에게 증오를 느끼면, 나는 완전히 나 자신을 잊고, 오직 상대방이 나의 중심이 된다. 또 내가 아무개에게 사랑을 느낀다면, 나는 완전히 나 자신을 잊고, 오직 그가 나의 중심이 된다.

## 누군가로 미움과 사랑이 일어날 때, 알아채라.

이 경문은 미움이나 사랑이 일어날 때, 아니면 누군가를 거부하거나 위(爲)하는 기분이 일어날 때, 그것을 문제의 그 사람에게 투사하지 말라고 한다. 명심하라. **내가 그것의 근원(根源)이다.**

내가 아무개를 사랑한다. **아무개가 사랑스럽다. 그럴 경우, 우리의 느낌은 <아무개가 나의 사랑의 근원>이라는 것이다.** 그러나 실제로는 그렇지 않다. 내가 근원이고, 아무개는 단지 내가 나의 사랑의 에너지를 모아 투사하는 스크린일 뿐이다. 사실은, 내가 나의 사랑의 에너지를 모아 아무개에게 투사하고, 그때 아무개는 <나에게서 투사된 그 사랑의 에너지 속에서> 사랑스럽게 된다.

실제로, 아무개는 다른 사람에게는 사랑스럽지 않을지도 모르고, 어떤 사람에게는 혐오스러울지도 모른다. 정말로 아무개가 사랑의 근원(根源)이라면, 사랑의 샘이라면, 그러면 모든 사람이 아무개에게 사랑을 느껴야 한다. 그러나 아무개는 그렇지 않다. 무슨 일이 일어나고 있는가?

그것이 똑같은 달이 신혼, 즉 밀월(蜜月)일 때는 아름답고 경이롭게 보이는 이유다. 세상이 다르게 보인다. 그러나 같은 날 밤, 이웃에게는 그런 밤이 전혀 존재하지 않을지도 모른다. 그 집의 아이가 죽었다. 그러면 똑같은 달이 슬프고 견딜 수 없는 것이 된다. 달이 그 근원인가? 아니면 달은 스크린이고, 우리가 나 자신을 투사하고 있는가?

**누군가로 미움과 사랑이 일어날 때, 알아채라.**

내가 그 근원이라는 것을 꼭 기억하라. 그러므로 상대방에게로 향하지 말라. 그 근원으로 움직여라. 우리가 누군가에게 증오를 느낄 때, 그 대상에게로 가지 말라. **그 증오가 나오고 있는 그곳으로 가라.**

해보라. 이것은 아주 과학적인 방편이다. 누군가 나를 욕하고 있다고 하자. 갑자기 열이 나고 화가 치솟는다. 이제 나는 이 분노를, 습관대로, 그에게 던질 것이다.

그러나 그는 무엇을 했는가? 그는 나를 찔렀다. 단지 나의 화가 일어나는 것을 도왔다. 그리고 **그 화는 나의 것이다.** 만약 내 안에 화라는 것이 전혀 없다면, 그것은 밖으로 나올 수 없다. 그것은 마치 메마른 우물에는 아무리 두레박을 내리더라도 아무 것도 길어 내지 못하는 것과 같다.

상대방에게로 가지 말라. 그가 나에게 나 자신의 화를 깨닫게 할 기회를 준 것이다. 고맙게 여기고, 그는 잊어라. 그리고 눈을 감고 내면으로 움직여서, **이제 이 분노가 나오고 있는 그 근원을 바라보라. 그리고 알아채 라.**

그러나 우리는 그것을 항상 상대방에게로 가기 위해 사용한다.


(3) "Es ist gut!"


칸트의 3대 비판서는 마치 우리 <두뇌의 발달(?) 순서>를 보여주는 것 같다. <**영성**(靈性)을 향한 그 발달 순서> 말이다.

<태아와 유아의 뇌>를 우리는 미성숙한 것이라고 부르나 오히려 <원초의, 온전한 것>일지도 모른다. 그것이 노장(老莊) 등의 성현들도, 경전(經典)들도 <그런 상태>를 말하기 때문이다.

어린아이가 이 사회에서 살아가려면, 무엇보다 <좌뇌적인 것> 즉 <언어적인 것>이 발달되는 것이 필요하다. <언어적인 것> 즉 지성과 이성을 가지고 논리적인 사고를 해야 한다. 그래서 현재 우리의 교육 현장은 온통 영어와 논리가 판을 치고 있다. 오로지 <생존 경쟁 훈련>만 있는 것 같다.

그러나 **영성**, 그 **<풍성한 삶>**을 위해서는 그것이 전부가 아니다. 우뇌 즉 <감성적인 것> 역시 발달해야 한다. 그래서 오늘날의 대개의 **영성 수련**은 **우뇌**(右腦)를 위한 것이다.

그리고 잘 아는 대로, **칸트**의 <판단력 비판>은 <감성적인 것>에 대한 것이다.

**칸트**는 죽기 전 하인이 건넨 <물을 탄 포도주>를 **맛보고는** "Es ist gut(그거 좋다)!"이라고 했다고 전한다. 평소에 <커피>를 즐겼다는 그가 마지막에 마신 것은 <물을 탄 **술**>이었다는 것은 상당한(?) 의미가 있다.

**예수**도 십자가에서 죽기 전 **로마** 병정이 건넨 <쓸개를 탄 포도주>를 **맛보고는** 더는 마시려 하지 않았다고 하니, 평소 <포도주를 즐기는 자("술꾼")>라는 소리를 들었던 **예수**는 아마도 속으로 'Es ist gut(좋아, 하지만 **그만**)!'이라고 했음에 틀림없다! 필자가 장담한다!

[그러나 성경은 "이를 행하심은…… 모든 사람을 위하여 **죽음을 맛보려고** 하신 것이라"고 말하니(?), 실로 **술**은, 어떤 의미에서든, **죽음을 맛보게 하는** 것과 관련이 있는 것 같다.

여기서 죽음이란 곧 <명상>을 말하는 것이고……

또 당연한 말이지만 **<살아 있는 자>**만이 죽음을 **맛볼 수 있다!**]


잘 아는 대로, <커피>는 "두뇌를 각성하는" 즉 <지성과 이성을 잘 작동하게 하는 것>으로 알려져 있다. 로고스와 **아폴론적인 것**이다.

반면 <포도주>는 일단 "머리를 어지럽게 하는" 것으로, 감성을 잘 작동하게 하는 **뮈토스와 디오니소스적인 것**이다.

[만약 **커피와 와인**을 동시(同時)에 마시면, <좌우뇌의 동시(同時) 활성>이 가능하지 않을까……]


평생을 바쳐 저술한 **<칸트 철학의 궁극>은 대체 <인간의 어떤 상태>를 가리킬 것인가?**

이른바 <코페르니쿠스적 전환>을 하여서, <주관(주체)>을 찾고 <자유>를 성취하려는 <칸트 철학의 궁극>은 어떤 것…… 도대체 <어떤 상태>가 <인간이란 무엇인가?>에 관한 대답에 해당할 것인가?

필자는 "**임마누엘 칸트**(Kant)"라는 그 이름에서 이미 <그런 상태>의 암시가 있는 것을 본다.

굳이 **칸트**의 용어로 말하자면, 우리가 <'우연(의 일치)'이라고 부르는 현상들>을 위한 (이 필자의) <반성적 판단력>으로 말이다.

또 그것이 앞에서 다룬 <합목적성의 원리>에도 부합하는 것 같다.

잘 아는 대로. "**임마누엘**"은 <하나님이 우리와 함께 계시다>로 <**신**(神)의 **내재성**(內在性)>을 의미하고, - 한마디로 중세는 <**신**의 **초월성**(超越性)>만 내세운 시기이고, 교권자(지배자)들은 항상 그것을 강조한다. - 또 독일어 이름 "kant"는 <edge(능, 稜), 부스러기>를 뜻한다.

그래도 감(感)이 잘 안 잡힌다면, 다시 우리가 <그런 상태>가 되어 보(는 방편을 보)자.

**참참한 밤에**
**저 흑암**(黑暗) **속으로 들어가라.**

왜 모든 종교에서 **신**(神)을 <빛>이라고 하는가? 그것은, 신이 빛이기 때문이 아니라, 인간이 어둠을 두려워했기 때문이다. 우리는 신을 어둠으로, 흑암으로 생각할 수 없다. 신은 우리의 두려움 때문에 창조된 것이다. 그래서 우리는 신에게 어떤 모습과 속성(屬性)들을 부여한다. 그리고 그것은 <우리에 대한 어떤 것>을 보여 준다.

그것은 빛이 우리에게 <안전(安全)과 생명>이기 때문이다. **어둠은 불안과 죽음으로 보인다.** 생명은 빛을 통해서 온다. 그리고 우리가 죽을 때, 우리는 영원한 어둠 속으로 떨어지는 것 같다.

**어둠은 영원(永遠)하다.** 빛은 있다가 없어지지만, 어둠은 영원한 것이다. 아침이면 태양이 떠오르고, 거기에 빛이 있을 것이다. 빛은 항상 광원(光源)이 있어야 하지만, 어둠은 그런 원천이 없이 있다.

그리고 **어둠은 이완(弛緩)이다. <전적인 이완>,** 곧 죽음이다. 그래서 <우리가 어둠 속으로 들어갈 수 있어서 어둠과 하나가 될 수 있다면>, 우리는 **라야**, 즉 용해(溶解)된 것이다. **만약 어둠과 하나가 된다면,** 우리는 죽음과 하나가 된다. 그러면 이제 우리는 죽을 수 없고, 불사(不死)가 된다.

**캄캄한 밤에
저 흑암 속으로 들어가라.**

우선 어둠에 대한, 흑암에 대한 두려움이 없어야 한다. **어두운 방 안에서 불을 켜지 말고 있으면서 그 어둠을 느껴라.** 어둠이 나를 어루만지도록 하라.

어둠을 바라보며, 사랑스런 태도를 가져라. 어둠과 함께 있는 일은 너무나 이완을 준다. 단지 두려움 때문에 그것을 알지 못했을 뿐이다.

빛이 있을 때 우리는 한정되고, 경계를 가진다. 그것은 빛 때문에 존재한다. 그러나 **흑암 속에서는 아무것도 한정되지 않는다. 모든 것이 <다른 모든 것> 속으로 융합(融合)된다.** 우리의 형상은 간단히 사라진다.

그런 것이 우리가 어둠을 두려워하는 이유일지도 모른다. 그때 우리는 한정되지 않고, 내가 누구인지 알지 못하기 때문이다. 얼굴을 볼 수 없고 내 몸을 알 수 없다. 모든 것이 저 <형상이 없는 어둠> 속으로 융합된다. 나라는 것은 희미해지고, 두려움이 들어온다. 이제 나는 누구인지 알지 못한다. 우리는 두려움을 느끼고, 어떤 빛이 거기에 있어서 내가 있기를 바란다.

**참참한 밤에**
**저 흑암 속으로 들어가라.**

**명상하고 융합하는 데는, 어둠 속으로 융합하는 것이 더 쉽다.** 그것이 명상(冥想)이라는 한자어의 뜻이기도 하다. 빛은 구별을 하지만, 어둠은 모든 구별을 앗아 간다. 빛 속에서는 나는 아름답거나 추하며, 부하거나 가난하다. 그렇지만 어둠은 어떤 구별도 없이 감싸고 <하나>가 되어 버린다.

**어둠 속에서 누워 있어라.** 그리고 아기가 엄마의 품에 있는 것처럼 그렇게 느껴라. 어둠은 어머니, <모든 것의 어머니>다. 만물지모(萬物之母)다! 한번 생각해 보라. 아무것도 없었을 때, 거기에 무엇이 있었겠는가? 어둠 말고 다른 무엇을 생각할 수가 없다. 그리고 모든 것이 사라진다면, 거기에 무엇이 있겠는가?

성경에는 <여호와, 즉 존재계는 캄캄한 데, 흑암 중에 있다>고 **모세**도, **솔로몬**도 그렇게 기록했다.

✍ 당연한 말이지만, 빛은 <말, 이성, 지성> 등과 같고, 어둠은 <침묵, 혼돈, 감성> 등과 같다. ⌛

☯

하여튼 "**상상력**(想像力, Ein-bildungs-kraft)"을 지성(知性)과 대등한 힘으로 파악한 **칸트**의 미학적 인식은 대단하다.

**백종현**은 <미적 쾌감(快感)>을 "지성과 상상력의 **앙상블**(이중주)"이라고, 아마도 <상상의 힘>으로써 그렇게 말하는 것 같다.

독자들은 <이렇게 마음대로 상상을 하는 필자>를 보고, 어쩌면 "말장난이 심(甚)하다!"고 예(例)의 그 상상력으로 그렇게 상상할지도 모른다.

하여튼 **융**은 "창조적 상상력"이란 말을 퍼뜨려서 우리를 한 차원 높은 곳으로 인도한다.

이를 **아비나바굽타**는 <창조성>, <창조적 **의식**>, <직관>, <조명하는 직관>, <통찰>, <직관적 통찰>, <조명(빛)>, <직관의 빛을 주는 여신(女神)>, <시적 영감>, <즉시성과 신선함이 특징인… 빛의 번쩍임, 계시> 등이라고 할 수 있는 "**프라티바**"라는 말로써 마무리한다.

우리는 **아비나바굽타**에게 알려진 그 말을 알기 위해서는 두 가지 정의(定義)를 봐야 한다. 하나는 시적인 맥락에서, 다른 것은 재인식(再認識)의 철학에서이다. (**파라 트리쉬카**에서 다룬 것으로. **아주 중요하다!**)

① "**프라티바**는 시인의 <**지적(知的)인 가슴**>이다. 그의 마음은 그의 '**라사(맛, 감동)**'에 적합한 말과 의미를 생각하는 데 집중되어 있다. 그것은 잠깐 동안 그의 마음이 <**의식**의 핵심적 본성과 접촉하는 것(스와루파-스파르샤)>에서 일어난다.

그것은 세 가지 모든 세계에서 존재하는 사물을 마치 그것들이 우리 눈앞에 <바르게(그렇게) 있는 것처럼> 보이게 만든다. 그래서 그것은 **쉬바**의 <제3의 눈>으로 알려져 있다."

② "이 <직관적 빛(**프라티바**)>은, 여러 가지 모든 대상의 연속으로 영향을 받는데(덮여있는데), <아는 주체>이다. 그것은 '연속과 제한이 없는' **의식**으로, **마헤슈와라**다."

지성과 이성이 좌뇌의 힘이고, 인간의 힘인 반면 감정과 상상력은 우뇌의 힘, **신(神)**의 힘, 시인과 예술의 힘이다. 시인은 꿈꾸는 사람이고, **신**은 지금 우리를 꿈꾸고 있다.

그리고 독일어 "**상상력**(Ein-bildungs-kraft)"의 어원은 기억할 만한 것이다. 그것은 <**하나**(ein)**로 만드는**(bildungs) **힘**(kraft)>을 말한다.

☯

이제 우리는 단연 <우뇌의 것>인 **숭고미**를 위해 <우뇌의 힘이 강한 시인>의 도움으로 나의 <우뇌의 힘(**상상력**)>을 살피도록 하자. (그러니 아직까지는 <좌뇌의 힘>을 어느 정도 의지해야 한다.)

안내하는 시인은 영국 신사[1] 윌리엄 워즈워스로, 우리가 잘 아는 <서정가요집> 뿐만 아니라 <영국 북부의 **호수 지역 안내서**>를 냈다고도 하니 – 상상 속에서 - 그를 따라, 그 경치 좋다는 영국 북부의 산수(山水)를 구경하며 <**숭고미**에 대한 어떤 것>을 조금이라도 접(接)해 보자.

실제로 18세기 말 유럽에서 **숭고**에 대한 생각은 <자연의 체험>에서 온 것이 많았고, 현재의 우리도 <굉장하고 엄청난 자연 (현상)의 광경>에서 <그런 경우>가 더러 있기 때문이다.

또 요즘은 <영국 북부의 **호수 지역 국립공원**> 즉 <the Langdale Pikes in the Lake District> 등의 경치를 유튜브로도 많이 볼 수 있다. 컴퓨터 등의 화면만 크고 좋으면 4K 화질로도 볼 수 있다.

✍ 신사[1]는 곧 <gentle(온유한)+man(사람)>이다. 굳이 한마디 하자면 "**온유한 자가 땅을 얻는다.**"는 것이다. (**소와 참나 이야기**에서 다루었다.) ⏳

"그런 상황에 처한 사람이, 다른 **교감**(交感)으로 **훈련된 상상력**이 작동하고 어떤 친밀성을 지속하게 되면 <주위 풍경이 주는 숭고한 인상>에 무감각해 질 수가 없을 것이다. 아니, **숭고**(崇高)함에 대한 그의 개념은, 일상적인 익숙함이나 잦은 접촉으로 감각이 무뎌지거나 협소해지는 것이 아니라, 더욱 정확한 관찰과 증가되는 지식으로 더욱 생생하고 이해의 범위가 넓어지게 될 것이다. 이런 효과는 웅장(雄壯)함과 관련하여 일어나기는 해도, **미**(美)의 영향으로 훨씬 더 두드러지게 느껴질 것이다.

우리가 **숭고함과 아름다움으로 자주 그리고 강렬하게 감동을 받지 못한다면, 우리의 마음은 건강할 수 없다.** 일상의 행복은 숭고함이 만들어내는 고양이나 경이보다는 아름다움이 동반하는 사랑과 온화함에 더 의존한다. 우리는 보통 나이가 들어가며 마음이 더 느긋하고 부드러워져 <숭고미의 대상이 강압해 오는 특성>을 피할 수도 있다. 그 특성은 좀 더 젊은 나이에 그 대상이 다른 상황에서 관찰되었다면 전달할 수 있었을 **미**(美)에 대한 인식을 전제적(專制的)으로 배제한다.


똑같은 대상이 숭고함과 아름다움을 동시에 줄 수 있다.

**숭고와 아름다움이 같은 대상에 존재하는 경우, 그 대상이 새로운 것이라면 우리가 그것의 존재를 의식하는 것에서, 숭고가 아름다움보다 항상 우선한다.** 그러나 숭고와 아름다움이란 말이 의미하는 바를 분명하게 설명하지 않았기에 독자는 지루하고 유익하지 않을 수도 있다.

그러나 <자연의 형상을 정확히 묵상하는 일>은 <마음의 가장 고상한 감정과 가장 높은 힘>을 창출하는 데 아주 중요하다. <이것들은 영원히 우리의 마음을 감동시킨다>는 것을 규정하는 중요한 몇몇 법칙을 이해할 수 있게 언어로 서술되어야 한다면, 이런 기회에 이 중요한 법칙의 두 가지를 말하려고 한다. 즉 <**숭고의 법칙**>과 <**아름다움의 법칙**>

이 일은 이제 우리가 들어가는 <산악 지역>에서 만나는 것으로부터 이야기를 전개하겠다. 자, 그런 풍광에 존재하는 숭고에서부터 시작하자. (우리는 <거대한 산 전체>를 조망한 경험을 떠올리자.)

**자연의 작품들은 <엄청난 힘을 주는 인상들>과 결합되어 있어야 하고, 마음은 그것에 공감하고 또 참여하여 고양(高揚)되어야 한다. <스스로 영원히 존재하는 것 같은> 그것에 대한 두려움과 경이로 마음은 압도(壓倒)되어야 한다.**

<움직이지 않는 대상>인 산은, 산 자체가 그리는 선(線)들을 따라 <"움직이는" 마음(운동 감각)>과 함께 <영구성>, <개별적인 형상>으로 그런 효과를 산출한다. 이 선들은 갑작스럽고 급격히 변화하여 위험하고 깎아지른 듯하다. 그것들은 바다의 파도처럼 서로 속으로 흘러들어 <그 시작을 알 수 없이 무한히 계속되는 '자기-증식'의 느낌인 그런 모습을

53

가짐으로써, 이 선들은 급격한 변화와 또 가파름이 일으킨 것 못지않은> 숭고함을 마음에 전달한다.

이들 영구적인 대상에 의해 표현된 힘의 풍광을 완성하기 위해 <산 중턱에서 발원해 산허리로 흘러내리는 급류>와 <산이 이끄는 구름>, <하늘에까지 닿은 것 같은 높이>, <산을 무장하게 하는 폭풍>, <쌓인 눈이 태양에 도전하는 의기양양한 그 과시> 등을 추가하자.

우리는 숭고의 속성이나 특성들을 분석하였는데, 그런 공존(共存)이 <산>에다 우리 마음에 숭고의 느낌을 일으키는 힘을 준다. 이들 특성을 인식하는 능력과 인식되는 정도는, 물론 <습관, 지식, 힘과 관련해서> 그것들 영향의 범위 안에 있는 <마음의 상태나 조건>에 달려 있을 것이다.

(헤르만 헤세는 시인은 타고나는 것이라고 했다. 그러니 우리의 감성은 부단히 개발되어야……)

이 대상과의 친숙은 <개인적 두려움이나 경이에 의해 일어나는 숭고의 느낌을 산출하는 그 힘>을 약화시키거나 파괴하는 경향이 아주 크다. <하나는 포괄적인 두려움으로 또 다른 하나는 종교적 찬탄으로 대체되어> 마음의 상태는 그것에 따라서 고양된다. 그러나 <위태로이 걸려 있는 바위와 갑자기 튀어나온 나무로 치장한 높은 절벽에 마음이 사로

잡힌 아이나 그런 광경을 전혀 본 적이 없는 사람>
또한, 만약 개인적 두려움과 놀람이나 경이가 어떤
경계(지점) 너머로 가지 않는다면, 숭고의 느낌을
갖게 된다는 것은 의심의 여지가 없다.

<마음이 비교하는 기능을 멈추고, 부분에 대한
의식적인 숙고 없이, 강렬한 단일성(통합)의 느낌과
심상(이미지)을 갖게 하는 것>은 무엇이든, 숭고의
성취인 그런 <마음의 상태>를 산출한다.

✍ 비갸나 바이라바의 **그릇을 전체로 바라보라**,
**광야에 머물라** 등과 비교해 보라. 이런 것이 워즈
워스(Wordsworth)의 말(words)은 가치(worth)가
있다는 이유다. 이름값을 한다. ⏳

그러나 만약 개인적 두려움이 어떤 지점 너머로
연장되면 이 느낌은 파괴되는데, 그것은 영혼 안에
반감(반발)과 바람(소원)을 동반하여 관객의 주의를
나누고 흐트러뜨리는 두 가지 생각(개념)이 그들을
가르기 때문이다. 즉 <두려움을 일으키는 대상>과
<그것으로 흥분되는 주체(자아)>로 말이다.

이제 이 연구의 주요 난제를 해결해 보자. 힘은,
<우리에게 공감의 에너지를 일으켜, **마음이** '접근할
수 있지만 **성취할 수 없는 어떤 것**'을 파악하도록

요구할 때> 숭고미를 일깨운다. - 그러나 그것은 그 위에 작용하고 있는 힘에 참여하기 때문이다. 아니면 <참여하려는 노력도 못하게 하는, 외부의 어떤 힘 앞에서 마음이 굴욕감과 부복(俯伏)을 산출하는 것으로> 숭고미는 일어난다. 그러나 그것은 외적인 힘 안에서 그 힘의 묵상 안으로 흡수된다. 그리고 숭고미는 그 자체의 어떤 의식을 갖는 한, 그것의 장엄함은 두렵고 또 불가항력적인 외적인 힘을 동시에 의식하게 되는 적나라한 사실로 존속된다. 두 경우 모두에서 '느낌의 절정'[1]은 <강렬한 단일성>이다.

그러나 우리의 공감을 고양시킨 그 힘이 개인적 두려움을 가진 마음을 압박하여, 흥분하는 원인에 대한 인상이나 생각보다 더 활발하게 된다면, 그때 자기-배려와 거기에 따른 모든 하찮은 것들이 숭고미를 대신하고 그것을 완전히 배제한다.

✍ [1] '(느낌의) 절정'은 오셀로 1막 3장에(?) ⌛

그것이 굴욕과 복종, 존경이나 숭배, 그리고 또 수동적이라고 말할 수 있는 이 모든 감각(느낌)을 산출하는 동안도 <우리가 접근할 수 없다고 느끼는 것과의 단일성이나 친밀(親密)에 대한, 그 외적인 힘>은, 그럼에도 불구하고 마음을 진실로 숭고한 상태에 놓게 하는데, 그것은 어디로부터인가?

내가 앞에서 말했듯이 이것은 <강렬한 단일성의 개념이나 이미지>로 되고, 그것으로 영혼은 점유당하거나 사로잡힌다. - 그러나 어떻게 이것이 산출되고 유지되며, 언제 그것이 감퇴(減退)되어 마음이 자신의 있음과 존재를 분명히 의식하며, 또 그것이 기꺼이 자연스럽게 똑같은 상태로 되돌아가는 일은 어디로부터인가?

그 원인은 <우리의 육체적 본성이 어느 정도만 위험에 처했거나 우리의 도덕적 본성이 최소한에서 침해되지 않았기 때문>이다. - 숭고미와 일치하는 우리의 육체적 본성에 대한 이해가 일어날 수 있는 너머의 지점은 확실해졌고, 우리의 도덕적인 본성 혹은 영적인 본성에 작용하는 힘과 관련해서 <저항하거나 참여를 바라는 에너지를 깨우는 것>으로써 숭고미는 일어난다. 그러나 만약 숙고된 그 힘이 저항이나 참여의 개념을 인정하지 않는 그런 종류라면, <그것이 일으킨 이해(우려)가 쉼으로 끝나지 않으면> 거기에 숭고미는 있을 수 없고, 이 쉼의 느낌은 이성과 도덕의 결과인 것을 확실히 말할 수 있다. 만약 이것이 추상화되고 그것에 대한 의존이 없어지면 <마음에 절대적이었던 어떤 종류의 힘>도 숭고한 느낌을 낳을 수 없다. 그 반대로 숭고미의 느낌은 두려움과 자기-비하(卑下) 없이는 결코 생각될 수 없다.

사실로 말해, <저항해야 할 것으로, 도덕 법칙이 우리를 저항하게 하는 것으로 여겨지는 힘을 생각하면>, <마음이 얼핏 혹은 계속해서 그 힘은 극복되거나 사라지게 될 것으로 생각하는 한>, <마음이 '안정이나 절대적 승리로 존재하는 단일성'을 향해 그 자신을 느끼는 한>, 거기에 숭고미는 없다. - 그러나 **그 힘에 우리가 참여할 수 있고 참여하는 방식으로 생각될 때**, 숭고한 감각(숭고미의 느낌)은 **절대적 단일성**을 향해 명백한 근사치로 존재한다.

**나는** 우리 앞에 <엄청난 강의 이미지>를 가지고 있었기에, 그것과 관련하여, 이 논의에 있었던 모든 난제와 오류의 주 근원이 **<이 논의에 관련한 사람들의 주의(注意)>가 주로** 외부의 대상과 그것의 힘, 특질, 속성에 고정되었을 뿐, **<(우리의) 마음> 그 자체와 <마음이 작동하는 법칙>에 있지 않았다는 것을 지적하지 않을 수 없다.**

✍ 인도 인식학(認識學)의 시초(?)인 **냐야학파의 웃됴타카라**는 말한다.

"다른 학문들은 <**바른 지식을 얻는 방법**에 대한 주제>를 다루지 않는다. **그들은** <그 방법들에 의해 알려진 것들> 즉 **대상(對象)을 다룰 뿐**이다."

냐야와 바이쉐쉬카, 상키야와 요가, 미망사와 베단타를 지나…… 프라탸비갸(재인식)라는 무엇을 우리는 만날 수 있다. (프라탸비갸 흐리다얌에서 다루었다.) 어쨌든 워즈워스는 대단하다. 우리처럼 냐야로 입문할 필요는 없을 것 같다. ☃

아직도 대상들의 성격에 대한 끝없는 논쟁과 또 <숭고함이나 아름다움이 존재한다>는 것조차 많은 사람들이 부정하고 있다. **<숭고함이나 아름다움을 인지하는 어떤 주체에 대해 언급함이 없이>, 어떤 대상이 그 자체로 숭고하거나 아름답다고 말하는 것은 어처구니없는 일이다.** 그리고 사람들 마음이 어떤 대상과 교류하고 숭고하거나 아름답다고 할 때 (**그 말이 똑같은 의미로 사용된 것을 확인한 후) 보편적으로 동의한다는 것은 인류에게 아주 중요한 일이다**.

<도덕적 특성>과 <외적인 우주 형태>에서, <서로 다른 문명에서 어떤 교류도 없이, 숭고함이나 아름다움과 같은 유사한 느낌으로 인간에게 영향을 준>, 그런 특성과 힘들이 있는 것으로 충분하다.
**철학자의 진정한 영역은,** 외적인 세계를 더듬어 그런 대상 혹은 그런 특성과 힘을 인식하거나 감지할 때 그런 것이 숭고한, 혹은 미적인 대상이라고

세상을 설득하는 일에 자신을 허비할 것이 아니라, **자신의 마음을 들여다보고, 자신에게 영향을 준 그 법칙을 규정해 보는 것이다.** 그러면 그는 똑같은 대상이 <다른 시간에 다양한 방식으로> 자신에게 영향을 주는 힘을 갖고 있다는 것을 알게 된다. ……[1] **<법칙의 이해>와 이성(理性)으로 지배되는 힘으로, 그리고 마침내 <영원의 고요함>과 더불어 이성에 허락된 <초월의 공감>으로 나가게 된다.**

**이처럼 우리를 <똑같은 목표>로 인도하는 수단이 얼마나 다양한 것인지는 명백하다. – 우리 존재를 고양시키고, 이것으로부터 끌어낼 실제적인 영향이[2] 가장 중요하다.**"

✍ [1] 이 부분은 원문이 빠져 있다. 그리고 <The Sublime and the Beautiful>에서 중요한 것으로 생각되는 일부만 옮겼다.

[2] '실제적인 영향(the practical influence)'은 "실질적인 추론(the practical inference)"의 잘못인 것 같다. ⌛

다시 "임마누엘" 칸트로 돌아가서
- <내재적 신성>을 천명(闡明)하는 철학으로 -


만약 비판서 전체가 <인간이란 무엇인가?>이고,
<제1 비판서>는 <나는 어떻게 알 수 있는가?>
<제2 비판서>는 <나는 무엇을 해야 하는가?>
<제3 비판서>는 <나는 무엇 때문에 끌리는가?>
라고 한다면,


필자에게 <인간>은
<제1 비판>의 <(理性이라는) 빛을 감지하고>
<제2 비판>의 <그리로(道德, 善으로) 움직이며>
<제3 비판>의 <(趣味의) 맛을 보려는 그 무엇>
이라고 할 수 있는데,


이것은 그 옛날
지렁이의 머리 부분에 있는 <아주 적은 수(數)의 신경세포>가 <맛과 빛을 감지하면서, 인간의 뇌와 같은 믿을 수 없을 만큼 복잡한 구조로 진화, 발전하게 되었다>고 하는 너무나 가냘프고 또 아련한 그 어떤 광경을 떠오르게 한다.
우리의 뇌(腦)는 한때는 <암수한몸(남녀합일)>이 특징인 <지렁이의 그것>이었다.

칸트의 책을 읽으며 잊을 수 없는 일은 **칸트**가 그렇게도 벗어나지 않았던 고향 **쾨히니스베르크**가 지금은 칼리닌그라드라는 러시아 땅이 되어버린 것이다. 필자가 **칸트**에 끌리는 이유로는 또 한 명의 실향민(?)을 보는 것 때문일지도 모른다.

아무튼 **칸트**의 <'**취미**(趣味)' 즉 '**아름다운 것을 판정하는 능력**'에 **보편성**(普遍性)이 **있다**>는 말은, 즉 <**선험적**(先驗的) **원리가 있다**>는 주장은, 우리가 이제 <**숭고미의 미학**(味學)>을 다루는 데 있어서 철학적 토대가 될 수 있다. 먼 옛날 인도보다 약 천년이 지났지만 말이다.

☯

"잔인한 천재(天才)" 혹은 "악마적인 천재"라는 **도스토예프스키**는 <**백치**(白痴)>에서 말한다.

"'공작, 언젠가 **미**(美)가 이 세상을 구할 거라고 한 적이 있지요?'

그는 큰 소리로 모든 사람에게 소리쳤다.

'공작은 **이 세상이 미에 의해 구원받을 거라고** 합니다! …… <**어떤 아름다움**>이 이 세상을 구할 수 있을까요?'"

[<**백치**(白痴)> 등은 <**거울 속에서**>에서 자세히(?) 다룬다.]

# 제 2 장

# 이상(理想)을 향한 예술

< 1 > <봉인(封印)된 시간>
< 2 > 소리(音) 미학
< 3 > 나탸 샤스트라


<봉인(封印)된 시간>에서는 <이상(理想)을 향한 예술>의 러시아 영화감독 타르코프스키의 예술관을 살펴보고,

<소리(音) 미학>에서는 소리를 즐기는 일(音樂)로 <모든 소리의 근원을 찾는 아름다움>을 살핀다.

<나탸 샤스트라>에서는 (특히) 연극에서 <인간의 감정> 등을 예비지식으로 다룬다.


[나탸 샤스트라 28장에 대한 주석은 음악에 관한 것으로, <영역(英譯)된 것(책은 구하기 힘들고, pdf 파일이 있음)>이 있다. 음악으로 영성에 접근하고자 하는 이들은 더 읽기 바란다.]

## < 1 > <봉인(封印)된 시간>

러시아 영화감독인 타르코프스키는 자신을 항상 시인으로 생각하고 있으며, 그의 예술관(藝術觀)은 **<현대를 살아가는 우리가**, 쉽게 접할 수 있는 종합 예술인 **영화에 대한 올바른 시각을 얻는 데>** 아주 **유익하다.**

<봉인된 시간(Die Versiegelte Zeit)>에서 <영화 예술의 영적 의미>를 다룬 것으로 여겨지는 부분을 발췌해서 옮긴다.

(영어책은 <Sculpting in time>이고, 그의 영화 몇 편은 **<거울 속에서>** 등에서 다룬다.)

      ❧        ❧        ❧

"가장 일반적인 것으로 시작하면, 예술의 기능은 **<아는 일(knowing)>**이다. 그 효과는 충격(衝擊)과 카타르시스(정화)로 나타난다.

이브가 **<지식(knowledge, 인식, 의식)의 나무>**의 열매를 먹은 그 순간부터 인류는 영원히 **진리** 혹은 **진실**을 탐구하는 운명이 되어버렸다. 잘 아는 대로, 아담과 이브는 처음으로 자신들이 벗었다는 것을 **알았다(인식, 의식했다).** 그리고 그들은 부끄러웠다.

그들은 **이해(理解)했기** 때문에 부끄러웠고, 그다음 그들은 서로를 <**'아는 일'**의 기쁨>으로 그들의 길을 갔고, 그것은 <끝이 없는 어떤 여행>의 시작이었다. <순전한 무지의 상태로부터 방금 나타나서, 지상의 적대적이고 설명할 수 없는 광대함으로 내던져진 그들 두 영혼>에게 그 순간이 얼마나 극적(劇的)인 것이었는지는 이해할 만한 것이다.

### '이마에 땀을 흘려야 열매를 얻을 것이라'[1]

그러므로 '자연의 왕관'인 인간이 지상에 나타난 것은 <그가 왜 나타났고 왜 보내진 것인지>를 **알기** 위해서이다.

그리고 인간의 도움으로 창조자는 자신을 **알게** 된다. 이 진행을 진화라고 말하며, 이것은 인간의 <자아-지식(자기-인식, **아는 자를 아는 일**)>이라는 고통스런 과정을 동반한다.

진정한 의미에서 모든 개인은 삶과 자신, 자신의 목표를 알게 될 때 스스로 이 과정을 경험한다. 각 사람은 인류가 축적한 지식(의 총합)을 사용하지만 여전히 <윤리적, 도덕적 자기-인식>이라는 경험은 각 사람의 삶에서 유일한 목표이고, 또 주관적으로 그것은 각 시간에 새로운 어떤 것으로 경험된다.

인간은 항상 자신을 세상과 관련시키고, 세상을 얻고 세상과 하나가 되려는 열망으로 괴로운 채, 자신의 외부에 놓인 <이상(理想)>을, 그것을 그는 자신이 직관적으로 감지한 <제일의 원리>인 어떤 것으로 이해한다. 그 <하나에 도달할 수 없음>과 또 <그 자신의 '나'의 부적합성>이 인간의 불만족과 고통의 끊임없는 원인일 것이다.

그러므로 예술은, 과학처럼, 소위 '절대 진리'를 추구하는 인간의 여정에서 <세상을 이해하는 수단, 세상을 아는 도구>이다. 그러나 이것으로 <창조적 인간 정신>의 두 가지 표현의 유사성은 끝이 난다. 그 정신 안에서 인간은 단지 발견하는 것이 아니라 창조한다. 이쯤에서 <아는 일(지식)>의 두 형태의 차이를 아는 것이 중요하다. 즉 <과학적 지식>과 <미학적 지식> 말이다.

인간은 실재(實在)를 <예술의 수단으로> 주관적 경험을 통해 파악한다. 그러나 <과학에서> 세상에 대한 인간의 지식은 끝없는 계단의 길로, 새로운 지식으로 끊임없이 대체된다. 어떤 발견은 특정한 객관적 진리를 위해 다음 것으로 틀린 것임이 증명된다. 그러나 예술적 발견은 매번 <세상의 새롭고 독특한 이미지>, <절대 진리의 상형문자>로서 일어난다. 그것은 <계시>로, <이 세상의 모든 법칙을

직관적으로 단박에 파악하려는, 순간적이고 열정적
바람>으로 나타난다. - 세상의 <아름다움과 추함>,
<연민과 잔인함>, <무한과 한정된 것>. 이런 것을
예술가는 이미지 즉 <**절대**에 대한 독특한 탐지기>
를 창조하는 것으로 표현한다. 이미지를 통해 **무한**
(**無限**)을 알아채는 일이 지속된다. 즉 <유한 속의
영원>, <물질적인 것 안의 영적인 것>, <형태 안에
주어진 무한성> 말이다.

**예술**은 <우리의 실증적이고 실용적 활동 속에서
우리에게 숨어버린, 저 절대적이고 영적인 진리>를
연결해 주는 <**우주의 상징**>이라고 할 수 있다.


✍ [1] **이마에 땀을 흘려야 열매를 얻을 것이라**는
말은 진리를 **아는 일**에서 인간 편의 노력(努力)이
있어야 함을 말한다.

**파라 트리쉬카**에서 **아비나바굽타**는 다음과 같이
균형을 잡는다.

"<**전지의 단계**이고, 어떤 제한도 없는 최고 진리
이고, 또 자연적인 **파라밧타리카**(파라 여신)>는,
<극도의 **은혜**로 정화되어 그 상태를 강력하게 알아
채는 이들>에게서, 또 <믿음이 없기 때문에 생기는
불확실성, 의심 등의 불순(不純)이 끊임없는 **영적인
훈련**의 맷돌 위에서 완전히 으깨어진 이들>에게서
갑자기 나타난다." ⧖

예술이란 <영적인 것을 향한, 이상(理想)을 향한 영원하고 채울 수 없는 갈망이 있는 곳>에서 태어나고 발전된다. 그 갈망이 인간을 예술로 이끄는 것이다. 현대 예술은 <개인성의 가치> 그 자체를 확인하기 위해 <존재의 의미>의 탐색을 포기하는 잘못된 방향을 택했다. 예술이라고 주장하는 것이, <어떤 개인화된 행동이 단지 자기-의지를 나타내는 것으로 내재적 가치가 있다>고 주장하는 의심스런 사람들의 빗나간 직업처럼 되기 시작한다. 그러나 예술적 창조에서 개인성은 자신을 주장하지 않고, 다른 것, 즉 좀 더 높고 공동적인 개념에 봉사한다. 예술가는 항상 하인으로, 기적처럼 그에게 주어진 재능에 대해 영구히 대가를 치르려고 한다. 그러나 <진정한 자기-확인>은 희생으로만 표현될 수 있음에도, 현대인은 어떤 희생도 원하지 않는다. 우리는 점점 이것에 대해 잊고 있으며, 동시에 필연적으로 인간의 소명에 대한 모든 감각을 잃고 있다……

<이상(理想)에 대한 동경>에서 자라나는 예술의 궁극적 목표로서의 아름다움, 이상에 대한 열망을 말할 때, 나는 잠시 동안 예술이 세상의 '더러움'을 피해야 한다고 암시하지 않는다. 오히려 그 반대다!

예술적 이미지는 항상 환유어(換喩語, metonym)이다. 거기서는 한 가지가 다른 것을, <보다 작은 것>이 <보다 큰 것>을 대체한다. <살아 있는 것>을

말하기 위해 예술가는 <죽은 어떤 것>을 사용하고, <무한한 것>을 이야기하려고 그는 <유한한 것>을 보여준다. 대용(代用)…… <무한한 것>은 물질로 될 수 없지만, <무한한 것의 환영(幻影)>을 창조하는 것은 가능하다. 즉 이미지[1] 말이다.

✍ [1] 이미지는 형상(形像), 모습(模襲) 등으로 볼 수 있으며, 잘 아는 대로, <꿈>에서 흔한 것이다. <꿈>을, <꿈의 이미지>를, <꿈의 언어>를 잘 이해하는 사람은 <영화와 시(詩)의 이미지>도 당연히 잘 이해할 수 있다.

그러나 필자는 궁금하다. <꿈>에서 그 이미지는 누가 만들어내는가? 이른바 <원형적인 꿈>일수록 더욱 그렇다. 이런 **<꿈 영화>의 감독은 대체 누구인가?** ⧖

이미지는 창조될 수 있고 또 그 자체를 느끼게 만든다. 그것은 수용되거나 거부될지도 모르지만 이것의 어떤 것도 지적 의미로는 이해될 수 없다. **<무한**에 대한 개념>은 말로 표현되거나 기술될 수 없지만 예술을 통해서 이해될 수가 있다. 그것은 **무한**을 감지(感知)할 수 있게 만든다. **절대(絶對)**는 오로지 믿음을 통해 또 창조적 행위 안에서 도달될 수 있다.

<창조하려는 권리를 위한 투쟁>의 유일한 조건은 <소명에 대한 믿음>, <봉사하려는 자세>, <타협을 거부하는 것>이다. 예술의 창조는, 가장 비극적인 의미에서, 예술가에게 자신이 '완전히 죽는' 것을 요구한다. 그래서 만약 예술이 <**절대 진리의 상형문자**>를 그것 안으로 가져온다면, 이는 항상 <작품 속에서 한 번 또 내내 현현하게 만들어진 **세상의 이미지**>일 것이다. 또 만약 <세상에 대한 차갑고 실증적이고 과학적인 인식>이 끝없는 계단에서의 상승과 같다면, 그것의 예술적인 대위법(對位法)은, <각각이 완전하고 그 안에 담겨 있는> 구(球)의 끝없는 **시스템**을 암시한다. 어느 하나가 다른 것을 보충하고 또 모순될지도 모르지만 어떤 경우에도 서로를 상쇄할 수는 없다. 반대로 그것들은 서로를 보강하고, <**무한**을 향해 성장하는, 모든 것을 포괄하는 구(球, 영역)를 형성하기 위하여> 축적한다. 각각이 가치가 있고 영원한 이 시적(詩的) 계시는, <그가 누구의 **이미지**와 모습으로 만들어졌는지를 인식하고, 또 이 인식을 표명하는> 인간의 능력의 증거이다.

더구나 예술의 큰 기능은 **소통**인데, **상호 이해**는 사람들을 하나로 묶는 힘이고, 또 <영적인 친교>는 예술적 창조의 가장 중요한 측면 중 하나이기 때문이다. <예술 작품>은, 과학 작품과는 달리, 물질적

의미에서 전혀 실용적 목표를 갖지 않는다. **예술은 <메타-언어>이다.**[1] 이것의 도움으로 사람들은 서로서로 교통하려 하고, 자신을 남에게 알리고, 다른 사람의 경험을 이해하고 동화한다. 다시 말하지만, 이것은 실용적 이득이 아니라 사랑의 개념을 실현하는 데 있어야 한다. 그것의 의미는 희생(犧牲)에 있다. 실용주의의 정반대다. 나는 예술가가 '자기-표현'을 위해서만 작업할 수 있다고 믿을 수 없다. 자기-표현은 <어떤 반응>과 만나지 않는 한 의미가 없는 것이다. **다른 이들과의 <영적인 유대>를 형성하기 위해 그것은 <실제적인 이득이 없는 고통스런 과정>일 수밖에 없다. 궁극적으로 그것은 <희생의 행위>다.** 그래서 단지 자신의 메아리를 듣기 위해 노력할 만한 가치가 없다는 것은 확실한가?

✍ [1] <메타-언어>의 국어사전의 의미는 다음과 같다. <어떤 언어를 기술하거나 분석하는 데 쓰는 말>. 예를 들어. <영어 문법>을 한국어로 설명할 경우에서의 한국어를 말한다……

어렵다. <말>은, 언어는 무척 어렵다. 필자가 늘 말하듯이, **<나는 다른 언어로 꿈을 꾼다!>** 우리는 지금 (<한국어>로 말하고 또 읽고 있지만), **어쩌면 서로가 전혀 <다른 언어>를 말하고 읽고 있을지도 모른다!** 파라 트리쉬카에서 다루었다. ⌛

이미지를 창조할 때, 예술가는 <자신의 생각>을 종속시킨다. 그의 생각은 <어떤 계시처럼 그에게 나타나, 감정적으로 인식된 세계의 이미지> 앞에서 중요하지 않게 된다. 생각은 잠시이지만 이미지는 절대적이기 때문이다. 그러므로 <영적으로 민감한 사람>의 경우에서 <예술 작품으로 받은 충격>과 <종교적 경험으로 받은 충격>의 유사성은 논의할 수 있는 것이다. 예술은 무엇보다 영혼에 작용하여 <영적 구조>를 꼴 짓는다.

**시인은 어린아이의 상상력과 심리를 갖고 있는데**, 세상에 대한 그의 인상이 즉각적이지만 세상에 대한 생각과 개념은 심오하기 때문이다. 물론 어린아이에 대해서도 그가 철학자라고 말할 수 있지만, 매우 상대적인 의미에서만 그렇다. 예술은 철학적 개념의 정면에서 날아오른다. 시인은 세상에 대한 '서술적 묘사'를 사용하지 않고, 그 자신이 세상을 창조하는 손을 갖고 있다.

**오직 사람이 예술가를 믿으려고 하고 신뢰할 수 있을 때만, 그는 예술에 민감해지고 예민해질 수 있다.**[1] 그러나 가끔은 <감정적이고 시적인 이미지에서 우리를 차단하는> 몰이해(沒理解)의 그 문턱을 넘는다는 것이 얼마나 어려운지! 똑같은 방식으로, **신(神)**에 대한 참된 믿음을 위해, 그 믿음에 대한 필요를 느끼기 위해서라도, 사람은 <영혼의 어떤 경향>, <특별한 영적 잠재력>을 가져야 한다.

✍ [1] <꿈>에 대해서도 똑같다. <꿈 제작자> 즉 **신성**(神性) 혹은 **신비**(神祕)를 믿지 않는데…… ⧖

<종교적 진리>의 의미는 희망이다. 철학은 인간 활동의 의미, 인간 이성의 한계, 존재계의 의미를 정의하며 진리를 추구한다. 그 철학자가 존재계가 의미가 없고 인간의 노력이 헛되다는 결론에 이를 때조차도 말이다.

예술의 할당된 기능은, 가끔 가정되듯이, 개념을 전달하고 사상을 전파하고 본보기로 봉사하는 것이 아니다. **예술의 목적은 사람으로 죽음을 준비하고, 그의 영혼을 갈고 써레질하여, 그것을 선**(善)**으로 향할 수 있게 만드는 것이다.**

나는 <예술이 이상(理想)을 향한 인간의 갈망을 지녀야 하고, 이상을 향한 그 몸부림의 표현이어야 한다>는 내 자신의 믿음을 강조하고 싶다. 예술은 인간에게 희망과 믿음을 주어야 한다. 또 예술가의 견해에서 세상이 더 절망적일수록 우리는 그것에 반대되는 이상(理想)을 더 명확하게 보아야 한다. 그렇지 않으면 삶은 가능하지 않게 된다.

예술은 우리 존재(계)의 의미를 상징화한다.[1]

✍ 예술만이 아니다. Analogia Entis, <존재의 유비(類比)>다. 세상의 모든 것이 **그것**을 가리키고 있다. ⧗

나는 개인의 영혼에서 <본질적으로 인간적이고 영원한 것에 대한 성찰>을 자극하는 것이 내 의무라고 생각한다.[1] 자신의 운명이 자신의 손에 있어도 사람은 그것을 너무 자주 지나쳐버릴 것이다. 그는 유령을 쫓고 우상에게 절하기에 너무 바쁘다. 결국 모든 것은 <사람이 자신의 존재계에서 의지할 수 있는, 모든 것인, 하나의 단순한 요소>로 환원될 수 있다. <**사랑에 대한** 능력(**역량**)> 말이다. **그 요소는 영혼 내에서 성장하여**, <사람의 삶의 의미를 결정짓는> 최고의, 지고의 요소가 된다."

✍ <참된 영성 (저술)가>라면, 이런 말이 가슴에 와닿지 않을 수 있겠는가! ⧗

## < 2 > 소리(音) 미학

한슬리크의 <음악적 아름다움에 대하여>가 출판되면서 서양에서는 <근대 음악미학>에 대한 논의에 불을 붙였다고 한다. 그러므로 한슬리크는 자신도 모르게 방화범(放火犯)이 된 것으로 보인다.

그러나 필자는 감히 묻는다. 그 수많은 <미학적 논란의 불>을 이리저리로 이끌어서 불을 진정시킨, <진정한 결론>을 내린 진화인(鎭火人)이 있었는가?

<미학의 문제>는 곧 <감정의 문제>라서, 적어도 한 시대의 지성인인 미학자들은 그냥 점잖게 흐지부지 끝내버렸다고?

이런, 보통 사람들도 <(지역) 감정의 문제>만큼은 두고두고 얽혀 매달리는 일이거늘……

☯

오래전의 일이다. 누군가에게 어떤 음악을 좋아하느냐고 했더니, "심금을 울리는 음악이 좋다."고 해서 꽤 당황한 적이 있다. 그리고 그 말은 아직도 필자의 마음에 남아 있다.

<마음 거문고>라는 심금(心琴)은 <외부의 자극에 따라 미묘하게 움직이는 마음>을 말한다. 그러니까

그는 <마음을 움직이는, 감동(感動)을 주는 음악>을 말한 것이다. 그런 음악을 좋아하지 않는 사람이 있을까?

그러나 <외부 음원(音源)>에서 들리는 그 자극을 따라 울리는, <미묘하게 움직이는 이 마음>이라는 거문고를 들춘 것은 아주 좋다.

**내 마음의 자명고를 울리고 싶은 날은**
**하도 문질러 빨개진 단어의 살갗에**
**미이라 상태로 얼어붙어 있는 영혼을**
**손바닥에 땀이 배도록 꼭 잡고만 있다**

우리는 이제 **거문고나 가야금, 북**의 소리보다는 바이올린과 **첼로**, 피아노의 소리에 더 익숙해진 것 같다. (필자의 경우) 늘 듣고 있으니까 말이다.

그러나 어쩌면 <**내 마음의 자명고(自鳴鼓)**>의 그 울림은 멈추어버렸는지도 모른다. 그냥 이 귀로만 듣고 있으니까 말이다. 그래서 시인은 말한다. "**내 마음의 자명고를 울리고 싶은 날**"이라고.

<미묘하게(라도) 움직이는 마음>이 아닐 때, <이 살아 있는 **심장(心臟, 가슴)의 북소리**>를 느끼지 못할 때, 우리는 어쩌면 "미이라 **상태로 얼어붙어 있는 영혼**"일지도 모른다.

혹 아직도 <오르페우스와 에우리디케의 신화>를 기억하는지…… (읽은 지 너무 오래되어 그 내용은 희미하고, 이름만 약간……)

사실, 기억은 망각을 전제(前提)로 있는 것이다. 그리고 <어둠은 영원한 것이고, 빛은 일시적인 것>이라면, <망각은 영원한 것이고, 기억은 일시적인 것>일 뿐이다.

물론 이때 어둠과 망각은 저 무의식(無意識) 혹은 **알라야-비갸나**(藏識)를 말할 수도 있고, 필자에게는 <**모든 것의 기저**(基底)**가 되는 실체**(Substratum)> 즉 **의식**(意識, **차이탄야**) 곧 **신**(神)이다.


혹 오르페우스가 <아폴론의 아들>인 것을 기억하는지……

아폴론은 <태양의 신>, <궁술의 신>, <의술의 신>, <예언의 신> 그리고 <**음악의 신**>이다. 그러나 디오니소스와 비교하면 그는 명확히 <이성(理性), 논리의 신>이다.

음악이 수학적이고 논리적이라는 것은 잘 알려져 있다. 예를 들어, 현악기에서 음의 높낮이는 현의 길이와 굵기로 정해진다. 음(音)의 진동과 파장이 수학적으로 정확하게 나오기 때문이다.

그러나 음악이, 언어처럼 논리적으로 읽혀지거나, 고음과 저음을 따로 분류하여 듣게 된다면 그것은 아무것도 아닐 것이다.

시가 언어의 읽기에서 <일종의 오독(誤讀)>이고 일종의 혼돈이듯이 - 그럴 때 시어(詩語)가 된다. - 소리 역시 고저장단의 것이 섞여지고 혼돈될 때, "음악(音樂)"이 된다. 물론 그 섞임과 혼돈이 조화(調和) 즉 화음(和音, Harmony)이 될 때이다.

어쨌든 **오르페우스** 신화는 <죽음이라는 세계를 (관장하는 이들을) 음악의 감동(感動, 느껴서 움직이는 것)으로 설득한다>는 것이다. <무언가를 다시 살아나게 한다>는…… 음악은 원래 그런 것이라는 것이다.

**<가슴에서 나오지 않거나 가슴에 와닿지 않은 말>은 전(全)혀 말이 아니듯이, <가슴에서 나오지 않거나 가슴에 와닿지 않은 음악>은 전혀 음악이 아니다!** 그런 것은 그냥 소음(騷音)일 뿐이다.

☯

**<세상의 모든 아침**(은 다시 오지 않는다)>이라는 **파스칼 키냐르**의 책과 영화가 있다. 필자는 영화를 먼저 보았다. 그 영화는 이런 말로 시작한다.

"모든 음(音, note, **소리**)은 죽어 가는 것이라네.

그는 엄격(嚴格)했어! 엄격했고 분노(憤怒)했어. 벙어리와 같았고……

나는 사기꾼이야. 아무 가치도 없어. <아무것도 아닌 것>을 야망(野望)했고, 그것을 거두었어. 감미롭고 화려하지만 부끄러운 것뿐이야.

하지만 그는 <음악(音樂, music, **소리를 즐기는 일**) 그 자체>였어."


17세기 **프랑스**의 비올(라 다 감바) 연주자이자 작곡가였던 **생트 콜롱브**와 그의 제자 **마랭 마레**의 이야기다. 줄거리는 대략 다음과 같다.

**콜롱브**는 사랑하는 아내가 갑자기 세상을 떠나자 세상과 인연을 끊고 전원에서 자기만의 오두막을 짓고 두 딸과 함께 살아간다.

✍ "**콜롱브**"라는 이름은 <비둘기(columba)>를 말한다. 비둘기는 부부 금슬(夫婦琴瑟)의 상징으로, 또 귀소본능이 있는 것으로 유명하나, 필자에게는 성령(聖靈)의 상징으로, 그리고 가난한 "아기 예수" 대신에 희생(犧牲, offeret)된 것으로 유명하다.

희생에 대해서는 <**거울 속에서**>에서 좀 더 깊이 다루고자 한다. 예나 지금이나 <자기 희생> 혹은 <자기 부정(否定)>은 희귀한 것이니까…… ⌛

그러던 어느 날 **마랭 마레**라는 젊은이가 찾아와 제자가 되었지만, 그는 몰래 궁정에서 연주했다는 것 때문에 쫓겨나게 된다. 그러나 **마레**는 어느덧 연인 사이가 된 스승의 딸 **마들렌**으로부터 <그녀가 아버지로부터 전수받은 **비올**의 모든 기법>을 배워 궁정 음악가가 되는 데 성공한다.

세월이 흘러 스승의 음악이 진정한 음악이라는 것을 알게 된 그는 매일 밤 말을 타고 궁정을 나와 스승의 오두막으로 가서 몰래 스승의 **비올** 연주를 들으려고 한다. 그러나 **비올** 소리는 들리지 않는다.
그렇게 3년을 스승의 오두막을 찾던 추운 어느 날, 그날은 달빛이 유난히 밝았는데……

영화에 나오는 **비올라 다 감바**는 현재의 **첼로**와 비슷한 고악기(古樂器)로 많은 음악이 연주되지만 영화는 마치 깊은 정적에 빠진 것 같다. **콜롱브**는 침묵 속에서 아내를 그리워하다가 그녀의 환영을 보게 된다. 그의 환상은 더욱 깊어지고……
교회에서 <촛불을 하나씩 끄는 예배>에 참여한 후 그는 아내의 환영과 함께 마차를 타고 집으로 돌아온다. 마차에서 내린 두 사람은 강가로 가고, 거기서 작별한다. 쪽배를 타고 죽음의 세계로 돌아가는 아내에게 **콜롱브**는 이렇게 말한다.

"세월도 우리의 사랑을 갈라놓을 수 없소."

그의 슬픔이, **프랑수아 쿠프랭**의 <**르송 드 테네브르**(어둠 속의 가르침)>로, 통곡하는 <**예레미야의 애가**(哀歌)>로 우리의 가슴(영혼)을 울린다.

[그러나 "**우리는** 고개를 몇 번 끄덕이고는 **그냥 그대로 지나간다.** 그리고 단 한 번도 우리의 **영혼**(靈魂)을 가지지 못한다."

저 <눈물의 선지자> 예레미야는 지금 이 시간도 절규(絶叫)한다.

"무릇 <(그냥) **지나가(버리)는** 자>여! (이런 말이) 너희에게는 (도무지) 관계가 없는가?"]


이제 책 <세상의 모든 아침>의 끝부분으로 돌아가자.


추위는 살을 에는 듯 매서웠고, 땅은 싸락눈으로 뒤덮여 있었으며, 바람은 눈과 귀를 찔렀다.

그는 엿들었다. 얼어붙은 나무판자에 귀를 바짝 대고 있으려니 귀가 시리고 아팠다. **생트 콜롱브**는 비올라 다 감바 현(鉉)을 멍하니 퉁겨대더니, 활로 우울한 **톤**을 몇 줄 그었다. …… 그때 **스승의 한숨 소리가 들렸다.**

"아, 나 말고 <**음악을 '아는' 이**>가, <'**살아 있는**' 이>가 세상에 있다면! 우리가 화답을 할 텐데……"

그때 마레 역시 밖에서 추위에 떠느라고 **한숨을 내쉬었다.**

"게 누구요? 이 고요한 밤에 **한숨을 쉬는 자**가?"
"궁정을 도망 나와 음악을 찾는 이요."
"음악에서 무엇을 찾으시오?"
"회한(悔恨)과 눈물을 찾습니다."

그래서 그 오두막의 문은 열렸고…… 옛 제자가 말했다.
"선생님, <마지막 수업>을 부탁드려도……?"
"내가…… <첫 수업>을 해도 되겠소?" 스승은 잘 들리지 않는 소리로 말했다. **마레**씨는 고개를 끄덕였고, **생트 콜롱브**씨는 떨리는 목소리로 말했다.

"그것은 어려운 일일세. **음악은 <말할 수 없는 것을 말하기 위해>** 그저 거기 있는 거라네. 그런 의미에서 음악은 인간의 것이라고 할 수 없다네. 음악이 왕을 위한 것이 아님을 알았는가?"
"그건 신(神)을 위한 것임을 알았습니다."
"틀렸네. 신은 말하지 않는가?"
"그럼 귀를 위한 것입니까?"
"<말할 수 없는 것>은 귀를 위한 것이 아니네."
그리고 이어지는 질문과 똑같은 답 "아니네."

82

"더는 모르겠습니다, 선생님. <죽은 자>들에게도 한 잔은 남겨놓아야 한다고 생각합니다."

**"자네 자신을 태우게나."**

✎ <자신을 태우는 것>이 곧 <자기 희생>이다. 그리고 저 <몇 십 분의 번제(燔祭)의 희생>이 아닌, **<평생에 걸쳐, 혹은 여러 생(生)에 걸쳐서 자신을 온전히 태우는 희생>**이 더욱 고귀하다. ⌛

잠시 후 **음악가(音樂家)**의 늙은 얼굴 위에 잔잔한 미소가 번졌다. 그리고 자신의 야윈 손으로 마레의 포동포동한 손을 잡았다.

"자넨 아까 내 **한숨** 소리를 들었겠지? 나는 곧 죽네. 이제 <죽은 자>들을 깨울 한 곡조, 아니 두 곡조를 자네에게 맡기네. …… 그보다 먼저 죽은 내 딸 마들렌의 비올라 다 감바를 찾으러 가세. <눈물들>과 <카론의 배>를 자네에게 들려주겠네. <회한의 무덤> 전체를. **내 제자들 가운데는 아직 그걸 <들을 만한 귀>를 찾지 못했네.**"

이윽고 오두막 안의 <처음이자 마지막 수업>……

그들은 그 <붉은 가죽의 음악 **노트**>를 바라보고, 다시 덮고, 앉아서, 조율했다.

생트 콜롱브씨는 허공에서 손을 저으며 박자를
세었다. 그들은 손가락으로 현을 짚었다. **그렇게 두
사람은 <눈물들>을 연주했다.** 두 비올라 다 감바의
선율(旋律)이 올라가는 순간 두 사람은 서로를 바라
보았다. **두 사람의 눈에서 눈물이 흘렀다.** 천창을
뚫고 들어온 달빛이 오두막 안에 퍼졌고 그 빛은
어느새 노랗게 물들어 있었다. **눈물이 코에, 뺨에,
입술에 천천히 흘러내릴 때 두 사람은 동시(同時)에**
웃었다. 마랭 마레씨가 베르사유궁(宮)으로 돌아간
것은 새벽녘이 되어서였다. <끝>


사족(蛇足)을 달자.


**그렇게 두 사람은 <자신들>을 연주했던 것이다.**
"스승"이라는 음차(音叉) 즉 소리굽쇠가 자신의
으뜸음을, 자신의 고유 진동수 즉 바른 주파수를
낸다.
"제자"라는 소리굽쇠 역시 그 스승 소리굽쇠의
음계(音階)에 정확히 동조(同調)하여 동음(同音)으로
울리는 것이다.
**뱀과 얼나 이야기**에서 다루었다.


한두 가지 더.

"<죽은 자>들을 깨울", "<죽은 자>들에게도 한 잔은"에서 <죽은 자>는 <콜롱브의 아내>처럼 그런 망자(亡者)를 가리킬 수도 있다.

그러나 성경에서 예수가 <죽어 벌써 냄새가 나는 자(나사로)>를 살리는 사건의 비유처럼, <(음악에) 죽어 있는 (감정, 느낌에서 벌써 죽어 있어) 냄새가 나는 사람>을 살리는 것이 영성(靈性)이요, 그것이 음악(音樂)이요 참 음악가라는 것이다.

또 그것이 <음악을 '아는' 이>이고, <'살아 있는' 이>다.

그리고 **한숨**은 내쉬는 것이다. 들이마시는 것이 아니다. **비갸나 바이라바** 등에서 다루었다.


영화에서는 다른 <끝>을 소개한다. (작가 **파스칼 키냐르**가 시나리오도 썼다고 한다.)


늙은 **마레**가 그런 고백을 할 때 <스승의 환영>이 나타나서 '자네가 나의 제자라는 것이 기쁘네.'라고 말한다. 물론 그의 눈에만 보인다.

<그런 (환영과 환상의) 상태>를 "아는 자"에게는 이제 죽음 너머의 세계가 보인다. 그는 죽음 너머 존재다. 우리는 어쩌면 <(영원히) 살아 있는 존재>일지도 모른다. 그리고 지금은 <생물학적으로 살아 있지만 (영적으로는) 죽어 있는 것>인지도 모르고.

진짜, 진정한 삶은 <바른 감동(떨림, 진동)>에서 나타난다. 카시미르 쉐이비즘에서 그렇게도 많이 말하는 비쉐샤 스판다와 사만야 스판다로 말이다.

☯

샤브다 브라흐만!

그것은 <소리(**음악**)의 하나님>, <말씀(로고스)의 하나님>, <증언(證言)하시는 하나님>을 말한다.

<인도 음악>은 <**신**, **죽음**, **명상**에 이르게 하고 또 그것을 찬양하는 것>이 목적이라고 한다.

<인도 음악>에도 기악(器樂)과 성악(聲樂)이 있고 성악에는 가사(歌詞)가 있고, 가수가 있고, 청중이 있다.

그런 것이 발전하여 신화(神話)의 대사가 있고 즉 시인(극작가)이 있고, 배우가 있고, 관객이 있는 <인도 연극>의 모태가 된다.

☯

연극론으로 들어가기 전에, <**영화 음악(음향)**>에 관한 **타르코프스키**의 글을 약간 옮겨 적는다.

[<영화를 "살아 있게" 하는 그 무엇(**소리**)에 대한 것> 즉 <마치 한 편의 영화 같은 나의 삶을 "살아 있게" 하는 무엇(**샤브다 브라흐만**)에 대한 것>으로 읽는다면, 그런 독자는 수준이 아주 높은 분으로, <필자가 (그렇게도) 기다리고 있는 이>이다.]

"나는 <관객들이 내가 원하는 방식으로 **이미지**를 보도록 하기 위해> 화면에서 일어나고 있는 것이 결코 평면적인 그림이 아닌, 보이는 대상 주위에 일종의 감정적인 **오라**(aura)가 느껴지기를 바란다.

모든 경우에서 영화 음악(音樂)은 내게는 <우리의 **공명** 세계의 자연스런 부분>이고, <인간 삶의 한 부분>이다. 그럼에도 <완전히 이론적인 일관성으로 제작되는 **사운드** 영화>에서는 음악을 위한 여지가 없을 가능성이 꽤 크다. 그것은 <영화가 끊임없이 새로운 수준의 의미를 찾는> 음향(音響)으로 대치될 것이다.

영화의 **이미지**가, 완전한 음역(音域)에서 진정한 (진짜) 소리가 나게 하려면 음악을 포기해야 할지도 모른다. 엄격하게 말하자면 <영화에 의해 변형된 세계>와 <음악에 의해 변형된 세계>는 평행하고 또 서로 충돌한다. 영화에서 적절히 편성된 <**공명**의 세계>는 그 본질에서 음악적이다. 그리고 그것이 진정한 영화 음악이다.

나는 무엇보다 이 세상의 소리는 그 자체로 너무 아름다워서, 만약 우리가 그것을 제대로 듣는 것을 배울 수 있다면 영화에는 음악이 전혀 필요 없을 것이라고 느낀다. 그럼에도 현대 영화에서 음악의 완전한 지배와 더불어 착취되는 순간들이 있다.

내게는 <전자 음악>이 영화에서 엄청난 가능성을 가진 것으로 보인다. 아르테미예프와 나는 <거울>에서 그것을 사용했다.

우리는 그 소리가 시적인 암시로 가득한, 지상의 메아리와 가깝기를 원했다. - <살랑거리는 소리>, <한숨짓듯 산들거리는 소리> 말이다. 음표(音標)는 실재가 조건적이라는 것을 전달해야 하고, 동시에 <미묘한 마음의 상태> 즉 <한 사람의 내면세계의 소리>를 정확하게 재현해야 한다. 우리가 <그것이 무엇인지 듣고, 그것이 만들어지고 있다고 깨닫는> 순간, 전자 음악은 죽는다. 아르테미예프는 우리가 원하는 소리를 얻기 위해 매우 복잡한 장치를 사용해야 했다. 전자 음악은 그것의 '화학적' 근원에서 깨끗하게 되어야 우리가 그것을 들을 때 그 안에서 <세계의 기본음표>를 잡을 수 있다.

기악(器樂, 악기 음악)은 예술적으로 너무 자율적이어서, 그것이 영화의 유기적인 부분이 될 때까지 영화 속에 용해하는 일은 아주 어렵다. 그러므로 기악의 사용은, 그것이 늘 설명적이기 때문에, 항상 어느 정도의 타협을 포함할 것이다. 더구나 **전자 음악은 소리 속으로 흡수되는 그 수용력을 정확히 갖고 있다.** 그것은 다른 음향(音響)들 뒤에 숨겨질 수도 있고 또 불분명하게 남을 수도 있다. 마치 <자연의 소리>, <희미한 암시(暗示)의 소리>처럼 말이다. 그것은 마치 <**누군가가 숨 쉬는 것**>과 같을 수 있다."

☯

이제 우리는 이탈리아의 "백작(伯爵)" 라니에로 놀리(Raniero Gnoli)가 "맛본 것"의 도움을 받아 <영성의 나라> 인도가 말하는 <**숭고미(崇高美)의 미학(味學)**>이 어떤 것인지, 탐미(耽美) 혹은 탐미(耽味)해보자.

## < 3 > 나탸 샤스트라

인도의 미학 연구는 처음에는 **연극** 즉 드라마에 한정되었다. 그것은 그냥 <지식을 위한 추상적이고 객관적인 동기>가 아닌, <**어떤 순수한 경험의 상태 (질서)에 대한 동기**>로부터이다. 가장 오래된 것은 아마도 4, 5 세기 신비가(神祕家)인 **바라타의 나탸 샤스트라**일 것이다. 이것은 <연극 제작>과 <배우, 시인의 훈련>에 관한 논평과 규칙을 집대성(集大成) 한 것이다.

저자 혹은 저자들은, 인도 사유의 격언과 규칙의 정형으로, **인간의 다양한 정신상태와 감정을 분류 하고, <실제적인 상황으로부터 미학적인 단계로>** 그것들의 이행을 다룬다. 나탸 샤스트라는 심오한 정신적 통찰(洞察)의 작품이다. 연극은 <보는 것>과 <듣는 것>에 동시에 호소한다. - 그것은 **나의 눈과 귀를 사로잡아, <제한된 나>의 경계 너머로 오를 수 있는 유일한 감각이다.** - 그래서 **예술의 가장 높은 형태로 여겨진다.** 그 안에서 보는 것과 듣는 것은 관객에게 다른 어떤 분야의 예술보다 "라사" 라고 부르는 **맛**과 **향기**로서 <**직관적이고 구체적인, 독특한 의식(意識)의 상태**>를 더 쉽고 강하게 자극 한다.

독자나 관객이 음미(吟味)하는 **맛**이나 **향기**처럼, 인도의 이 전형적인 **미적 경험**의 개념은 우리에게 놀라운 것이 아니다. 다른 곳에서도 <지적(知的)인 묘사가 거의 없는, **미각과 촉각에 고유한 느낌**>이 <**의식의 상태**>를 나타내는 데 더 가깝게 여겨지고, 추상적 묘사를 없앤다. - 그것이 <**미적 경험**>이고 또 <**종교적 경험**>의 다양한 형태다.

이 "**맛**"을 관객이 맛볼 때, 그는 **편재**(遍在)하게 되고 찬양하게 된다. 그러므로 <**미적 경험**>은 이 **맛**(라사)을 **맛보는 행위**이고, 다른 모든 것을 배재하고 오직 그것에 **자신을 몰입**(沒入)**하는 행위**이다. **바라타**는 유명한 한 경구(警句)에서, 본질적으로, 그 **맛**은 배우들의 연기와 그 연극의 연합으로 태어난다고 말한다. - 그것은 여러 가지로 해석될 수 있으며, 이후 인도의 모든 미적 사유의 출발점이 된다. (<문자 그대로>의 번역은 다음과 같다.)

<**결정요인**>, <**결과**>, <**일시적 정신상태**>의 연합에서 그 맛(라사)의 출생이 (일어난다).

그러면 **라사**의 본질은 무엇인가? 여러 감정들과 <**의식의 상태**>와 그 관계는 어떤 것인가? 그리고 이 "출생(出生)"이라는 말을 어떻게 이해할 것인가?

인도 미학 전체는 그런 질문에 달려 있다. 그것은 수사학자(修辭學者)와 사색가들을 거쳐 바로 오늘날까지 이르는 격렬한 논쟁거리의 고갈될 줄 모르는 근원이다. 그러나 그것에 대한 여러 가지 해석의 검토로 들어가기 전에, 간단하게 **바라타**의 경험적 심리학의 핵심을 설명하자.

**나탸 샤스트라**에 따르면, 바와 혹은 스타이-바와라고 부르는 <**여덟 가지 기본적 감정**, 본능, 정서 혹은 **정신상태**>가 인간 안에서 구별될 수 있다.

① **기쁨**(라티, Delight)
② **웃음**(하사, Laughter)
③ **분노**(크로다, Anger)
④ **슬픔**(쇼카, Sorrow)
⑤ **영웅심**(웃사하, **의협심**, Heroism)
⑥ **놀람**(비스마야, Wonder)
⑦ **혐오**(주굽사, Disgust)
⑧ **두려움**(바야, Fear)

✍ 바와(bhava)는 부(bhu, 있다)의 사역형으로, <있게 하다(**일으키다**, **창조하다**)>와 <**편재하다**>의 뜻이 있다. **나탸 샤스트라** 7장에는 "카비-아르타 바와얀티티 바와." 즉 "(<**정신상태**>를) 바와라고

부르는데, 그것이 <시(詩)의 목표(카비-아르타)>를 **일으키기** 때문이다."고 한다. 그것이 곧 **라사**이다. 이것들은 마치 냄새처럼 관객의 마음에 **편재(遍在) 하기** 때문이다. 스타인은 <**영구적**인, **기본적**인>의 의미이고, 또 한글 <**정신상태**>는 붙여 썼다. ⌛

이 여덟 <**정신상태**>는 인간의 가슴 안에 타고난 것이다. **그것들은 모든 인간의 마음에 <현재 삶의 실제적인 경험>이나 <타고난 본능>에서 유래되어 <잠재적 인상(바사나)>의 형태로 영구적으로 존재한다.** 그래서 그것들은 때가 되면 그의 의식으로 나타날 준비가 되어 있다.

**보통의 삶에서 각 감정(느낌)은 세 요소 즉 ① 원인(카라나), ② 효과(카르야), ③ 수반 요소(사하 카린)를 따라 나타난다.** ① **원인**은 <다양한 상황과 삶의 만남>이다. 그것으로 **감정(느낌)**은 흥분된다. ② **효과**는 감정으로 인한 <눈에 보이는 반응>으로, 얼굴 표정, 몸짓 등으로 표현된다. ③ **수반 요소**는 그것에 따른 부수적인 <**일시적 정신상태**>이다.

그러나 이 여덟 **바와**는 사실 순수한 형태로 나타나지 않는다. 우리 **정신상태**의 여러 변조(變調)는 극도로 복합적이어서 <**영구적(기본적) 정신상태**>의 각각은 좌절, 나약, 우려 등의 수반되는 다른 **정신**

**상태**와 연합하여 나타난다. 가끔씩 일어나는 이런 <**일시적**(비-영구적) **정신상태**>는 **바라타**에 따르면 서른여섯이다.

실제 생활에서는 "살아 있지" 않지만, <무대에서 행해지는 것이나 또 시(詩)에서 기술되어 있는> 이 똑같은 **원인**과 **효과** 등은 관객(독자)에게 **바라타**가 **라사(맛)**라는 이름을 주는 <**특별한 즐거움**>을 준다.

이 **여덟 가지** <**영구적**(기본적) **정신상태(감정)**> 각각에 상응하는 <**여덟 가지 라사**>가 있다.

❶ **사랑**의 라사(슈링가라, the Erotic)
❷ **웃음**의 라사(하샤, the Comic)
❸ **분노**의 라사(라우드라, the Furious)
❹ **연민**의 라사(카루나, the Pathetic)
❺ **영웅**의 라사(비라, the Heroic)
❻ **경탄**의 라사(아드부타, the Marvellous)
❼ **혐오**의 라사(비밧사, the Odious)
❽ **공포**의 라사(바야나카, the Terrible)

후대(後代)는 아홉 번째의 <**영구적 감정**>을 받아 들인다. 즉 ⑨ **고요**(샤마, Serenity)와 그 상응하는 라사로 ❾ **평온**의 라사(샨타, the Quietistic).

그것들이 실제 삶의 부분은 아니지만 **<시적(詩的) 표현>의 요소일 때는**, ① **원인**, ② **효과**, ③ **수반 요소도**, 마치 **<영구적 정신상태(감정)>**처럼 다른 이름으로 ❶ **결정요인(비바와)**, ❷ **결과(아누바와)**, ❸ **<일시적 정신상태(뱌비차리바와)>라고 부른다.**

물론 관객의 견지에서 그 **결과**는 보통의 삶에서 행하듯이 그 감정을 따르지 않지만, 그것들은 **결정 요인**에 의해 생긴 그 감정을 강화하고 지속하는, 일종의 **원인**처럼 행동한다.

✍ 이 책에서 사용되는 용어와 번역어는 <미학 등의 전문용어>가 아닐지도 모른다. 혹 전문용어로 쓸 경우, 오히려 <어떤 오해>로 이끌지도 모른다.

**나탸 샤스트라**(7:346)에 따르면,

**비바와(결정요인)**라는 말은 인지(비갸나)의 뜻이 있다. 배우의 말, 몸짓과 <기질의 표현>이 그것에 의해 결정되고 **"알려지기에"** 그렇게 부르고,

**아누바와(결과)**는 결국은 배우의 재현이, 세 가지 측면에서 즉 목소리(**바크**, 말), 몸짓(**앙가**, 팔다리), 신체적 반응(**삿트와**)에서 (관객에게) 경험(해당하는 감정)을 **"일으키기"** 때문에 그렇게 부른다고 한다.

**스판다 카리카**에서 **비바와**를 <창조, 유지, 흡수 등의 전체적 행위(**놀이**)> 즉 <창조적 활동성>으로 푼 것도 참조하라. ⧖

아비나바 바라티로 들어가기 전, 여기에 나오는 인도의 유명한 <라마야나>의 줄거리를 훑어본다.

코살라 왕국의 **다사라타**[1] 왕은 아들이 없어서, 신(神)에게 희생제를 드려 세 명의 왕비가 네 명의 왕자를 낳는다. 그 중 **비슈누**의 화신 맏이 **라마**는 명궁(名弓)으로 <**자나카** 왕의 공주이자, **락슈미**의 화신인> **시타**를 아내로 맞는다.

왕은 **라마**에게 왕위를 물려주려고 했으나, 둘째 왕비와의 <옛날의 어떤 약속> 때문에 둘째 **바라타**에게 왕위를 물려주어야 하고 또 **라마**를 14년 동안 숲으로 추방해야 한다.

이런 사실을 알고 **라마**는 스스로 **시타**와 동생인 **락슈마나**를 데리고 **단다카** 숲으로 들어간다. 왕은 슬픔으로 세상을 떠나고, **바라타**는 형 **라마**가 계승해야 한다고 설득하나, **라마**는 부왕의 명령이라며 듣지 않는다.

어느 날 **수르파나카**라는 여자 악마가 **라마**에게 사랑을 고백하나 거부되고, 그것이 **시타** 때문으로 생각한 그 여자 악마는 **시타**를 죽이려고 하지만, **락슈마나**가 그 악마를 물리친다. 그러자 그 악마는 오빠이자 **랑카** 섬의 <악마의 왕> **라바나**를 구슬려 **시타**를 납치하게 한다.

**라바나**는 하늘을 달리는 전차를 타고 **단다카** 숲으로 가, 사슴으로 변한 부하가 **라마**와 **락슈마나**를 유인하는 동안, 성자로 변신하여 **시타**를 납치한다. 이때 **시타**를 지키려던 독수리의 왕 **자타유**가 죽게 되지만, **시타**의 행방을 알려준다.

**라마**는 **락슈마나**와 함께 **시타**를 찾아 나서고, 곧 <바나라(원숭이)의 왕> **수그리바**를 만난다. 그들은 **시타**가 **랑카** 섬에 붙잡혀 있다는 것을 알게 되고, 원숭이 장군 **하누만**은 혼자 **랑카** 섬으로 들어가, **시타**에게 원군이 오고 있다는 것을 알리고, 일부러 붙잡혀서 꼬리에 불이 붙게 되자 오히려 그것으로 그곳을 불바다로 만들고 돌아와 **시타**가 무사하다는 사실을 알린다.

**라마**는 원숭이 대군을 이끌고 해안에 이르렀지만 섬으로 갈 방법이 없어, 바다의 신에게 기원하고, 원숭이 군대의 힘을 빌려 닷새 동안에 **랑카** 섬까지 <**라마의 다리(라마-세투)**>를 놓는다.

원숭이 군대와 악마의 군대의 격전으로 **라마**는 **시타**를 되찾지만, 그는 **시타**가 잡혀 있던 동안의 정절을 의심하는 사람들 때문에 아내를 거절하고,

이에 **시타**는 불 속에 뛰어들어 자신의 순결을 증명한다.

**시타**에 대한 의심을 씻은 **라마**는 **코살라**의 수도 **아요디야**[2]로 돌아와 왕위에 오른다.

✍ 필자가 좋아하는 "신화(神話)", 특히 인도의 신화가 나왔으니, <하고픈 말>이 당연히 많다.

그러나 말을 줄이고, 두어 가지만 언급한다.

[1] <**다사라타**>라는 이름은 "다 살았다"는 우리말 발음과 비슷하다. 왕국을 60,000년을 다스렸다고 하니, 그 이름을 우리말로 풀어야 실감난다.

[2] <**아요디야**>는 잘 아는 대로, 김해 김씨, 김해 허씨의 시조모인 <인도의 공주> 허황옥(許黃玉)의 고향이다. **라마야나**는 바로 그곳의 이야기다. ⌛

☯

인도의 **연극론**으로 들어가지 전에 <**연극**에 관한 재미있는(?) 이야기>를 하나 든다. <수행 방편>이기 때문이다.

<**우리네 삶의 모든 것을 수행 방편화하는 일**>은 이제 필자의 고질병(痼疾病)이기도 하다. 그러나 잘 생각해보면 그것은 어쩌면 숭고병(崇高病)(?)일지도 모른다. 아니면 향수병(鄕愁病)이거나.

우리는 실존에서 두 가지 층을 갖는다. <행위의 세계>와 <존재의 세계>. 즉 <주변>과 <중심>이다. 주변에서는 계속해서 일하라. 그것을 멈추지 말라. 그러나 중심에도 또한 주의하라. **무슨 일이 일어날 것인가? 우리의 활동이 하나의 연기(演技)가 될 것이다.** 마치 **연극**에서 한 부분을 연기하고 있는 것처럼 말이다.

예를 들어 어떤 **연극**에서 나는 **라마**가 되었고, **그리스도**가 되었다. 나는 **그리스도**처럼, **라마**처럼 행동하지만 중심에서는 나는 나 자신으로 남는다. 나의 주의는 내 안에 중심하고 있고, 나의 활동은 주변에서 이어진다.

**만약 이 방편을 수행한다면, 나의 인생 전체가 하나의 긴 연극이 될 것이다. 나는 역할들을 연기하는 배우일 것이다.** 그러나 만약 내가 그 중심을 잊는다면, 그때는 내가 그 역할을 연기하고 있는 것이 아닌, 내가 곧 그 역할이라고 여기며 동일시(同一視)된다. 그러면 그것은 **연극**이 아니다. 그런 것이 우리가 해 온 일이다.

"Life is a stage, so learn to play your part. 인생은 무대(舞臺)이므로, 네 배역을 연기하는 것을 배워라."라는 말이 아니더라도, 나의 배역과 역할에 동일시되는 일은 <어리석은 배우>나 할 짓이다.

인도가 말하는 **신**(神)**은 <가장 위대한 배우>다.** 그는 끊임없이 그 자신의 중심에 집중하면서 연기하고 있다. 수많은 역할과 많은 게임을 연기하고 있다. 그러나 절대로 심각하지 않다. **심각한 것은 동일시 때문에 온다.** 만약 내가 정말로 <연극 속의 **라마**>가 된다면 문제가 생길 것이다. **시타**를 도둑맞을 때, 심장 발작이 와서 그 연극이 중단될지도 모른다.

그러나 나는 단지 배우로, **시타**를 도둑맞았지만 아무것도 도둑맞지 않았고, 집으로 돌아가 평안히 잠들 것이다. 꿈에서조차도 **시타**를 도둑맞았다고 느끼지 않을 것이다.

**라마**가 **시타**를 정말 도둑맞았을 때, 그는 눈물을 흘리며 나무들에게 묻는다. "나의 **시타**는 어디로 갔는가? 누가 그녀를 데려갔는가?" 그러나 이것이 이해해야 할 무엇이다. **라마**가 정말로 울면서 나무에게 묻고 있다면, 그는 동일시된 것이다. 그는 더 이상 **라마**가 아니다. 그는 더 이상 <**신성**(神性)**의 사람**>이 아니다.

이것이 기억해야 할 것이다. 즉 **라마**에게는 그의 실제의 삶이 단지 하나의 배역이었던 것이다. 그는 단지 한 배역을 연기하고 있었다. 인생이라는, 이번 생(生)이라는 삶의 큰 무대 위에서 말이다.

인도에서는 이것에 관한 아주 아름다운 이야기가 있다. **발미키**는 **라마**가 태어나기 전에 **라마야나**를 썼다는 것이다. 그러니 **라마**는 그 극본을 따라야 했다. 실제의 **라마**의 첫 번째 연기는 단지 한 편의 연극이었던 것이다. 그러므로 그가 무엇을 할 수 있었겠는가? **발미키**라는 시인(詩人)이 그 이야기를 썼을 때, **라마**(라는 실제의 배우)는 따라야 한다. 모든 것은 이미 정해진 것이다. **시타**는 도둑맞아야 하고, 전쟁은 일어나야 한다.

["누가 **올림포스** 산을 견고하게 하며, 신(神)들을 화합하게 하겠소? 그것은 **시인이 계시하는 인간의 (상상의) 힘**이라오."라는 괴테의 이 유명한 선언은 아마도 영원히 남을 것이다.]


만약 이것을 이해할 수 있다면, 수많은 종교가 말하는 <숙명의 이론> 즉 **바기야(다이밤, 니야티,** 운명)를 이해할 수 있다. 그것은 깊은 의미가 있다. 만약 **<모든 것이 나에게 정해져 있다>고 여긴다면, 나의 삶은 하나의 드라마(연극)가 된다는 것이다.** 내가 **라마** 역을 하고 있다면, 나는 그것을 바꿀 수 없고, 모든 것은 정해져 있다.

<하나님의 뜻>이니 <예정론> 등이니 하는 것은, **나의 삶을 한 편의 연극(演劇)으로 보라**는 것이다. 그때 "나는 불행하다."는 등의 생각이 있겠는가? ⧗

# 제 3 장

# 등장인물들

< 1 > 단딘과 밧타 롤라타
< 2 > 샹쿠카
< 3 > 밧타 나야카
< 4 > 아난다바르다나 - <인도 시학(詩學)>
< 5 > 아비나바굽타

<등장인물들>은 이 **미학(味學)**의 논객들이다.
이들의 견해(이론)는 <**아비나바굽타**의 비평>에서
연역적으로 얻은 것으로, <인도 미학사(美學史)>의
짧은 개요일 수도 있다.

아마도 **아비나바굽타**는 인도 <**미(美)의 철학**>의 마지막 모습을 보여주는 것 같다. ("마지막 모습"은 **완성**이란 뜻으로 읽어야 할 것이다!)

그 이름은 **산스크리트** 시학(詩學)과 인도 미학을 배우려는 이들에게 잘 알려져 있다. 그의 명성은 아직도 살아 있고, 그의 시적, 미학적 담론(이론)은 오늘날에도 든든하다. (그리고 **최고**이다!)

그리고 인도에서 가장 심오하고, **가장 열정적인 마음의 하나**인 아비나바굽타의 미적 사유(思惟)가 여러 **산스크리트** 문헌의 유능한 번역자이자 박식한 학자인 **라니에로 뇰리의 상상력**을 사로잡은 것이 바로 "**사-흐리다야**"라는 말이었다는 것은 놀라운 일이 전혀 아니다. 그는 이렇게 말한다.

"이 책(초본)은 1956년 발간되었다. **그 후로 나는** 인도 수사학(修辭學)과 미학 분야에서 **연구를 결코 멈추지 않았다.** 몇몇 오역과 실수는 …… **완전히 개정하고, 또 …는 보충하였다.**"

**뇰리는 탄트라 알로카**를 외국어로는 유일하게 완역했고, 또 **탄트라 사라, 파라 트리쉬카**도 번역했다. 1930년 생으로, **고령임에도** 불구하고 88세인

2018년에는 <Marmora Romana(로마의 대리석)>라는 책도 **출간했다**고 한다. "사-흐리다야"라는 그 말은 **뱀과 얼나 이야기**에서 다룬 바 있다.

　"인도에서는 **뜨겁고 강렬한 가슴**을 '사-흐리다야'라고 한다. **민감성(영성)**은 <'가슴이 주어진(사-흐리다야)', 열정에 잠긴 사람>에게 속한다."

　그의 열정은 필자의 롤 모델이 되기에 충분하다! 저 **놀리**, <로마의 **대리석**>과 늦도록 놀았나니, 이 **바우**(필자의 별명)도 놀리와 늦도록 놀리라.

　다른 이들의 미학 이론과 더불어 특히 **아비나바굽타**의 **미학**(味學, Rasa-theory)에 대한 **놀리**의 철저한 이해와 설명은 실로 "맛볼 만한 것"이다!
　이 <**아비나바굽타**에 따른 **미적 경험**>에서 그는 **나탸 샤스트라**의 유명한 **수트라**(경문)인 "**비바와-아누바와-뱌비차리-삼요갓 라사-니슈팟티**"에 대한 **아비나바굽타**의 주석을 번역하고 다듬는다.

　**나탸 샤스트라**는 인도 미학 전체에 아주 중요한 책으로, 고대와 현대를 불문하고 수사학과 철학의 견해에 빛을 주는 것이다. **아비나바굽타**의 담론은 실제적으로 현대인의 마음에 아주 쉽게 다가오는 옷차림이다.

## < 1 > 단딘과 밧타 롤라타

**바라타의** 경전과 특히 앞서 말한 **경문은**, 우리가 말했듯이, **그 말의 더 분명한 이해를 위해서** 모든 사상가들의 연구와 분석의 주제가 되었다. 이들 중 초기의 인물은 7세기(?)의 단딘과 또 9세기의 **밧타 롤라타**이다. **밧타 롤라타**는 그 계승자로, **카시미르** 인(人)으로 아마도 **카시미르**의 신비학파의 하나를 따른 것 같다.

✍ 단딘은 **카비아다르샤**를 썼다. **밧타 롤라타**는 9-10세기에 **카시미르**에서 활동했으며 <**나탸 샤스트라 주석**>을 썼으나 지금은 전하지 않는다. **크세마라자**는 스판다 니르야나에서 또 **아비나바굽타**는 다른 곳에서 <**밧타 롤라타**가 주석한 것인 **스판다 카리카**>를 인용했다.

아마도 두 사람의 **밧타 롤라타**가 있는 것 같다. 그런 경우, **밧타 롤라타**는 바수굽타가 살아 있던, **아반티바르만**의 통치하던 A.D. 856-883년에 살았거나 후계자인 **샹카라바르만**의 통치기간에 살았다.

이런 경우에, **샹쿠카**의 시기도 달라진다. 그러면 그는 9세기 초 **아지타피다**와 동시대인이었던 시인 **샹쿠카**와 더 이상 동일 인물일 수 없다. ⌛

그들에 따르면 **라사**는 단지 <**결정요인**>, <**결과**>, <**일시적 정신상태**>가 연합한 효과에 의해 정점에 오른 <**영구적(기본적) 정신상태**>다. **밧타 롤라타**는 **라사**가 <재현되는 인물>과 <모방(재현)하는 배우> 둘 다에 있다고 한다. 그가 말하는 배우는, 정말로 개인적으로 <재현되는 인물>에 속한 것처럼 <다른 **바와**와 **라사**>를 느낀다는 것이다.

그것이 그렇다면 배우는 연극 진행의 속도와 또 다른 것을 따르는 것에 실패할 것이라는 반론에,[1] **밧타 롤라타**는 배우는 **아누산디** 혹은 **아누산다나** 덕분에 그런 것을 잘 다룰 수 있다고 답한다.

**아누산디**는[2] 배우가 잠깐 동안 <재현되는 인물("라마" 등)>이 "되어서" 자신을 **라마**로 느끼지만 그럼에도 불구하고 동시에 <현실에서는 배우일 뿐>이라는 그 정체성을 잊지 않는 기능이다.

✍ [1] **밧타 롤라타**에 대한 반론은 **카시미르 자야피다** 왕궁의 시인(극작가) **우드바타**의 추종자들로, 그들은 <배우가 실제로 **바와**와 **라사**를 가진다>는 인식은 환영(幻影)이라고 한다.

[2] 문자적으로는 <회상, 기억>이지만 그 이상의 어떤 것 즉 <의식, 각성, 반영 등>을 말하며, 어떤 이는 <시각화(심상화)> 혹은 <그것과 같은 어떤 것>이라고 한다. ⌛

겉으로 봐서는 <밧타 롤라타의 이론>은 관객이 어떻게 **라사**를 즐기는지의 문제와는 관련이 없는 것 같다.

## < 2 > 샹쿠카

롤라타보다 약간 후대인 **카시미르**인 **샹쿠카는**[1] 이런 견해에 동의하지 않는다. 그에 따르면, **라사**는 "고대인(**라마**)"을 그 위에 둔 <강화된 **정신상태**>가 아닌, <모방된 **정신상태**>이다.

일상생활에서 인간의 **정신상태**는 <그것(정신)을 흥분시키는 원인(**결정요인**)에 의해>, <그의 느낌의 눈에 보이는 효과(**결과**)에 의해>, <그의 수반되는 감정(**일시적 정신상태**)에 의해> 드러난다.

**샹쿠카**는 배우가 등장인물과 등장인물의 경험을 성공적으로 모방한다는 것은 틀림없이 인위적이고 비현실적이지만, <배우와 등장인물 사이의 차이>를 잊어버린 관객들은 그렇게 알지 않고, <등장인물의 **정신상태**>를 추론적으로 경험한다고 주장한다. 이 경험은 – 그것은 실제로 추론의 특별한 형태다. – **샹쿠카**에게는 어떤 다른 종류의 지식과는 다르다.

**샹쿠카**의 이 이론에 **힌트**를 얻어, **헤마찬드라**는 <화가가 그린, 모방된 말(馬)>은 관객에게는 진짜도 가짜도 아닌 것으로 보이며, 실재와 비실재의 어떤 판단에 선행하는 어떤 **이미지**일 뿐이라고 한다.

여기까지는 좋다. 그러나 **아비나바굽타**에 따르면 **샹쿠카** 이론의 약점은 <**의식**의 미적 상태(**라사**)>가 <모방된 **정신상태**>의 인식(지각)일 뿐이라는 그의 전제(前提)이다.

✍ [1] **샹쿠카**는 **밧타 롤라타** 이후 **카시미르**에서 활동했다. **칼하나**는 그가 **아지타피다**의 통치기간 (약 A.D. 830년)에 살았다고 하며, 지금은 전하지 않는 **바라타**에 대한 주석을 썼고, **아비나바굽타**가 자주 인용한다. ⧗

이 모방(模倣)의 개념은 이전에 <**아비나바굽타**의 스승으로, 중요한 시학(詩學) **카뱌카우투카**를 쓴> **밧타 토타**가 그랬듯이, **아비나바굽타**도 거부했다. 그들의 논박은 날카롭고 힘을 쏟은 것이었다. 즉 **모방의 효과는** (광대가 왕자를 모방할 때처럼) 사실 웃음과 조소(嘲笑)일 뿐이고, <**미적 경험**>과는 **어떤 관련도 없다. 모방 이론은 또** 어떤 예술(예를 들어, **무용)과는 분명히 모순된다.** 무용은 실제의 삶에서 어떤 것도 모방하지 않는다.

✍ "모방(模倣)"즉 미메시스, '이미타티오 (크리스티)'는 비단 미학에서뿐만 아니라 신학까지……. 실로 <많은 것>을 생각하게 한다. ⧗

## < 3 > 밧타 나야카

라사 교설사(教說史)에서 아주 중요한 세 번째 사상가는 **밧타 나야카**로,[1] 10세기 전반 **카시미르**에 살았고 <**사-흐리다야-다르파나**>를 썼다.

✎ [1] **밧타 나야카**는 유명한 <**드바니-알로카**>의 저자 **아난다바르다나** 이후 **카시미르**에서 활동했고 그를 거부했다.

**아난다바르다나**는 A.D. 856-883년 동안 제위한 **아반티바르만** 왕과 동년배이므로, **밧타 나야카**는 A.D. 900년경에 위치해야 한다. **칼하나**가 언급한, **샹카라바르만** 왕의 제위기간(A.D. 883-902년)에 살았던 **브라흐마나 나야카**와 동일시해서는 안 될 것이다.

**아비나바굽타**는 **이슈와라-프라탸비갸-비브리티-비마르쉬니**에서 **샤이바** 영감(靈感)의 구절을 인용하며 그것을 **밧타 나야카**의 덕으로 돌리고 그에게 **미맘사-카그라니**라는 칭호를 준다. (다른 데서 그는 **쿠마릴라**에게 **미맘사-카프라와라**라는 같은 칭호를 준다.) **밧타 나야카**의 다른 절은 **스판다 니르야나**에서 **크세마라자**가 인용했다. **놀리**는 이 두 사람의 **밧타 나야카**를 동일인으로 본다.

밧타 나야카의 시 작품은 흐리다야-다르파나(혹 사-흐리다야-다르파나)로 아직 알려지지 않았다. 이 작품의 서시(序詩)는 '쉬바에 대한 기원(祈願)'으로, 아비나바 바라티 1장에 나온다. ⚱

그의 비평은 무엇보다 바라타가 말한 "니슈팟티 (출생)"를 다룬다. 어떤 의미로 그 말을 이해해야 하는가? 인식, 산출, 현현은 일상생활의 사실로서, <미적 사실> 즉 라사와는 아무 관련도 없다. 그러 므로 "니슈팟티"의 의미는 인식, 산출, 현현일 수 없다. <극장의 공연(배우의 행위)> 혹은 <시(시인의 말)>는 라사를 인식하게 할 수도 없고 산출할 수도 현현할 수도 없다.

<실용적(문자적) 의미>와 <시적인 의미> 사이의 관계는 이들 중 어느 것에도 속하지 않고, 오히려 <일상생활의 이들 사실과는 완전히 다른 것> 즉 "계시(창조적 상상력, 바와나)"에 있다. 이 계시는, 아비나바굽타가 사-흐리다야-다르파나의 풀이에서 말하는 것처럼, 시와 연극에서 떠맡은, <그냥 나타 내는 힘>과는 완전히 다른, 특별한 힘이다. 나야카 가 말하듯이, "우리의 의식을 채우고 있는 정신적 혼란의 두꺼운 층을 제압하는 기능을 가지는"[1] 이 힘의 특별한 임무는, (연극에서) 재현되고 (시에서) 묘사된 사물의 보편화 혹은 우주화이다.

✍ ¹ **미적 경험** 동안, 관객의 **의식**은 모든 실용적 욕망에서 자유롭다. 그 광경은 더 이상 관객의 <경험적인 나(에고)>와는 연결되지 않고, 다른 어떤 특정한 개인과도 연결되지 않는다. 그것은 관객의 <제한된 인격>을 폐지(제압)하는 힘을 갖는다. 그는 순간적으로 **마야로 드리워지지 않은**, 티 하나 없이 깨끗한 존재를 다시 얻는다. **모하**(혼란)는 **타마스로** 생겨난 특별한 상태다. ⧗

"이 힘으로 계시된 **라사는**, <직접적인 경험>과는 다른, <기억 등>과는 다른, **일종의 <즐기는 일>을** **통해 즐기는**(부즈, bhuj) **것이다.**" 밧타 나야카의 **교설의 핵심은 정확히 이 <보편화**(普遍化)**의 개념>** **이다. - 이것은 인도 미학의 주된 기여의 하나다!**

<**의식**의 미적 상태>는 - 그 재료가 분노, 사랑, 고통 등 무엇이든 - 일상생활의 질감에 그 자체를 삽입하지 않고, 개인 관심과는 완전히 독립적으로 보이고 또 살아간다. 무대 위에 나타나거나 시에서 읽는 **이미지**는 <미적으로 민감한 이>에게는, 그의 일상적 생활이나, 연극이나 시에서 배우나 영웅의 삶과는 어떤 관계도 없는 독립적인 것으로 보인다. 그러므로 <보편적 방식(**사다라니-크리타**)으로>, 즉 <우주적으로> 나타나고, 개인성으로부터 풀려진다.

공연된 연극이나 낭송된 시는 잠시 동안, 관객을 <일상생활에서, 마치 그의 의식을 제한하고 흐리게 하는 "정신적 혼란의 두꺼운 층"과 같은> **제한된 에고 너머로, 실용적인 관심사 너머로 끌어올리는 힘을 갖는다.** 실생활에서 "나"와 "내 것"과 관련될 때 우리를 옭아매고 슬프게 하는 사물과 사건은 <그것들이 미적으로 묘사되고 재현될 때, 그것들이 보편화되거나 우주적으로 고려될 때>는 **즐거움**의 - <**미적 즐거움(라사)**>의 - 근원으로 느껴진다.[1]

✎ [1] **보편성**(普遍性, 사다란야)은 <**미적 경험**>의 **주된 성격이다.** <**결정요인** 등으로 구성되는 사건과 사실>은 특정한 개인과 특정한 연관(聯關)과는 어떤 관계에서도 독립적이다. **맘마타**는 <재현된 상황>은 "이것은 나와 관련된다.", "이것은 나의 적과 관련된다.", "이것은 나와 관련이 없는 어떤 이와 관련된다.", "이것은 나와 관련되지 않는다.", "이것은 나의 적과 관련되지 않는다.", "이것은 나와 관련이 없는 어떤 이와 관련되지 않는다." 등의 판단에서 독립적이라고 말한다.

그러므로 **보편성은** 이런 견해에서 <어떤 실용적 관심사가 없는, 제한된 자아와는 전혀 관계가 없는, 즉 개인적인 것이 개입되지 않은>, <**상상적인 상황과의 자기-동일시의 상태**>이다. **결정요인**과 **결과**는 바로 **이 보편성의 상태 때문에** 일반적인 인과(因果) 와는 다르다. 보통 삶에서 편만(遍滿)한 기쁨, 슬픔, 분노와 똑같은 감정이 <**의식**의 미적 상태>에서는 완전히 다른 방식으로 나타난다.

보통의 삶의 장면(예를 들어, <사랑의 장면>)을 보는 일은 관객에게 <문제의 그 장면의 주인공과의 유대(紐帶) 관계의 밀접에 비례해서> 어떤 일련의 감정(분노, 부러움, 혐오 등)을 불러일으킨다. 그는 그 장면에서 배우나 그들의 행위에 완전히 무관심 할 수도 있다. 이 경우 그는 무관심의 상태에 있을 것이고, 그것은 <재현된 일에서 인식하는 주체의 능동적 참여가 특징인 **미적 경험**>의 대극(對極)이 된다.

반대로 <무대에서 재현된 똑같은 장면>이 특정한 모든 연관과는 아무런 관계가 없고, 어떤 외적인 간섭(비그나)에서도 - 분노, 혐오 등 - 자유롭다. 관객은 실용적인 요구도 없고 어떤 관심사도 없다. - <그런 요구와 관심사>가 보통의 삶의 특징이다. - **그는 다른 모든 것을 배제하고, 그 미적 경험에 몰입되어 있다.** <시적(詩的)인 표현>으로 수행되는 **보편화의 일**(임무)은 <**제한된 나**>의 장벽을 부수고, 이런 식으로 관심사와 요구를 제거하고, 그것과의 연합을 겨냥한다. ⧗

고통이 어떤 즐거움으로 변환되는 일은, 그것이 무대에서 묘사되었을 때, 그 자체로는 <고통스러운 광경과 사건>이 우리를 옭아맬 수 없다는 사실로 보아 증명된 것이라고 **나야카**는 주장한다. 우리는 오히려 그것을 즐긴다. <**계시(창조적 상상, 바와나)의 힘**>으로 드러난 **라사** 즉 **미적 경험**은 그 성격이 지적(知的)인 것도 아니고 지각(知覺)도 아닌, 어떤 경험, 어떤 성과(成果, 보가)이다. 이 성과는 <용해(溶解, 라야)의 상태>, <우리 자신의 **의식** 속으로의 **쉼**의 상태>와[1] 또 <**지복과 빛**에 의한 **의식**의 편재(遍在)>가 특징이다. 그것은 <**지고의** 브라흐만의 기쁨>과 똑같은 질서에 속한다.

🖎 [1] **쉼, 비슈란티는 다른 모든 것을 배재하고,** <어떤 정신적인 움직임도 없이>, <**의식**의 상태로 들어가는 것을 깨뜨리는 어떤 잡다한 욕망도 없이 (어떤 장애물, 비그나도 없이)> **어떤 것에 흡수된, 그것 안에 용해된 우리 존재의 사실을 나타낸다.**

미학적 언어로, **비슈란티**는 동시에 <미적인 대상으로 흡수된 존재라는 사실>과 <그 **의식**의 상태를 따르는 순수한 즐거움(기쁨)의 감각>이다. **샤이바** 형이상학에서 **비슈란티**는 "**나**" **안에 존재하는 모든 것의 쉼**을 나타낸다. (존재하는 모든 것이 **의식** 안에서 쉬고 있다. 그러나 **의식**은 그 자신과는 다른 어떤 것에서 쉬지 않는다. 그것은 그 자신 안에서 쉰다.) 그리고 암암리 <제한된 나>가 **의식** 안에서, 그것의 근원적 풍성함 속에서 쉬는 것이다. (이것은 우리가 <잠자는 현상>, <멍청하게 있는 상태> 등을 잘 관찰해보면 쉽게 알 수 있다.)

숭고한 기쁨(**니르브리티**), 용해(**라야**), 집중(集中, **사마팟티**) 등은 똑같은 개념을 표현한다. 그것들은 **카시미르 샤이바** 학파의 작품에서 자주 나타난다. **의식**은 모든 것을 현현하고 조명한다. 모든 사물의 모습은 이런 의미로 **빛**(**프라카샤**)인 **의식**(意識)의 존재를 상정한다.

<**지복**(至福, **아난다**)의 개념>에 대하여는 다음에 다룬다. ⌛

이 마지막 개념은 아주 흥미로워 첫 일별조차도 그것이 인도의 종교적 학파의 일족임을 드러낸다. 그것은 그에게 단지 간접적으로 영향을 미쳤음에 틀림없다. **밧타 나야카**보다 4세기 전 문법학파인 **바르트리하리**는 **바캬파디야**(1:5)에서 <브라흐만은 "나"와 "내 것"이라는 매듭을 극복하는 것>이라고 했다. (그 말로는) 충분치 않다.

<실재의 사물의 변환(사물을 다르게 보는 일)>에 관한 똑같은 생각은 (**나야카**에 따르면, 미적 순간에 그것은 다른 면에서 나타난다) 어떤 불교 학파에서

미적 경험보다 신비적 경험에 적용되어 나타난다. 종교적 경험에서 <실재의 세계>는 억압되지 않지만 다르게 나타난다. 바수반두(世親)는 저 유식이십론(唯識二十論, 빔샤티카)에서 말한다(제10송).

"<사물들은 실제적이 아니고, 무지(無知)에 의한 상상적인 것으로, 그것들의 본성을 이루는 견고한 실재가 부족한 것>이 사실이라고 해도, 그럼에도 불구하고 <그것들이, 붓다가 지각(知覺)한 '존재의 그 형언할 수 없는(不可言說한) 방식'에서 존재하고 있다>는 것은 부정할 수 없다."

사물의 본성은 무궁무진하여, 그것은 **보는 자**의 **의식**의 여러 상태에 상응하여, 존재의 많고 많은 양상을 드러낸다. 이런 의미에서 세상(**실재**)은 혐오스러운(파라브릿티) 것일지도 모르고, 새로운 면을 드러내는 <갑작스런 재해석의 문제>일지도 모른다. 즉 <역사의 고통스럽고 **쉼** 없는 흐름>인 삼사라는 성인(聖人)에게는 <그 형언할 수 없는(不可言說한) 고요>인 "니르바나(涅槃)"로 나타난다.

이런 개념은, 앞으로 보겠지만, **아비나바굽타에 의해 비판되고 또 발달된다.** 고통의 마지막 변형은, 마치 <**미적 경험**>에서 예상되고 전조(前兆)였던 것 같다. (이는 <**신비적 경험**>처럼, 실재를 변형하고, 바로 그 언어를 바꾼다. 그것은 <실용적 의미>와 나란히 존재하는 <새로운 의미>를 마법적으로 드러낸다.) 그러나 그것(고통)을 잊어서는 안 된다.

　반면에 <**신비적 경험**>은 완전한 충족이어서, 그 안에는 "나"와 "내 것"이라는 매듭은 이미 완전히 풀려지고, <**미적 경험**>에서는 풀려짐의 그 과정이 단지 시작되었을 뿐이다. 역사 안에서, 고통은 아직 그 무게를 완전히 잃지 못하나, 풀려짐의 과정은 현존하고, 모든 폭력에서 벗어날 준비가 되어 있다. **시인(詩人)의 만족은 성인(聖人, 신비가)의 그것이 아니다.** 아난다바르다나는 선언한다.


　"<그의 활동이 **라사**를 모두 즐기는 데 성공하는, 시인의 그 신선한 관점>과 <대상의 진리를 참으로 탐구하는 쪽으로 나아가는, 그 학식 있는 관점> ─ 둘 모두로 우리는 세계를 이해하려고 노력했고, 그 시도에서 너무나 기진맥진하게 되었다.

　오, 대양 위에서 잠자는 **주(主)여!** 우리는 이것들 중 어떤 것도 얻을 수 없었으니, **당신을 향한 헌신(獻身, 희생)에 비할 행복을!**"[1]


　✍ [1] <**헌신의 황홀**> 등은 <**하나님 증명과 찬양**>에서 충분히 다룬다. ⚱

<미적인 **즐기는 일**> 자체는 <**쉼**이 없는 모호함>으로 베일에 가려져 있다. **칼리다사**는 말한다.

"가끔씩 사람은, 행복하더라도, 아름다운 모습을 보고 또 달콤한 소리를 들어도 마음이 편하지 않을 때가 있다. 아마도 인간은, 그의 영혼 안에서, 비록 희미하더라도, 깊숙이 심겨진 <이전 출생과의 어떤 관련>을 기억한다."[1]

**칼리다사**가 불안을 <대상화되지 않은 욕망>으로 암시하는 것을 **아비나바굽타**는 본다. 불안은 형이상학적으로 <**의식**이 자신의 본래의 완전함을 부정하고, 시공간 안에서 자신을 바스러지게 유도하는 무엇(욕망)>에 해당한다.[2]

✍ [1] [2] 228-229쪽을 보라.

그리고 빗나가는 말이지만, 혹 성격이 급하거나 시간이 없는 분이라면 **제 5 장 라사, <인식 혹은 "참맛">**의 **< 1 > <올바른 생각> 곧 정견** 부분만 여러 번 읽어도 좋다. ⧗

<**종교적 경험**>과 <**미적 경험**>은 같은 근원에서 **솟아나온다.** 이것이 11세기 수사학자 **마히마밧타**가 인용한, **나야카**의 것이 거의 확실한 두 절의 취지이다.

"연극의 공연과 그것에 뒤따르는 음악은 그것의 모든 완전함에서 **라사**를 키운다. 그러므로 <내면을 향해> 이를 맛보는 데 흡수된 관객은 공연 전체를 통해 즐거움을 느낀다. **자기 자신의 존재 속으로 가라앉아**[1] 그는 실생활에 속하는 모든 것을 잊는다. **요기**들이 그들의 만족을 끌어내는 <타고난, 생래의 즐거움>이라는 그 흐름이 그에게도 현현된다."

밧타 나야카가 탐구한 다른 문제는 시의 교훈적 가치이다. 연극과 시는 관객이 즐기는 동안 교육이 되어야 한다는 말에, 그는 교육은 완전히 이차적인 것이고 중요한 것은 **그 일의 고유한 가치**라고 주장한다.[2] **아비나바굽타**는 두 가지를 조화하여, **<미적 경험>**이 우리의 **민감성** 곧 **영성**(靈性)을 키우는 한 그것은 또한 **교훈적 가치를 갖는다**고 한다.[3]

✍ [1] 필자는 시골 **요가원**의 <나만의 영화관>에서 주말이면 한두 편의 영화(오페라)를 보며 "실생활에 속하는 모든 것을 잊는다."

[2] [3] 이는 **제 6 장 더 읽을거리**의 < 3 > **드바니-알로카 2:4의 주석**을 보라. ⌛

## < 4 > 아난다바르다나 - <인도 시학(詩學)>

이것은 10세기 말 인도의 가장 위대한 사상가인 **아비나바굽타**가 전했던 <인도 미학>의 발달 개요 이다. 그는 전임자들처럼 **카시미르**인으로, 이전에 흩어져 있던 철학자들의 목소리를 하나로 묶고, 또 미학만 아니라 철학적 사색, 신비사상을 포용하여 거장답게 통합하였다. 그러나 그에게로 가기 전에 우리는 시간을 거슬러 **카시미르**의 **아반티바르만** 왕의 치세(855-883)로 돌아가야 한다.

이 왕의 궁정에 위대한 수사학자이자 철학자인 **아난다바르다나**가 살았다. <한 세기 반 뒤에 **아비 나바굽타**가 주석을 한> 그 유명한 "**드바니-알로카** [공명(共鳴)의 빛]"에서 그는 몇 가지를 제외하고는 후대의 인도의 모든 수사학자들이 받아들이는 어떤 결론에 도달했다. 그의 사색의 출발점은 **일상어와 시어(詩語)의 차이**였다.

언어에 관한 철학은 인도에서는 고대로부터 뿌리 깊은 것이어서, 그 문제는 다양한 시대에 다양하게, <근본적으로 다른 학파>에서 다루어졌다. 그렇지만 불교와 **힌두교**, 모든 인도 사상가들이 한 가지 점 에서는 일치를 보인다. - <일반적 언설(보통 **말**)**의 도구적 성격과 변전적(變轉的) 성격** 말이다.

**언어는 본질적으로 실용적인 것이다.** 즉 우리가 사용하는 말은 그것이 어떤 목적에 이바지할 때만 존재하고, 그것을 사용한 뒤에는 있는 일을 그친다. 불교도들은 언어가 사물의 살아 있는 실체를 파악하기에는 무력(無力)하다고 한다. **언어는** 일반적인 것을 다루어, 단지 사물의 이미지, 초점을 벗어난 이미지를 다루는데, 말하자면, **궁극적으로 비실제적이(라는 것이)다.**

그러면 언설이 시(詩)에서 떠맡는 새로운 성격, 차원은 무엇인가? 또 무엇에서 그것이 유래하는가? 8세기 **카시미르**의 수사학자 **우드바타**에 따르면, <시적 언어>의 핵심은 말의 이차적이고 은유적인 기능이다.[1]

✍ [1] <바마하의 **카비-알람카라**에 대한 **우드바타** 주석(라니에로 뇰리, 로마, 1962년)>을 보라. ⧖

**우드바타**는 **<시적 언설>은 실용적 가치를 희생시키면서,** 운율(韻律), 비유, 상징, 도치(倒置) 등의 **여러 행위로 자신을 풍요롭게 한다**고 한다. 이것은 순전히 기능적(실용적) 언어에서는 소용없는 것으로 여겨지지만 <시적 언어("詩語")>에서는 필수적이다.

**<시적 언설>의 이런 모습에서** 가장 중요한 것의 하나는, 직접적 표현 방법이 우월한 실용적 언어의

양상과는 다른데, 의심할 바 없이 말의 이차적인 기능이다. 이것 외에는 어떤 것도, <실용적 언어>와 대조하여, <시적 언어>의 생명이 아닐 것이다.

그러나 **아난다바르다나**는 이에 동의하지 않는다. 이차적 기능이 반드시 시를 의미하지는 않기 때문이다. **실제로 모든 말이 은유적이다. 시의 근원은 그때 말로써 보장되는**, 일차적인(역사적, 문자적인) 것이나 이차적인 것과도 전혀 다른, **<다른 의미나 가치>가 있어야 한다.** 그는 말한다.

"**<시적 의미>**는 <통상적 의미>와는 전혀 다르다. 위대한 시인의 말에서, 그것은 처녀들의 매력처럼 **<잘 알려진 외적인 부분들의 아름다움(美)>** 너머로 **빛나고 떠돈다.**" (드바니-알로카1:4)

이 <새로운 의미> 즉 <시적 의미>는 시인에게는 줄일 수 없는 것으로, 그것이 없으면 할 수 없는 것으로, 말하자면, 그것으로 지지되는 것이다. 그는 다시 말한다.

"**<시적 의미>는 단순히 문법과 사전을 참고하는 것으로 이해되지 않는다. 시의 진정한 핵심에 대한 통찰을 가진 사람만이 이해한다. 이 <의미>와 또 <그 의미를 나르는 힘을 가진 희귀한 말>, 이 둘은**

**참 시인이 되고자 하는 이들은 주의(注意)를 기울여 공부해야 한다.**

마치 <어둠 속에서 대상을 인식하려는 데 관심이 있는 사람이, 등불이 그의 목표를 위한 수단이기 때문에, 등불이 밝히는 쪽으로 온 노력을 기울이듯이>, 그렇게 <궁극적으로 시적 의미에 관심이 있는 이들>은 우선 통상적 의미에 관심이 있어야 한다.

한 문장의 요지는 각 낱말의 의미를 통해서 파악되듯이, <시적 의미의 지식>은 <문자적 의미라는 매개>를 통해서 얻어진다.

그 자체의 힘으로 <낱말-의미>가 <문장-의미>를 나르더라도, 마치 **그 목표가 달성되면 그것에 주의하는 일을 피하는 것처럼**, 그렇게 **<시적 의미>는** 그것들이 **<통상적 의미>와는 다를 때 <교양 있는 독자의 진실을 인식하는 마음>을 가로질러 '갑자기 번쩍인다.'**

결론을 말하자면, 비평가는 <통상적 의미와 통상적인 말 둘 다가 부차적인, 그 특별한 종류의 시에 '**공명(共鳴, 드바니)**'이라는 이름을 준다."

(드바니-알로카 1:7-13)


<진정한 시적인 말이나 표현>은, 그 가치를 잃는 것 없이, 다른 말로 대치될 수 없는 것이다. **시는 어떤 동의어도 알지 못한다.**

말의 <시적 의미>는 역설적이게도, 역사적 혹은 문자적 의미와 공존하는데. 13세기의 철학자 **마헤슈와라난다**가 지적한, 자유가 인간의 다른 능력과 활동에 그러하듯이, <말의 다른 힘들>과 관련해서 있다. 그런 것으로 알려진 이름은 **<공명(드바니)>, <암시된, 드러난 의미(반갸)>**다. 라사는 그런 것일 뿐이다. **<시적인 말>은 예측할 수 없이, 알아챌만한 어떤 연결고리도 없이, 그것을 드러내고 암시한다.**[1]

✐ [1] 어떤 시를 읽을 때, 우리는 동시에 **라사**를 즉 <'실제로 경험된 것'이 아닌, '그것이 암시하는, 미적으로 묵상된 감정'>을 **알아채게** 된다.

<표현된 의미>와 <암시된 의미>에 대한 **인식**의 시간적 순서는 <암시된 의미>가 <표현된 의미>와 반대이거나 유사할 때, 즉 똑같은 기초일 경우에만 알아챌 수 있을 것이다. **드바니-알로카**는 말한다.

"<소리의 두 기능>의 이 시간적 순서는 **감정**(즉 **라사**)이 암시되었을 때 알아챌 수 없는데, 감정은 <표현된 의미>에 반하지도 않고 <암시된 의미>에 유사하게 나타나지도 않기 때문이다. **감정은 다른 어떤 것으로 나를 수 있는 능력이 없고, 부수적인 모든 것은 번갯불처럼 빠르게 작동한다.**"    (3:33)

알락샤-크라마의 개념과 그것을 인정할 필요는 아난다바르다나가 길게 설명하였다. 프랑스의 시인 폴 발레리는 <시 과정의 첫 수업>에서 말한다.

"언젠가 이 변경(변형)이 <시인의 언어>로 어떻게 표현되는지, 그리고 단어가 더 이상 <실용적이고 그냥 자유롭게 사용하는 말>이 아닌 <시적 언어>가 있음을 설명하겠다. 그것은 더 이상 동일한 <인력(引力, 마음을 끄는 힘)>에 관련되지 않고, 두 가지 가치가 동시에 관여하고 동등한 중요성을 갖는다. 즉 <소리(말)>와 <순간적인 정신의 효과>." ⧗

<아난다바르다나의 이론>은, 우리가 여기에서 그 핵심을 설명한 것인데, **미학의 문제에 관한 인도의 가장 위대한 기여의 하나로, 지금도 주의를 기울일 만한 것이다.** 우리 시대 가장 민감한 비평가의 한 사람인 폴 발레리는, 10 세기가 더 지난 뒤 자신과 아난다바르다나를 이상적으로 연결한다.

"**시는 <언어의 예술>이다.** 그러나 언어는 실용적 산물이다. 사람들 사이의 모든 의사소통은 오로지 실용적 행위에서, 실용적 행위가 주는 확인으로만 확실하다는 것을 관찰할 수 있다.

**내가 당신에게 담뱃불을 부탁한다. 당신은 내게 불을 준다.** 당신은 내 말을 이해한 것이다.

그런데 (당신이) 내게 불을 부탁하면서, 당신은 이 대단찮은 몇 단어를 어떤 음조, 음색, 억양으로, 내가 알아챌 수 있는 어떤 나른함이나 활기로 말할 수도 있다. 나는 당신의 말을 이해했다. 나는 생각할 것도 없이 당신이 부탁한 이 불을 건넸으니 말이다.

그러나 일은 거기서 끝나지 않는다. **이상한 일은 그 소리가 당신의 <작은 문장의 이미지>인 것처럼 내게로 돌아와, 내 속에서 메아리로 울린다. 그것이 마치 거기에 있기를 기뻐하는 것처럼 말이다. 나 역시, <그것의 의미를 거의 잃어버리고, 의사소통의 용도에서는 그쳐버린, 그러나 아주 다른 삶이라고 하더라도 계속해서 살 수 있는> 이 작은 구절을 나 자신에게 반복하면서 듣기를 좋아하는 것이다.**

그것은 어떤 가치를 얻었다. **자신의 한정된 의미(중요성)를 희생시켜** 그것을 얻었다. 그것은 다시 들려지는 그 필요를 창조한 것이다…… **여기에서 우리는 <시적 상태>라는 바로 그 가장자리에 있는 것이다.** 우리가 하나 이상의 진리를 발견하는 데는 이 작은 경험이 도움이 될 것이다."

- <시(詩)와 추상적 생각>에서 -

그는 다시 말한다.

"시는 누군가에게 명확한 개념으로 의사소통을 하려는 것이 아니다. 그런 것이라면, 산문으로 충분하다. 산문의 운명을 잘 관찰해 보면, 그것은 일단 이해되면 들리지 않고 사라진다. - 주의 깊은 마음에서 <완성된 관념(觀念)>이나 **이미지로** 대체되기 때문이다.

산문이 <필요하고 또 충분한 조건>을 불러일으켜 이 관념이 산출되면, 수단은 즉시 용해되고, 언어는 그 전에 사라진다. 그것은 거기에 이중의 점검이 있는 변함없는 현상인데, 우리의 기억은 <우리가 이해하지 못한 언설>을 반복하고, 반복은 이해하지 못한 것에 답을 얻는다. **그것은 <언어의 행위>가 그 자신을 완성할 수 없었다는 의미다.**

그러나 만약 우리가 이해했다면, 우리는 언설로 우리 안에 형성된 그 관념을 다른 방식으로 표현할 수 있는 위치에 선다. 일단 완성된 언어의 행위는 우리를 <획득한 관념의 가능한 다양한 표현을 명령하는 그 중심점의 주인>이 되게 한다. 실제로, **의미(意味)는** - 그것은 <한결같은 정신적 대체의 경향>으로, 독특하고, 해결 능력이 있는 것으로 - **순수한 산문의 목적이고, 법칙, 한계이다.**

시의 기능은 아주 다르다. 그 내용은 산문에서 일어나지만, 여기서는 명령하고 생존하는 형식만 있다. 그것은 소리이고, 리듬이며, <단어의 물리적 가까움>이고, <한정되고 특별한 의미를 완벽하게 하는 기능을 희생하면서> 지배하는 <유도(誘導)의 효과> 혹은 <상호간의 영향>이다.

그래서 시에서 의미는 형식보다 우세할 수 없고, 기억 너머로 그것을 파괴할 수 없다. 반면 그것은 <기억>, <형식의 보존>, 오히려 <그것이 독자에게 일으킨, 유일하고 필요한 표현의 상태나 생각으로, 그것의 정확한 재-산출>이다. 그것이 <시적 힘>의 주된 샘물이다.

아름다운 행(行)은 그 자신의 재(災)에서 무한히 다시 태어나, 그 효과의 효과로서, 자신의 배진동음 (倍振動音, 高調派)의 원인이 된다."

      - <매혹(魅惑, Charmes)의 주석>에서 -


이제 그 드바니-알로카의 위대한 주석자인 아비나바굽타의 몇 행을 들어보자.


"<미적 경험>은 모든 사람이 <시적 언어(詩語)> 라는 압축의 덕으로 알아챌 수 있을 때 일어난다. <미적으로 민감한 사람>은, 정말이지, 똑같은 시를 읽으면서 몇 번이나 맛을 본다. 인식의 실용적인

수단과 모순되게, 즉 성취된 그것(말)의 임무는 더 이상 어떤 소용이 없고 그다음 금지되어야 한다.[1]

시는, 진실로 그것이 이해된 후에도 그 가치를 잃지 않는다. 그러므로 **시에서 말은** 부가적인 힘, **암시(暗示)의 힘을 가져야 하고,** 바로 이런 이유로 **<통상적 의미>로부터 <시적 의미>로의 그 이행은 알아챌 수 없는 것이다."**

✍ [1] 이는 **바캬파디야** 2:38의 인용이다. 언어의 실용적인 목적을 길게 논의한 문법학파의 **바르트리하리와는** 달리, 불교의 **다르마키르티(法稱, 법칭)는 프라마나-바룻티카(量評釋,** 양평석)에서 아주 다른 통찰을 보여준다. **다르마키르티의** 작품은 **아비나바굽타에게는** 잘 알려져 있어, 자주 인용된다. ⧗

"어떤 이들이 말하는바 즉 <그러면 시구(詩句)가 많은 다른 의미를 갖게 될 것이다>라는 말은 단지 그들의 무지(無知) 때문이다. 어떤 문장이 - 보통의 도구적 언어를 말한다. - 일단 발음되고 그 의미가 이미 통상의 힘으로 인식되면, 그 문장은 두 가지 다른 의미로 인식될 수 없다. 주체는 진실로, 여러 상호 대조되는 관습(일)을 동시에 기억할 수 없다. 그래서 만약 이들 관습이 대조되지 않는다면, 그때 그 문장의 의미는 하나로 남는다.

다른 의미가 차례차례로 인식되는 것을 인정하지 못하면, 말은, 그것이 인식 가능한 한 가지 의미로 만들어진 뒤 효과적이기를 그치기 때문에, **더 이상 어떤 다른 의미를 인식 가능하게 하는 어떤 힘도 갖지 못한다.** 만약 그 시구가 두 번째 발음된다고 하더라도 그 의미는 변함없이 똑같이 남고, 습관과 문맥은 똑같은 것이 된다.

만약 누군가 어떤 문장이 <습관과 문맥을 통해 인식되는 것과는 독립적으로> 또 다른 의미를 인식 하게 할 수 있다고 주장한다면, 그때는 <말과 의미 사이에는 더 이상 어떤 고정된 관계도 없다>고, 또 경구(警句)에 묘사된 대로, 사람은 정반대의 의미로 떨어진다고 말할 수 있다.

그러므로 다음 시구를 들은 사람은 무슨 논리를 제시할 것인가? **'천국을 바라는 자는 번제(燔祭)를 드려야 할지니'**에서 '그는 (번제의) **양고기를 먹어야 한다.'**[1]라는 뜻으로 받아들인다? 더구나 거기에는 가능한 의미가 무한하여 불확실성의 상태가 있을 것이다. 그러니 <한 문장이 여러 의미를 가질 수 있다고 인정해야 한다는 것>은 오류다."

✍ [1] **다르마키르티**(법칭)의 **프라마나-바룻티카** 1:318의 메아리로, 성경 레위記의 말로 번역했다. 그 의미는 <**'천국을 바라는 자'**는 자신을 대신한,

자신의 죄를 대신한 양을 '**번제로 드려야 한다**'>로, "천국을 바라는 자는 그 자신을 온전히 희생해야 (죽여야) 한다."이다. ('번제'는 <완전히 불사르는 것>이고, '화목제'는 고기를 나누어 먹는 것이다.)

참고로, 인도 수행자 중에서는 희귀하나, "천국을 위해" – <이 세상의 모든 것>은 <하나>라는 것을 체득하기 위해 – 시신의 고기("人肉")도 먹는다. ⧗

"그러나 <시적인 말>의 경우에는 다르다. 정말로, 여기에 <미적 표현>이 일단 인식되면, 그 자체가 **<미적 경험의 대상>**이 되는 경향이 있어서, 사람은 숨은 습관의 어떤 적용도 갖지 않는다. 사실, **<미적 인식>**은, '나는 이것을 하라고 명령받았다.' '나는 이것을 하고 싶다.' '나는 해야만 하는 바를 했다.' 같은 <교훈적 일에 고유한 인식의 형태>가 아니다. 사실 그런 인식의 형태는 외적인 목표로 기울고, 시간에서 연속적이며, 보통적이고 실용적인 성격의 것이다.

대신, **<미적 경험>에서 일어나는 것은 <예술가의 표현을 미적으로 맛보는 일>의 '출생'이다.** 그러한 경험은, 마치 마술로 생겨나는 꽃처럼, 그 핵심은, **오직 '현재'이다.** 그것은 <이전에 온 무엇>과도 또 <이후에 오는 무엇>과도 관련이 없다. 그러므로 이 경험은 일상의 경험이나 **종교적 경험**과는 다르다."

현대의 직관(直觀)들 외에도, 그중에서는 아마도 폴 발레리가 가장 통찰력이 있고 뛰어난 해석자일 것인데, 서구의 언어적 주해에서 유사한 것을 찾으려면, 우리는 "개념(槪念, conception, 의미)"으로 돌아서야 한다. - 서양에서는 그것이 성서와 관련된다. 즉 <역사적 의미>, <문자 그대로의 의미>, <은유적 의미>, <윤리적 의미>, <신비적 혹은 영적 의미>.[1]

✍ [1] 우리가 익히 아는 **토마스 아퀴나스**는 <신학대전(神學大典)>에서 말한다(I,1:10).
**"성서의 한 구절에는 다양한 의미가 있는가?**
- 성서의 한 구절에는, 즉 <역사적 의미>, <문자 그대로의 의미>, <은유적 의미>, <윤리적 의미>, <신비적(영적) 의미> 중에서, 하나 이상의 의미는 없는 것 같다." ⌛

**성서의 어떤 구절은, 만약 문자 그대로 취한다면, 터무니없고 무의미하다.** 그러므로 그것들은 다른 의미를 가져야 한다. **성서의 모든 말은, 사실 어떤 숨은 의미나 영적인 의미가 있다.**[1] 인도와 서양의 중요한 차이는 우리에게는 <이 개념이 다만 신학적 사변에 제한되어 남았다>는 사실에 있다. - 그것은 알렉산드리아 학파, 특히 **오리게네스**로 돌아간다.

그것이 문학적인 방향으로 발달되었더라면, 우리는 **아난다바르다나**의 정반대의 개념을 가졌을 것이다.

부정할 수 없는 차이[2]이기는 하지만, 그러나 이 두 개념은 "**직관(直觀)**"을 공통의 기초로 가진다. 그것은 **<시적 언어>와 <종교적 언어>** 둘 다 그들의 **일시적 가치에서 자신을 소모하지 않고**, 발레리의 말을 사용하면, 이해하는 데 **생존하는 것이다.**

🖎 [1] **성서는 해석(解釋)을 통해 힘을 얻는다.**
그러나 그 해석은 철저히 **<어떤 경험(經驗)>을 통해서**다. 그러니 <경험 없는 자들>의 해석(설교)은 듣기가 참 민망(憫惘)하고……

그리고 <그 경험으로 들어가는 길>은 저 **비갸나바이라바**가 잘 소개하고 있다.

[2] <부정할 수 없는 차이>로 예를 들면,
서양이 명사(名詞)라면 동양은 동사(動詞)이고,
서양이 산문(散文)이면 동양은 시(詩)이고,
서양이 좌뇌(左腦)라면 동양은 우뇌(右腦)이며,
서양이 남성(男性)이면 동양은 여성(女性)이고,
서양이 지성(知性)이면 동양은 감성(感性)이고,
서양이 의식(意識)이면 동양은 무의식(無意識)이다.

그러나 가끔은 역사에서 <동서양의 만남>이라는 그 <어떤 합일의 사건>이 일어난다. **아비나바굽타**라는 인물에서도 보듯이 말이다. ⧖

## < 5 > 아비나바굽타

아비나바굽타는 10세기 후반 카시미르에서 일명 추쿨라로 알려진 **나라싱하굽타**의 아들로 태어났다. 아난다바르다나의 <드바니-알로카>를 제외하고는, **밧타 롤라타, 샹쿠카, 밧타 나야카** 등의 이론들은 그에 의해 우리에게 알려졌다. 미학 분야에서 그의 작품은 두 가지로, **나탸 샤스트라**의 주석인 <**아비나바 바라티**>와 드바니-알로카의 주석인 <드바니-알로카 로차나>이다. 시학에서 그의 스승인 **밧타토타**의 카뱌카우투카에 대한 주석은 지금은 없고, **카뱌카우투카** 책 자체도 전해지지 않는다. 드바니-**알로카 로차나**는 드바니 학파에서는 아주 중요한 작품으로 그 발전에 공헌했다.

아비나바굽타는 **나야카**의 미적 개념의 핵심인, <**보편화**의 개념>은 받아들이나, <**미적 경험**이 지식보다는 성과라는 개념>과 <시적인 말이 계시의 힘이라는 추정 개념>은 받아들이지 않는다. **아비나바굽타**의 견해에서 **드바니와 라사** 학파는 떼어놓을 수 없게 용해되어 있고, **아난다바르다나**가 말하지 않지만, **라사**는 암시로 나타난다. <**미적인 맛보는 일**>은 모든 것과는 다른 <**순수한 인식**>일 뿐이다.

"라사"는 독특하다.[1] <영구적 정신상태(감정)>에 상응하는 아홉 가지 라사의 구분은 오직 '경험적'일 때만 – 오직 '인식'일 때만 – 가치를 갖는다.[2]

✎ [1] 아비나바 바라티에서 그는 <모든 라사는 "하나의 **거대한 라사**"에서 유래한다>고 한다.

[2] 아난다바르드나와 아비나바굽타는 아홉 번째 <**영구적 정신상태**>와 라사를 받아들인다. ⧖

그는 말한다.

"우리는 <**즐겨지는 그 무엇**>은 지복으로 가득한 <**의식 그 자체**>라고 생각한다. 여기에 무슨 고통의 의심(느낌)이 있겠는가? 우리의 **영(靈)** 깊은 곳에 있는 **기쁨, 슬픔** 등의 그 감정들은, 그것에 변화를 주기 위해, 오직 한 가지 기능만을 가진다. **재현의 기능은 그것들을 깨우는 것이다.**"

또 앞에서도 인용하였듯이 "<**미적 경험**>은 마치 마술로 생겨나는 꽃처럼, 그 핵심은, **오로지 '현재'** 이다. 그것은 <**이전에 온 무엇**>과도 <**이후에 오는 무엇**>과도 관련이 없다."

이것은 아주 중요한 구절이다. 밧타 나야카가 말하는 <**보편성의 상태**>는 <시공간을 구분하는 일을 없애는 것>뿐 아니라 <**어떤 특별한, 아는 주체를**

**암시하는 것**>이다. 밧타 롤라타의 질문, 즉 **라사**가 어디에 있는가, <배우에게 있는가, 재현된 인물에게 있는가>는 **아비나바굽타**에게는 터무니없는 것이기 때문이다. 그는 말한다.

"라사는 배우 안에 있지 않다. 그러면 어디에? 그대는 모든 것을 잊어버렸다. 내 (이미 말했던 것을) 다시 떠올리리라. 진실로, **라사**는 시간과 공간, '아는 주체'의 차이에도 제한되지 않는다고 했다. 그러니 그대의 의심은 의미가 없다.

그러면 배우는 무엇인가? 배우는 <**맛보는 일**의 수단>이다. 그래서 '그릇'이라고 부른다. **포도주의 맛은** 맛보는 데 필요한 수단일 뿐인 **그릇에 머물지 않는다.** 그러므로 배우는 단지 처음에만 유용하고 필요하다."

이 <개개의 아는 주체들을 제거하는 일>은, 즉 <서로가 다른 "실용적인" 관객들의 그 인격을 제거하는 일>은 <**유일하고, "보편화된"**, 시공간 등 어떤 결정에 둘러싸이지 않는 **아는 주체**>, **의식**(意識)의 상태로 이어진다. 이 개념은 **아비나바굽타**가 속한 철학파 속으로 깊이 들어간다.[1] 잘 아는 대로 여러 "에고(나)" 사이의 차이는 환영(幻影)이다. 실제로 "**나**" 즉 **의식**만이 유일(唯一)하다.

✍ ¹ 이런 이유가 이 미학(味學)이란 미학(美學) 책을 집필하게 된 동기다. 그리고 전에 **소와 참나 이야기**에서도 고백했지만, 필자는 **작가도, 시인도, 예술가도 전혀, 전혀 아니다!** 그러므로 그런 쪽의 전문용어는 더더욱 잘 알지 못한다. ⌛

불교의 유식학파(唯識學派, **비갸나-바다**)에서는 **실재(實在)**는 **의식(意識)**이지만 여러 개체성 혹은 "정신적 연속성(**삼타나**, 相續)"은 서로가 다르다고 하는데, <한 사물은 똑같은 시간, 공간에서 **그것을 보는 많은 주체들에게** 똑같은 식으로 나타난다>는 것에서는 **샤이바** 철학과 분명히 모순된다.

다른 말로, 똑같은 사물을 보는 둘 이상의 주체 (관객)는 <똑같은 정신적 조건>에 있다. 즉 그들은 **<단일한 아는 주체>**를 형성한다.¹ **웃팔라데바**는 말한다.

"다수의 주체가 주어진 한 사물(항아리)을 똑같은 시간과 장소에서 알아채고 있다. 그때 이 사물에 대해, 그들은 **단일성(單一性)**을 형성하고 있다."

✍ "**의식(意識)**"이란 하늘은 나누어져 있지 않다. 그 하늘을 떠도는 "생각의 구름"이 나누어져 있다.

<이런 것>을 경험한 이들이 이른바 전등(傳燈)을 하고 또 교회(에클레시아)로 모였던 것이다. ⌛

물론 이 **단일성**의 상태는 영구적이지 않다. 어떤 지점에서, <(유일한) "**나**"를 이루었던, 제한된 여러 "나(에고)들">은 다시 그들 자신으로 흩어진다. 이 연합과 분리에 책임 있는 요소는 **주(主)** 즉 **의식**의 **절대 자유** 외에 아무것도 아니다.

이 **단일성**의 상태는 여러 가지로 일상생활에서도 일어나는데, 축제(祝祭)를 즐길 때나 종교적 의식(儀式)에서는 분명하다.[1] 그런 때는 모두가 다함께 축하해야 하는 것이다. 그런 모임에서는 <어떤 한 사람의 자아>와 <다른 사람들의 자아>의 구별은[2] 그 의식 동안은 존재하기를 멈추고, 그들 너머로, 어떤 <정신적 단일성>, 정확하게 <선행하는 분리된 개체성보다 **더 강력하고 유일한 어떤 주체**>가 실현된다.

✎ [1] **뱀과 얼나 이야기**와 탄트라 사라에서 **쿨라-야가**로 다루었다.

[2] 몸과 마음 등이 다른 것 때문이다. ⧗

아비나바굽타는 탄트라 알로카(28:373-79)에서 말한다.

"**의식**(意識)은 모든 것을 구성하고 활성화하는데, 몸이 다른 것 때문에 <수축의 상태>로 들어간다. 그러나 대중적인 축제에서 그것은 <확장의 상태>로 돌아간다. - 모든 구성원이 서로 안에서 반영되기 때문이다. 축제의 분출로 (얼굴에 나타나는) **의식**의 빛남은 (저절로 쏟아내는 경향으로) 마치 많은 거울처럼, 동참한 모든 사람의 **의식**에 반영된다.

이것으로 흥분되어(in-flamed, 그 불길 안에서) 어떤 노력도 없이 개인의 수축된 상태는 파기된다. **바로 이런 이유로 춤, 가수의 공연 등 많은 사람의 모임에서 모든 구경꾼이 그 광경과 동일시될 때, 가득 찬 기쁨이 일어나는 것이다.**

또 분리된 것으로 여겨지던 **의식**은 본래가 **지복**으로 되어 있어, 이런 환경에서 <**단일성**의 상태>를 얻어 <완전하고 완벽한 **지복**의 상태>로 들어간다. 질투, 부러움 등 **위축이 되는 원인이 없기 때문에,** 이런 환경에서 **의식**은 장애물이 없는 확장의 상태에서 자신을 발견하고 **지복**에 의해 **편재(遍在)하게 된다.**

반면에 참가자 중 하나라도 바라보는 그 광경에 집중하지 못할 때, 다른 관객들이 용해되어 있는 **의식**의 형태를 나누어 가질 수 없고, 마치 <고르지 못한 물건의 표면에는 잘 닿지 못하는 것처럼> 이 **의식**은 방해를 받는다.

이것이 **탄트라**에서 **쿨라-야가** 등의 축제에서 <그 축제와 동일시되지 못해 축제하는 이들의 **의식**의 상태를 나눠가질 수 없는 이>는 입장이 허용되지 않는 이유다. 실제로 이런 것은 다른 이의 **의식**의 수축도 일으킬 것이다.[1]"

✍ [1] <오프라인뿐만 아니라 온라인 상태의 모임>에서도 <그런 이유로> 분위기가 깨지는 것은 자주 경험하는 일이다. 그래서 유유상종(類類相從)이라고 하는가? 주역(周易)은 충고한다.

方以類聚 物以群分(방이유취 물이군분)

"(영적 수준이) 다른 곳에는 사는 무리도 달라
  각기 <다른 세계(천국, 지옥 등)>를 이루나니" ⏳

이것은 다시 어떤 문제에 놓이는데, **미적 경험**과 **신비적 경험**의 관계다. **밧타 나야카**는 그것을 같은 것으로 보았으나 **아비나바굽타**는 **나야카**의 견해를 수용하면서도 **신비적 의식**의 **상태**를 **미적 의식**의 **상태**와 분리하는 경계선을 명확히 한다.

그는 **종교적 경험**이란 <모든 극단이 완전히 사라지는 일>, <신(神, **의식**)의 용해하는 그 불 속으로 모든 이분법적인 것들의 용해>라고 말한다. 해와 달, 낮과 밤, 선과 악은 **의식**의 맹렬한 불길 속에 타버린다. "나"와 "내 것"이라는 매듭(결절)은 그 안에서 완전히 해체된다. 그리고 **요기**는 이분법적 사고 저 너머로, 그의 **의식**의 단단한 독존(獨存) 즉 **카이발야**에 분리되어(즉, 거룩하게) 남는다.

그러나 <**미적 경험**>에서는 일상생활의 감정들과 요소들은 그것들이 변형되더라도 항상 현존한다. 하지만 **미적 경험**은, 일상의 의식과 구별되는 고유하고 환원될 수 없는 성격 때문에, 산만한 질서의 것은 아니다.

반면에 <**미적 의식**>은 내용에 있어서는, <모든 개인적 관계에서 자유로운, 즉 정화(카타르시스)된 일상생활>일 뿐이고, 다른 형태의 이분법적 의식과 전혀 다르지 않다.

**예술**은 삶(생활)의 부재가 아니라 – 삶의 모든 요소는 **미적 경험**으로 나타난다. – <**모든 열정에서 진정되고 또 분리된 삶 그 자체**>이다.

더구나 (**종교적 경험**의 예비적이고 피할 수 없는 순간인) **헌신**(獻身, 박티)은 <경배의 대상> 즉 **신**(神)에 대한 **주체**(인간)**의 완전한 포기**(抛棄, 항복, **귀의**)를 상정한다.

**신**(神)은 내재하는 것이고, 동질의 것이더라도, <종교적 순간>에는 <**그**를 **생각하는**(명상, **묵상하는**) **생각**>과 함께, <마치 그것에서 초월하는 것처럼, 그것에서 분리된 것처럼> 된다.[1]

✍ ¹ 사실은 <단지 생각하는 주체일 뿐인 "생각(비마르샤, 회광반조 때의 **의식**, 삼빗samvit)">이 소위 <명상 훈련>에서 "**생각의 대상**"이 되는 순간, 그것은 **나**(아함), **자기**(아트만), **의식**(삼빗samvid), **신**(이슈와라, 파라메슈와라, 쉬바) 등의 이미지로 변형된다.

이는 카시미르 쉐이비즘에서는 아주 잘 알려진 개념으로 **탄트라 사라**, **말리니비자야 탄트라**, 또 **말리니비자야 수행** 등을 참고하라. ⌛

**요기**의 목표는 자신을 이 초월적 대상과 동일시하는 것이다. 그러므로 종교적 헌신은 외부에 있는 어떤 목표를 향한 흔들리지 않는 추진을 나타내며, 그것은 그러하여 완전히 자기만족인 **미적 경험**과는 반대이다.

그것들 간의 차이가 무엇일지라도 모든 경우에서 그것들은 똑같은 근원에서 솟아오른다. 둘 다 **어떤 실용적인 욕망도 없는** 자기-중심적 **의식**의 상태가 특징이며, 다른 모든 것을 배재하고 주체는 그의 대상에 몰입되어 있다. **의식**의 지평선 위로 욕망과 실용적인 어떤 것이 나타나는 일은 <**미적 경험**>과 <**신비적 경험**>에서 일어나는 **단일성**을 반드시 파괴한다. 무언가가 흩어지고, 우리 내면의 어떤 것이

144

금이 가면서, 외적이고 산만한 요소가 우리를 꿰뚫는다. <에고(개아)라는, 그것의 방해하는 영향>으로 생겨난 "장애물" 즉 비그나다.[1]

✎ [1] 비그나는 <(어떤 것을 얻으려는 생각 등의) **의식**의 **단일성**의 상태를 깨는 모든 외적 요소>를 말한다. (워즈워스도 말한 것이다.) 똑같은 것을 <**종교적 경험**>과 관련해서도 볼 수 있다. **아비나바굽타**는 비그나를 이렇게 정의한다.

"장애물은 수행자가 하려는 바를 **막거나 감춘다**. 이것이 그것을 장애물이라고 하는 이유다. 그것은 (인식하는 주체 등에 고유한) 세 가지 종류가 있다. <**주의(注意)의 부족**> 등이다. <그것들을 통할하는 신성들> 또한 장애물이라고 부른다."

그래서 살불살조(殺佛殺祖)라는 말이 있다. <한때(내가 어릴 때) 스승이던 이들>이 나의 영혼이 성장함에 따라 <그들을 넘어서야 할 때>가 있다. 만약 그렇지 못하면 그것도 장애물이다.

그러나 주된 근원은 <**주의의 부족(아나바다나)**> 즉 <인식의 대상에 대한, 존재 전체의 전적인 **쉼**의 부재(결여)>이다.

**비갸나 바이라바**의 "**주의(注意)가 닿는 곳마다**" 등등의 설명을 보라. 모든 방편이, **주의**를 다루고 있다. 사실, "**나의 주의가 곧 나의 존재다!**" ⧗

이런 의미에서 <미적 지복>과 <신비적 지복>은 <외적인 어떤 유혹에서도 자유로운, 독립의 상태>이자 <자신 속으로 "용해"된, 쉼의 상태>이다. 이런 면에서 쉼과 "용해(몰입)", <맛보는 일>, 음미(詳味, 味學), 지복(至福)의 개념은 서로 연관되어 있다.

이제 **아비나바굽타** 자신의 이야기를 듣자.

"우리가 **지복**이라고 부르는 것은 <'자신의 본성', '자기(Self)'에 편재하는 인지(기억, 생각, 주의)의 어떤 형태가 동반되어, 자신의 존재에 대해 완전히 밝아지는 일>일 뿐이다.

✍ <**주의**(注意)라는 빛이 비출 어떤 대상도 찾지 못할 때, 이제 돌아서서 자신을 비추는 상황> 즉 **회광반조** 때의 **황홀**(恍惚)로, 그것은 <하늘(천국)이 열리는 엄청난 사건>이다. 그렇지만 <그런 경험이 없을 때>는 이런 설명이 정말 이해하기 어렵다. ⌛

우선 <제한된 몸 등으로 수축된 사람>을 생각해 보자. 그가 속이 텅 빈 감각을 느낀다. 굶어서 배가 고프다. 음식에 대한 갈망이, 즉 <본래의 자신과는 구별되는 어떤 것>이 마음을 온통 채워서 우리가 말한 <**자기-기억**>은 일어나지 않는다. 즉 <**자신의 본성을 알아채는 일**>로 되는 지복은 없다.

이제 그가 음식으로 배가 부르다고 가정하자. 이 경우 공복(空腹)으로 되었던 불충족의 상태는 그칠 것이지만 곧 새로운 열망을, 여자를 안는 욕망을 가질 것이다. 그것은 그 순간까지 잠재적 상태로 있었다. 그것이 **비야사**가 **요가 수트라**의 주석에서 '<아무개가 한 여자와 사랑에 빠졌다는 사실>은 <그가 다른 여자들과는 사랑에 빠지지 않는다는 것>을 의미하지 않는다.'고 말한 이유다.

이런 다른 욕망과의 접촉 때문에, 그런 행복은 불완전하고, <최고의 행복(지복)>이 아니다. 사실, '<함께 있는 중(결합 상태)>이면서도 사람은 미래의 분리를 두려워한다.'는 회자정리의 이치나, '한 가지 사물은 다른 것에 대한 열망을 야기한다.'는 원리에 따르면, 그런 것이 어떻게 진정한 행복의 근원일 수 있겠는가?

우리가 <실생활에서 즐길 수 있는 행복의 형태>로는, 자신과는 구별된 어떤 사물에 대한 욕망을 완전히 끊을 수 없다. 이것이 그것들이 **불완전한 행복**인 이유다. 그러나 그것들 안에 있는 **부분적 '행복'**에 관하여는, 그것의 **결정요인**은 앞에서 말한 **자기-기억**이다. 이런 것 때문에 **밧타 나야라나**는 **스타바-친타마니**에서 말한다.

바와(有界), 아바와(無界), 아티바와(超界)
세 가지 세계에서 찾을 수 있는 기쁨이란
그[신(神)]의 기쁨의 한 방울일 뿐이러니
나는 <기쁨의 대양(大洋)>에게 절하노라.


어떤 것이 이런 지복일 것인가? 예를 들어, 그런
것 중의 하나는 우리가 **향미(香味)를 맛보는 동안**
일어날 수 있다. 말했듯이 <**'즐기고 있는' 사람의
의식의 상태**>는 <**바삐 음식을 채우고 있는 배고픈
사람의 것**>과는 아주 다르다. **그는 그 자신 안에서
쉰다. 그런 상태에서 두드러진 것은** 외적인 실체가
아닌 그 <**아는 주체('아는 자')**>이다.[1]

✍ [1] **먹고 마셔라. 그리고 느껴라**의 설명을 참조
하면서 '**아는 자**'를 알라(**느껴라**). ⏳

전자와 다른, 어떤 외적 변화도 없이 <즐거움의
더 나아간 형태>는, 사람이 시나 연극 등을 통해서
<**사랑의 라사**> 등 어떤 라사에 빠질 때의 **맛**이다.
(돈을 벌려는 것 등의) 어떤 장애물도 없기 때문에,
<이런 즐거움>은 실생활의 행복 형태와는 다르다.
그냥 장애물이 결여되어 있기 때문에, 그것은 **아는
주체의 본성 안에서 맛보는 일, 숙고(熟考, 찬찬히
느끼는 일), 용해, 인식(기억), 쉼**이다.

이른바 <미적 민감성> 곧 <'가슴'을 소유하는 일(사-흐리다야)>은 바로 이 <가슴의 우월>로,[1] 즉 <(그것에 바로 그 이름을 주고 있는) 느낌(의식)의 우월>로, 또 동시에 <대상을 구성하고 대상 안에서 쉬지만 계속해 존재하는 부분적 '빛'에 대한 일종의 무관심>으로 생긴다."

✍ [1] 아비나바굽타는 <모든 사람이 어떤 시를 맛볼 수 있는 내적인 능력이 있지 않다>고 하면서, <미적 민감성을 가진 사람들>은 <"가슴"을 소유한 사람>, 즉 <가슴의 동의(同意)를 가진 사람(사-흐리다야, 흐리다야-삼바다바크)>이라고 부른다.

"가슴"을 소유하는 일은 드바니-알로카 로차나와 나탸 샤스트라(7:10)에서 다음과 같이 정의한다.

"(결정요인 등으로) 재현된 공연(사건)과의 자기-동일시되는 역량은 시와의 반복된 친밀함과 연습을 통해 <마음의 거울이 완전히 깨끗하게 되는 일>을 요구한다. <가슴을 가진 이들>, <그 자신의 가슴의 동의를 소유한 이들>은 이 역량을 가진 이들이다.

그것은 '<가슴의 동의가 필요한 그것>을 맛보는 일은 라사를 일으킨다. 마른 장작에 불이 잘 스며들듯이(붙듯이), 그 몸에 가슴(느낌)이 스며들어야 한다.'고 하기 때문이다."

마음과 **가슴**은 <그 안에 반영되는 모든 이미지를 받아들일 준비가 된 **거울**(비말라)>과 같아야 한다.

탄트라 알로카(3:200)는 말한다.


"귀가 감미로운 노랫소리로 가득 차거나, 코가 백단향(아니면 장미꽃) 향기로 가득 찰 때, 무관심 (참여하지 않음, <인간 감정의 부재> 등)의 상태는 사라지고, **가슴**은 <**떨림의 상태**(스판다-마나타)>로 **들어간다.**

<그런 상태>는, 그런 사람은 '**가슴이란 선물**'을 받았기에, 정확하게 <**지복**의 힘>이다."


**카시미르**의 **샤이바**에 따르면, **가슴**은 곧 **의식** 그 자체, **생각**(**인식**, **느낌**), **지복** 등이다.


**아비나바 바라티** 2장에서 **아비나바굽타**는 **시적 민감성**은 <**시인의 가슴과의 동질성**(同質性, 동일성)**으로 들어가는 능력**>이라고 말한다.

물론 성격이 "온유한" 이들은 사랑의 시에 더 큰 느낌을 가질 것이고, 또 대담한 성격의 사람들은 영웅적인 시에 그럴 것이다. 모든 개인은 특별한 성격(경향, 본능, <시작이 없는 근원이 되는 욕망>, **바사나**)을 가지고, 그에 따라 자신이 어떤 시인에게 더 끌리는 것을 느낄 것이다.

"민감성(사-흐리다야트바)"은 또한 **종교적 경험**에서 중요한 역할을 한다. 그러나 이 경우 <미적 민감성>이라고 할 수 없고, <종교적 민감성>이라는 말이 더 정확하다.

**가슴** 등의 자세한 것은 **파라 트리쉬카**와 **뱀과 얼나 이야기**를 참조하라. 🏺

그런 **맛보는 일**을 만드는 정신적 움직임은 아홉 라사이다. 그것들은 장애물이 없고, 어떤 "샘플링"으로[1] 구성된다. 그래서 이른바 **지복, 용해, 경이**는 **맛보는 일**, 즉 <그 단단한 조밀성(稠密性) 안에서, 자기 자신의 **절대 자유의 인식(자유를 맛보는 일)**> 일 뿐이다. 이 **절대 자유**는 은유적이 아닌, **의식의** 바로 그 본성으로 분리할 수 없는 것이다.

그러나 달콤한 향기의 즙(汁)을 맛보는 일에서 이 **지복**과 우리 사이를 분리시키는 <외적인 실체의 막(膜)>이 있다는 것을 잊어서는 안 된다. 시와 연극 등에서 이 막은 실제로 상실되고 잠재적인 상태로 남는다. 그러나 이런 제한된 형태의 지복에서 그 <막의 기능을 없애려고 주의해서 헌신하는 가슴을 가진 이들>은 지복(至福)에 이르는 데 성공한다. "**지복**은 <마시는 것>과 <먹는 것>으로도 일어날 수 있다."고 한다.[2]

✍ 1 "샘플링"은 <표본화>, <표본(견본) 추출>의 뜻으로, 곧 "**맛보는 일(맛보기)**"일 것이다. 이 책의 **285, 299,** 242쪽을 참조하라.

2 이것은 **아비나바굽타**가 높이 평가하는 **크라마** 교설의 핵심이다. **크라마**에 따르면 **의식** 즉 "**나**"는 에너지의 핵심으로, 감각이 제공한 **이미지**로 키워진다. 이는 독특한 지점으로 포화되고 집중되어야 하는데, 포화와 집중은 서로를 함축한다.

그것은 감각이 다른 모든 것을 배재하고 오로지 어떤 것에 흡수될 때 일어난다. 이것을 일으키는 것은 음식, 술, 약, 성교, 노래, 춤 등일 수 있다.

**파라 트리쉬카와 탄트라 사라**를 보라. ⌛

☯

**의식**의 미적이고 신비적인 상태는 특별한 **지복** 혹은 **쉼**만이 특징이 아니다. **아비나바굽타**와 그의 학파에 따르면, 그것은 <**놀라움**과 **경이** 혹은 **경악** (驚愕)의 의미>를 동반한다. 이런 **경이**(驚異) 즉 "**차맛카라**"를 표현하는 말은 인도 문학에서 놀라움과 굉장함이란 뜻으로, <일반적이고 비-전문적인 말>로 자주 나타난다. V. **라가반**은 말한다.

"**차맛카라**라는 말은 우리가 멋진 어떤 것을 맛볼 때 혀로 쩝쩝거리는 소리와 관련되는 의성어인데,

그 의미론적 확장의 과정에서 **차맛카라**는 <즐거운 유형의 느낌과 관련되는 갑작스런 자극제>를 의미하게 된 것처럼 보인다."

전문적 의미에서 이 말을 사용한 것은 아마 **아비나바굽타**의 스승의 스승인 **웃팔라데바**일 것이다.

이것은 **프라탸비갸** 학파의 시조 **소마난다**에게는 알려지지 않았고, **아난다바르다나**에서는 단 한 번 나타나지만 전문적인 의미가 아닌 일반적인 의미로 쓰였다. **요가-바시슈타**(거기에서 **다스굽타**는 **칫타-차맛카라**를 '생각의 자기-번쩍임'으로 번역했다.)와 **아그니-푸라나**에 나오는 것은 전혀 중요성이 없다. 이들은 **웃팔라데바**보다 늦고 **아비나바굽타**보다도 더 늦을 수 있기 때문이다. 또 **밧타 나야카**도 사용했지만 **아비나바굽타**가 인용한 **흐리다야-다르파나** 구절로 볼 때 전혀 전문적 의미가 아니다. 어쨌든 그는 **웃팔라데바**보다 더 늦다.

**스판다** 학파(**바수굽타** 등)에서 **차맛카라**와 아주 유사한 것은 "비스마야" 즉 **경이**(驚異) 혹은 경악이다. **쉬바 수트라**(1:12)는 말한다.

**요가의 단계에는 매혹적인 경이**(驚異)**가**
(비스마요 요가-부미카)

이 말들에 포함되어 있는 일반적 관념은[1] <세상(삼사라)의 그침>과 <실재(實在)의 새로운 차원으로 갑작스런 대체>를 암시하는 <신비적 경험>과 <미적 경험> 둘 다이다. 이런 의미에서 이 둘은 **경이**이고 경악(驚愕)이다.

✐ [1] 이런 연유로 청정도론(淸淨道論) 16:137에 나오는 "삼베가(절박)"라는 용어도 비교하라. ⧗

<**아름다운 것**> 혹은 <**두려운 것**> 앞에서 영혼을 채우는 **경이**의 이런 개념은 서양 사상에서도 볼 수 있는데, 플라톤과 신플라톤주의에서다. 플라톤은 <파이드로스>에서 말한다.

"영혼은 <다른 세계의 것들>과 유사한 어떤 것을 볼 때, **경이**(驚異)로 놀라게 되고 더 이상 자신을 통제할 수 없다."

프로클로스에 따르면, **경이**의 이 느낌은 <**미적인 것**>과 <**성스러운 것**> 둘 모두에 동반된다. 그는 <플라톤 신학(Theologia Platonica)>에서 말한다.

"<**아름다운 것**>은 **경이**와 함께 나타나며, 욕망과 놀라움을 통해 모든 것을 그 자신 쪽으로 이끈다."

"우리는 **경이**와 **감정**(흥분)과 더불어 <**아름다운 것**> 쪽으로 이끌린다."

"영혼은 <볼 수 없는 것>을 보며 그 자체를 기뻐하고, 그것이 나타남에 감탄하며 또 그것에 놀라게 된다. 가장 경건한 종교 의례에서 신비가가 환상을 보기 전에 **경이**를 경험하듯이, 그렇게 <이해할 수 있는 것> 중에서도 <**아름다운 것**>은 **선**(善)과 교감하기 전에 앞서서 나타나고, 보고 있는 그들에게 **경이**로 부딪힌다."

아비나바굽타와 그의 학파에 따르면 이 **경이**는 더 넓은 의미에서, **삶의 모든 형태 안에 현존하고**, <죽은(불활성의) 물질에서 **의식** 혹은 **영**을 구분하는 요소>인 **의식** 그 자체와 같다. <미적 민감성>은, 아비나바굽타가 말하듯 <보통 사람보다 더 상승된 **경이의 능력**(신비로워 하는 마음)>일 뿐이다.

**딱딱한 가슴은 경이할 수 없다!** <굳은 마음>은, "돌 머리"로는 경이할 수 없다! 논 옵스투페스칫(non obstupescit, **신기한 것도 없고, 놀라운 것도 없다**)! <그런 사람>은 목석(木石)이다. 그것은 곧 "여기도 돌부처는 엄청 많아!"이다.

**아름다움**(美)이 나타나는 일도 그 안에서는 어떤 **충격**(크쇼바, **떨림**)이나 **경이**를 일으키지 못한다.

✍ "<생명의 에너지>를 '오자스(생명의 빛)'라고 한다. 그것은 <일반적인 정력(精力, 비랴) 형태의 생동적 요소>로서 몸의 모든 부분에 퍼져 있다."

파라 트리쉬카에서 다룬 것이다. 참조하라. ⌛

무엇보다 관객과 관련되는 <미적 경험>이 그렇게 많은 주의를 받는 동안, 인도는 <창조적 순간>을 검정하는 것을 좌시하지 않았다.

그 안에서 시인은 그의 작품에 생명과 숨을 불어 넣는다. 시작(詩作)의 성격을 연구한 인도의 주요 사상가로는 아난다바르다나와 밧타 토타와 그의 제자 아비나바굽타가 있다.

아난다바르다나는 이렇게 썼다.

"시(詩)의 <경계 없는 세상(삼사라)>에서, 시인은 <진실하고 유일한 창조자(프라자파티)>다. 시인이 창조하는 것을 기뻐하면, 전체가 그렇게 변형된다.

만약 시인이 그의 시에서 라사에 젖어들면, 세계 전체가 라사로 물든다. 그가 감정이 텅 비게 되면, 세계 또한 라사가 텅 빌 것이다.

<훌륭한 시인>은 그의 자주성 때문에 <무감각한 사물>도 <감각적인 것>으로, 또 <감각적인 대상>도 <무감각한 것>으로 만들 수 있다."

창조자, **프라자파티**와의 똑같은 비교를 **아비나바굽타**도 **아비나바 바라티**(1:4)에서 말한다.

"마치 창조자처럼 시인은 그가 바라는 바에 따라 어떤 세상을 스스로 창조한다. 진실로 충분히 그는 '프라티바'라고 부르는, **신성** 즉 '**지고의 목소리**'의 은혜로 <다양하고 기이한 것을 창조하는 능력>을 받았고, 그의 **가슴** 속에서 끊임없이 빛난다."

**시인**(詩人)은 <보는 **자**(Seer, 視人, 리시)>이고 <자신이 본 것을 말로 표현할 수 있는 사람>이다.
헤마찬드라는 밧타 토타의 유명한 시구를 인용하여 <시인은 이 이중의 특질을 가져야 한다>고 말한다.

"<보지 못하는 자>는 시인이라고 불러줄 가치가 없다. **시인은 그의 환상(상상력)으로 <보는 자>다.**
**환상**은 <세상에서 여러 물질과 그것들 아래에 있는 **실재를 직관적으로 드러내는 능력**>이다.
권위 있는 문헌에서는 '시인'이라고 부르기 위해서는 이 <**실재**의 환상을 보는 것>으로 충분하다고 한다. 그러나 세상은 <환상을 볼뿐만 아니라 표현하는 사람>에게 그 칭호를 부여한다.
그래서 처음 시인인 **라마야냐**의 작가 **발미키**는 환상을 보는 데 고도의 재능을 받았지만 그것을 <서술된 작품>으로 체화(體化)하기까지는 사람들이 시인이라고 부르지 않았다."

**라사는 실제로 시인에게만 속한다.** 그것은 그의 <"일반화된, **보편화된**" 의식>일 뿐이다.

**아비나바굽타**는 아비나바 바라티(1:294)에서 말한다.

"<배우의 활동>은 시에 의존하고, 시는 <시인의 **보편화된 의식**>에 뿌리하고 있다. **라사**는 실제로 이 **의식**일 뿐이다. 관객 또한 처음에는 <이 인식>으로 황홀하게 된다. **결정요인** 등은 차후의 분석에 따라 단지 나중에 인식될 뿐이다. 이것이 **바라타**의 목표다.

그러므로 연극 공연에서, **시나 관객의 마음은 그 뿌리가 단지 이것이다.** 즉 <시인 안에 있는 라사>이다. 이것은 말하자면 **씨앗**이다. 시인은 정말이지 관객과 비교(연결)될 수 있다.

**아난다바르다나**가 말하듯 '만약 시인이 **라사**로 젖어들면,' 시는 그 부분에서 **나무**다. 배우의 활동 즉 재현 등은 **꽃**이고, 관객이 맛보는 일은 **열매**다. 그러므로 모든 것은 **라사**가 스며들어 있다."

라사는 그 자신으로 시인을 완전히 채우고, 시적 표현으로 자동적으로 번역된다. 꽃병에 흘러넘치는 물처럼 - "만약 항아리가 차지 않으면 그것은 흘러넘칠 수 없다." - 혹은 마음 상태의 자연적인 현현처럼(**감탄사**, <감정의 고조에서 외침> 등) 말이다.

다른 말로, **<예술적 창조>**는 **"보편화(우주화)된"** 즉 <시간, 공간의 모든 구별에서 자유롭고>, <'시인 자신의 내적인 힘' 즉 '창조적이고 예술적인 직관' 즉 '**프라티바**'로 인해 모든 개인적 관계와 실용적 흥미에서 자유로운>, **감정과 열정의 직접적이거나 비-관습적인 표현이다.**

시 등에 표현된 이 **<의식 상태>**는 배우, 낭송자에게 전이되고, 관객에게로 전이된다. **셋 모두는 - 시인, 배우, 관객 - 예술 작품의 고요한 감상(명상) 속에서, 실제로, 똑같은 감각과 똑같은 정화된 기쁨으로 용해되어 <단일한 아는 주체>를 형성한다.**

☯

인도 시학에서 **프라티바**라는 말이 사용된 것은 아주 오래다. **아비나바굽타** 전 7세기의 **바마하**와 **단딘**, 8세기의 **바마나**의 작품에서도 볼 수 있다. 이들에 따르면 **프라티바**는 문학의 우수성의 일차적 원인으로 여겨지는 <타고난 재능>, **상상력**, <빠른 지혜> 등이다. 시에서의 **씨앗**처럼 말이다.

이 직관은 9세기의 **라자쉐카라**에게는 시인(카비)에게만 제한되지 않는다. 그에게 따르면 **프라티바**라는 말은 <**창조적 상상력**>, <천재(天才, 타고난 재주)>, <**영감**(靈感, **영적 감성**)>인 <**카랴이트리 프라티바**>와, 여기서의 <라사의 현현을 허용하는 능동적인 힘>의 의미로 여겨지는 <**미적 민감성**> 즉 <**바와이트리 프라티바**>의 이중적 의미가 있다.

프라티바에 대한 이 모든 것은 **아비나바굽타**의 스승인 **밧타 토타**의 정의로 대체될 수 있다.

"**직관**은 <직감적인 의식>의 한 형태인 **프라갸** 즉 **반야**(般若, **지혜**)이고, <고갈될 줄 모르는, 새로운 형태의 근원>이다. 사람에게 '**시인**' 즉 <표현하는 데 솜씨 있는 사람>이라는 칭호를 줄만한 가치가 있는 것은 이 **직관**의 덕택이다."

이 정의는 후대의 인도의 거의 모든 수사학자가 받아들이고 인용한다. **아비나바굽타**는 그것에 많은 것을 추가하지 않았고, <프라티바는 시적 직관에서 그 자체를 소진하지 않고, 넓은 의미에서 "**똑같은 의식**", "**똑같은 자기**(自己)"라는 것>을 강조한다.

대부분의 사람에서, 그것은 <그것을 조건화하고 위축시키는 관계의 사슬과 실용적인 흥미>로부터 그 자체를 해방하는 데 성공적이지 않다. 그러나 시인에서, 그것은 정화된 빛으로 타오르고, 마침내 성인(聖人)의 직관 속에서 그것의 모든 완전함으로 빛나게 된다. (**탄트라 알로카** 11장을 참조하라.)

간단하게, <예술적 직관>은 <우주를 창조하고 또 끊임없이 새롭게 하는 힘>으로서, <**의식**의 우주적이고 전체적인 직관의, 특별한 위격(位格)>이다.[1]

✍ [1] **아난다바르드다나**는 시적 직관은 **프라티바**의 특별한 형태라고 한다. 프라티바의 개념은 **샤이바** 형이상학에서는 <창조적 방사(**비사르가**)>로 **의식**의 개념과 동일시된다. **파라 트리쉬카**도 참조. ⌛

**아비나바굽타** 이후로, 인도의 미학 연구는 현재 까지 많은 창조적인 자극을 받아들이는 것이 없이 계속되었다. **아난다바르드다나, 밧타 나야카, 밧타 토타**와 **아비나바굽타**는 아직도 **이 주제와 그들의 사상에서 가장 독창적이다.** 가끔, 경험이 없는 우리 에게 불확실한 것도 같지만 **아비나바굽타**는 오늘도 여전히 유효하고 **서구 사상에서 보면 상대적으로 신기하기까지 한 결론에 이르게 한다.**[1]

✎ 1 이것이 (필자가 여러 미학 책을 읽던 중에) 이 책을 다듬는 목적이기도 하다.

&lt;미학자들이 참으로 **아름다움과 그 매력(魅力)의 비밀을 추구한다면**&gt;, 이런 책에 귀 기울일 필요가 충분히 있다. ⧗

&lt;실용적 흥미에서 자유로운, '활동'과 '독립적인 영적 경험'으로서의 예술&gt;이란 개념은, 서양에서는 '칸트의 직관(&lt;**판단력** 비판&gt;)'으로 인식되었는데, 인도에서는 이미 10세기에(약 천 년 전에) 연구와 논란의 대상이었다.

**아난다바르다나와 아비나바굽타가 말하는 시는 소멸될 수 없는 것이다. 그것은 영원히 존재하고 존재할 것이다.** 사랑과 같이, 그것은 불이 붙으면, 새롭게 맥박 뛰는 삶(생명)과 함께 사람들의 가슴에 계속 불을 붙일 것이다. 그것은 인간 본성의 핵심적이고 독립적인 부분이다.

그리고 &lt;그것을 고갈시키는 것과는 거리가 먼, **그 근원(根源)을 두드리는 것을 결코 멈추지 않는 시인**&gt;만이 새롭고 또 끊임없이 변화하는 그 경험과 함께 **그것을 정화하고 또 풍요롭게 할 것이다.**

# 제 4 장

# 연극론 <아비나바 바라티>

이 책 <숭고미의 미학>의 제4장과 제5장에서는 라니에로 놀리를 따라 당연히 아비나바 바라티의 일부만 싣는다.

제3장에서 요약한(?) 이런 <예비지식>을 가지고 이제 아비나바굽타의 아비나바 바라티를 조금 맛본다.

&lt;결정요인&gt;, &lt;결과&gt;, &lt;일시적 정신상태&gt;의 연합
에서 그 "맛"이 나온다.

비바와-아누바와-뱌비차리-삼요갓
라사-니슈팟티
vibhāva-anubhāva-vyabhicāri-samyogād
rasa-niṣpattiḥ

　"&lt;결정요인(원인, 비바와)&gt;와 &lt;결과(효과, 아는
경험, 아누바와)&gt;, &lt;일시적 정신상태(뱌비차리)&gt;의
연합에서(삼요갓) 그 맛(라사)의 출생(니슈팟티)이
(일어난다)."

　위 경문은 바라타의 나탸 샤스트라 6장 34절에
나온다. 나탸 샤스트라는 현자들이 묻고 바라타가
대답하는 형식이다.
　&lt;연극 예술에서 전문가들이 열거한 그 맛(감정)이
어떻게 그 특질을 얻는지&gt; 등의 질문에서 바라타는
그 설명 후에 이제 라사의 성격을 정의한다.

## < 1 > 밧타 롤라타 등의 견해

위의 경문을 **밧타 롤라타** 등은 다음과 같이 설명한다. **라사**의 출생은 <**기본적(영구적) 정신상태**>와 - 경문에 암시된 상태 - **결정요인** 등의 결합으로 생겨난다. 더 정확하게 말하면, **결정요인**은 마음의 <**기본적(영구적) 상태**>를 이루는 감정(感情)이 출생하는 이유이다.

**바라타**가 말하는 **결정요인**은 분명히, **라사**로부터 일어나는 것이 아니라 - 왜냐하면 그것들은 **라사**의 원인으로 여겨질 수 없기 때문이다.[1] - 단지 마음의 상태의 **결정요인**이다.

✍ [1] **라사**는 관객에게 또한 어떤 효과를 산출할 것이다. - 그것은 관객이 두려움으로 말을 못하게, 머리카락을 쭈뼛하게 할 수도 있다. 물론 이 효과(**결과**, 아누바와)는 **라사**의 원인일 수 없다. **라사**의 원인은 오직 <**기본적(영구적) 정신상태**>의 효과일 수만 있다. ⧗

비록 마음의 <**일시적 상태**>가, 그것들이 감정인 한에는, <**기본적(영구적) 정신상태**>를 동시에 따를 수 없다고 하더라도, **바라타**에 의하면 이것이 부재하지 않고 <잠재적인 인상의 상태>로 있다.[1] 예(例) 역시[2] 어떤 향(香)은 <영구적 상태>처럼 <잠재적인 상태>로 나타나고, 다른 향은 <일시적 상태>처럼 <출현하는 상태>로 나타난다.

그러므로 **라사**는 단순히 **<결정요인>**, **<결과>** 등 으로 **강화된 <영구적 상태>**이다. 그것이 강화되지 않았으면 그것은 그냥 **<영구적 상태>**다. 이 상태는 <실현(**아누산다나**)의 힘>으로 <재-산출된 사람>과 <재-산출하는 배우> 둘 다에 현존한다.[3]

✍ [1] 인도 사상에서는 **<두 가지** 형태의 **인식이 동시에 일어날 수 없다>**는 것은 일반적으로 알려진 원리이다. (**냐야 수트라** I,1:16).

이 원리의 모순을 피하기 위해, **밧타 롤라타**는 <영구적 정신상태>는 <잠재적인 인상의 상태(**삼스카라, 바사나**)> 안에 현존한다는 가정을 거부하지 않는다.

**다스굽타**는 <인도 철학의 역사>에서 말한다.

"**삼스카라**는 <경험된 대상의 인상>, 즉 <마음에 잠재의식적으로 존재하는 느낌>을 말한다. 인식적 이든, 정서적이든, 의욕적이든 잠재의식의 상태에 존재하는 우리의 모든 경험은 적절한 조건 하에서 **기억(스므리티)**으로 재-산출될지도 모른다.

요가 수트라 4:24에 나오는 **바사나**(vasana)는 어근 <vas(머물다)>에서 왔고, 보통 <전생(前生)의 경향>을 말한다. 그것들은 마음에 잠자고 있으며 금생(今生)에서 기회를 노리는 것처럼 보인다.

**삼스카라**는 금생의 경험으로 끊임없이 일어나는 잠재의식적 상태이고, **바사나**는 금생에서 획득한 것이 아닌, 선천적인 **삼스카라**다."

[2] **나탸 샤스트라**에서 예(例)는 언급된 경문 바로 뒤에 온다. (**마노모한 고슈**의 번역을 고쳐 옮김)

"예가 있는가? 있다. **맛**으로, **라사**는 여러 가지 향신료, 채소, 다른 재료의 연합으로 생긴다. 여섯 가지 맛, **라사**가 설탕, 양념, 채소 같은 요소들로 생겨나듯, 그렇게 <영구적 상태>는 그것들이 여러 가지 상태들과 함께 올 때, **라사**의 질(質)을 얻는다 (**라사**가 된다)."

[3] "이 상태는 <실현(**아누산다나**)의 힘>으로"에서, **헤마찬드라**는 어느 정도 확대한다.

"이 상태는 <재현되는 인물>과 <재현하는 배우>, 즉 <일차적 의미에서 (**라마** 등) 재현되는 인물>과 <(**라마** 등의) 그 성격을 회상하는 덕으로 재현하는 배우> 둘 모두에 현존한다."

요약하면, **밧타 롤라타**에 의하면, **라사**는 배우에 의해 재현된 등장인물의 <**영구적 정신상태**>이다. **결정요인** 등으로 **강화된** 이 스타이-바와는 라사의 형태로 관객 안에 현존한다. **밧타 롤라타**와 똑같은 논지는 **아그니푸라나**에서도 볼 수 있다. ⏳

이 견해는 다시, 이전의 것과 똑같다. 예를 들어, 단딘은 '장식(ornament)'의 정의에서 다른 수많은 요소와 관련하여 "<**기쁨**의 감정>은 <**사랑의 라사**(슈링가라)>로 변형되고, **극도의 높이로 도달하면서** <**분노**의 감정>은 <**분노의 라사**>로 변형된다."고 했다.

✎ 장식(알람카라)은 '비유적 표현'이다.
<시(詩)의 **알람카라**> 등은 <**참맛을 찾아**>에서 더 깊이 다룬다. ⏳

## < 2 > 샹쿠카의 <밧타 롤라타 비평>

샹쿠카는 이런 해석은 건전하지 못하다고 한다. 왜 그런가?

① **결정요인** 등이 없으면 **<영원한 정신상태>**는 알려질 수 없기 때문이다. **결정요인** 등은 <특징적 징후(링가)> 즉 <논리적 이유>다. 그것의 수단으로 그것의 지식은 가능하게 되기 때문이다.

✍ 여기에 **헤마찬드라**는 다음을 추가한다. "만약 연기가 없다면 산의 불은 인식될 수 없다."

그러므로 **롤라타**의 해석은, 그는 그 경문을 마치 **바라타**가 "**<영구적 정신상태>**가 **결정요인** 등과의 연합에서"라고 말한 것처럼 보는데, 그것은 논리적이지 않다. ⌛

② 만약 **롤라타**의 논지가 옳다면, **바라타**는 먼저 **<영구적 정신상태>**를 설명한 다음에 **라사**를 설명해야 하기 때문이다.

✍ **<영구적 정신상태>**가 **라사** 전에 존재한다면, **바라타**는 왜 먼저 (6장에서) **라사**를 설명하고, 그 뒤에 (7장에서) <정신상태>를 설명했는가? ⌛

③ (바라타가 <라사와 관련해 앞에서 설명하는 것>이, **밧타 롤라타**에 따르면 그냥 <**영구적 정신 상태**>일 뿐이므로) 그것들의 <완전히 발달된 상태>에서 **결정요인** 등의 두 번째 정의는 쓸데없는 '말 쓰레기'가 될 것이기 때문이다.

✍ **롤라타**가 말하듯이, **라사**가 <강화된 **영구적 정신상태**> 더 이상이 아니라면, **바라타**는 왜 이 <**정신상태**>의 **결정요인**을, 한 번은 7장에서 그것의 <강화되지 않은 상태>에서 그것과의 연결과, 또 한 번은 6장에서 그것의 <강화된 상태>에서 그것과의 연결로, 두 번씩이나 설명하는 수고를 하는가?

똑같은 사물의 원인을, 한 번은 그것이 <초기의 상태에서 멀지 않은 때>와 한 번은 그것이 <완전히 발달했을 때>로 두 번 이상 설명하는 것은 논리적이지 않다. ⌛

④ 모든 감정이 <무한한 단계적 차이>로, 즉 <약하고>, <더 약하고>, <가장 약하고>, <차이 없음> 등으로 세분될 것이기 때문이다.

✍ 만약 **롤라타**가 말하듯이, **라사**가 강화된 어떤 감정이면, "그때 강도(强度)는 '많은 정도(程度)'를 인정하듯이, 실현된 **라사**에서도 등급(等級)이 있을

것이다." (상카란의 <라사와 드바니의 이론>) ⧗

⑤ <웃음의 라사(하샤)>에는 여섯 가지 밖에 더 이상 없기 때문이다.

✐ <최고 강도로 도달했을 때>만이 실현된 **라사**라고 한다면, 그러면 **바라타**가 여섯 가지로 구분한 <**웃음의 라사**>는 잘못된 것이다.

**바라타**는 **나탸 샤스트라** 6장에서 <웃음의 질>을 이렇게 나눈다. (뜻매김하기가 쉽지 않다.)

❶ 희미한 미소(스미타)
❷ 미소(微笑, **하시타**)
❸ 온화한 웃음(비-**하시타**)
❹ 조소(嘲笑, **우파-하시타**)
❺ 유치한 웃음(**아파-하시타**)
❻ 격렬한 웃음(**아티-하시타**)

<한자어로 된 우리말>에는 미소와 조소 외에도 실소, 폭소, 냉소, 고소, 홍소 등이 있고, **너털웃음** 대소(大笑)에는 가가(呵呵), 파안(破顔), 앙천(仰天), 박장(拍掌) 등이 있는데, 평소 필자가 모든 웃음을 잘 이용하지 못한 터라 조금 해보다가 그만두었다. 웃음이 나와서.

유명한 소설 <장미의 이름>에서 세상에 웃음이 퍼지는 것을 막으려는 저 노(老)-수도사 **호르헤**는 아리스토텔레스의 <시학 2부(희극)>의 독(毒) 묻은 책장을 찢어 삼키면서 "웃는다." 그러나 **움베르토 에코**는 굳이 "그는 목구멍으로 웃었다."고 하면서 "웃는 것이 아니라 우는 것 같았다."고도 한다.

<웃음>과 <울음> 사이, 거기에서 우리는 묘(妙)한 어떤 것을 느낀다. ⌛

⑥ <**사랑**(카마)의 열 가지 상태>에서는, 무한한 수의 **정신상태**와 **라사**가 있을 것이기 때문이다.

✎ **바라타**에 따르면 <**사랑의 라사**>에는 열 가지 단계가 있다(20:154-156).
❶ 열망(熱望, **아빌라샤**)
❷ 근심(**아르타-친타**)
❸ 회상(回想, **아누-스므리티**)
❹ 연인의 장점을 헤아림(**구나-키르타나**)
❺ 괴로움(**우드베가**)
❻ 발광(發狂, **빌라파**)
❼ 정신 이상(insanity, **운마다**)
❽ 열병(熱病, **뱌디**)
❾ 우둔(愚鈍, **자다타**)
❿ 죽음(**마라나**)

이들 각각의 강도에 따라 다른 등급이 있다면, 그러면 그 **라사**와 감정 아래에 끝없는 변형이 있을 것이다.

**카마**(사랑, Love)가 이렇게 무서울 줄이야. 돌아보니 저 어느 단계까지 갔던 것도 같은데⋯⋯ 성경에서 <사랑의 여신>은 말한다.

사랑은 죽음처럼 강한 것
질투는 지옥처럼 잔혹한 것
사랑은 타오르는 불길
아무도 못 끄는 거센 불길입니다
저 강물도 이 불길 잡지 못하고
저 바닷물도 이 불길 끄지 못합니다 ⌛

⑦ 우리는 무엇이 일어나든지 곧 반대되는 것을 보기 때문이다. 즉 **슬픔**(쇼카)의 감정은 처음에는 강하지만 시간이 지나면서 약해지는 것을 보며, 또 **분노**(크로다), **의협심**(웃사하), **기쁨**(라티)의 감정은 **분개**(아마르샤), **확고부동**(스타이랴), <**성적 즐거움**(세와)>이 부재할 때는 감소가 있다.

그러므로 **라사**는 단지 마음의 <**영구적 상태**> 즉 정확하게는, <(**라마** 등의) 재현된 인물>에 고유한 마음의 <**영구적 상태**>의 재-산출(아누-카라나)이다.

단지 그것이 재-산출이기 때문에, 다른 말로 **라사**라고 부른다. 이 재-산출된 정신상태는 세 가지의 요소로 인식된다. 즉 <원인, 여기서는 **결정요인**>, <효과, **결과**>, <동반 요소, **일시적 정신상태**>이다. 이 **원인** 등이 (배우의) 의식적 노력(프라얏나)으로 생겨나므로 인위적이고 비-실제적이더라도, 아직도 그것은 실현되지 않았다. 이 <**영구적 상태**>는 재현하는 배우 안에 놓인 것으로 인식된다. (이 인식은 관련된 <재현된 인물>의 특징으로 자극된다.)

진실로 **결정요인**은 <시(詩)의 힘(발라)>을 통해, **결과**는 <배우의 기술(쉬크샤, 연기력)>을 통해, 또 <**일시적 정신상태**>는 <자신의 인위적 **결과**를 선사하는 배우의 능력을 통해서> 실현될(아누산다) 수 있다. 그러나 <**영구적 상태**>는 시의 힘을 통해서도 실현될 수 없다.[1]

✎ [1] 이는 <**영구적 상태**>는 <추론 과정>을 통해 간접적으로만 알려질 수 있는 반면 **결정요인** 등은 직접적으로 실현되고 알려진다는 의미로 보인다. 그것이 "**영구적 정신상태**(스타이-바와)"라는 말이 경문에서 언급되지 않은 이유다. ⌛

"**기쁨**", "**슬픔**" 등의 말들은, <표현되는 말들>로부터 정말로 <**기쁨** 등의 감정>으로 바꿀 수 있고,

174

거기서 <표현된 어떤 것>을 알 수 있게 기대될 때, 그것들은 마치 <언어적 재현(바치카-아비나야)>의 형태처럼, (그 완전성에서) 그런 느낌(감정)을 전할 수 없다.[1]

**<언어적 재현>이란 단지 '말'로 구성되지 않고, 오히려 그 <말이 산출하는 어떤 효과> 안에서다.** 똑같은 식으로, <몸짓의 재현(앙기카-아비나야)>은 팔다리의 움직임으로 구성되지 않고, 이 <움직임이 산출하는 효과>에서다.

✍ [1] 올바른 예가 될지 모르겠다. 두 남자가 한 여인에게 **<사랑의 편지>**를 썼다. 첫 번째 남자는 "나는 당신을 **사랑**합니다!"라는 문장으로만 편지를 가득 채웠다. 두 번째 남자는 **사랑**이라는 말은 한 번도 사용하지 않았지만, 편지를 읽은 여인은 이 남자가 자기를 **사랑**한다는 것을 **느꼈다**. ⧖

다음 문장에서 **슬픔**의 느낌은 <재현의 대상>이 아닌 <언어적 표현의 대상>이다.

"깊고 넓은 거대한 대양이지만
　물밑의 불로써 들이켜지나니
　**슬픔**은 분노로 마셔지리라"

"그는 **슬픔**으로 마비되어
그 상태로 움직임이 없었다.
어찌해 주기를 애걸하지만
가슴을 찢는 두려움으로
친구들의 애통은 차오른다."

✍ 둘 다에서 "**슬픔**"이라는 말이 있다. 그래서 **슬픔**은 <언어적 표현의 상태>에 있다. ⧗

예는 많을 것이다. 그러나 다음 문장을 보자.

"이 많은 물방울들,
그녀가 칠하는 동안 떨어지는 가는 눈물 비
그녀 손길 닿는 데서 솟아난 땀의 결실을
내 몸에서 지어내도다."

(하르샤의 라트나발리에서)

이것은 <무엇이 자신의 의미>[1]인지를 표현하는 동시에, <언어적으로 표현되는 것>[2]보다 **우다야나**에게[3] 고유한 즐거움(수카)의 한 형태를 구성하는 **기쁨**의 <**영구적 정신상태**>를 재현한다.

✍ [1] 문자적 의미
[2] "**기쁨**"이라는 말은 나타나지 않는다.

176

**진실로 재현(再現, 아비나야나)이란 <교감(交感, 교통, 의사소통)의 힘(아와가마나-샥티)> 외에 아무 것도 아니다.** - 이 힘은 <언어적 표현의 힘>과는 다르다. 정확하게 **그런 이유로 바라타는** 경문에서 **"영구적 정신상태"라는 말을 전혀 언급하지 않았는데**, 문법적인 (관형)격에서라도 말이다.

그러니 <**사랑의 라사**>는 단순히 **모방된 기쁨**의 <**영구적 정신상태**>이다. 그래서 (바라타가 말한바) 라사는 영구적 감정으로 만들어졌고 그것에서 태어났다는 것은 아주 적절하다.

✍ 바라타에 따르면, <**사랑과 연민의 라사**>는 각각 **기쁨**과 **슬픔**의 감정에서 태어나고(프라바와), 다른 **라사**는 그것들로 만들어진다(아트마카). ⌛

더구나 가끔은 <잘못된 인식>도 <인과(因果)의 효과(아르타-크리야)>가 없는 것은 아니라는 것이 발견된다.

✍ 헤마찬드라는 여기에서 이 진술을 확증하기 위해 다르마키르티의 프르마나-바룻티카의 유명한 구절(2:57)을 인용한다.

"하나는 보석에서 일어나고, 다른 것은 등불에서 일어나는 <두 가지 빛>으로 (무엇이 진실인지 의식하지 않지만), 그것이 보석이라는 생각을 갖고 접근하는 두 사람 사이는 <인과적 효력>에 관한 차이가 있는 것이지, <잘못된 인식>의 차이가 아니다."

이것은 **마히마밧타**도 인용했다. <인과적 효력>, 즉 <효과를 산출하는 역량(**아르타-크리야, 아르타-크리야-카리트바**)>은 모든 형태의 올바른 인식의 기준이다. 그러므로 사물의 진정한 존재의 준거다.

예를 들어, 어떤 사람이 신기루를 보고 가까이 가지만 그가 기대했던 물을 찾지 못하면 (그러므로 씻고 마실 수 없다.) 그의 인식은 잘못된 것이다. 그가 보았던 물은 그 욕망을 채울 수도 없고, 진짜 물에 고유한 기능을 행할 수도 없다.

그러나 어떤 경우에는 <잘못된 인식>도 <인과적 효력>을 부여받는다. 예를 들어 현재의 경우에서, 그것은 관찰하는 주체가 진짜인 보석을 발견하는 것을 허용한다. 다른 말로, 그것은 인식하는 주체의 기대를 속이지 않는다. **다르마키르티**는 어떤 실수라도, 그것이 <인식하는 주체>를 속이지 않는다면, <올바른 지식의 근원>이라고 본다.

**샹쿠카**는 <잘못된 인식>조차도 <인과적 효력>을 얻을 수 있다면, 그때 잘못된 인식도 그것을 얻기 위해 <재-산출된 인식> 즉 <미적 인식>을 위한 더

많은 모든 이유라고 본다. 사실, 관객은 이것으로 속(아 남)지 않지만 그 광경에 만족하게 된다. ⧗

더구나 여기에는 "저 배우는 실제로 행복하다.", "**라마**는 정말 저 사람이다.", "저 사람은 행복하지 않다.", "이것은 **라마**와 비슷하다.", "이것이 **라마**인가 아닌가?"와 같은 인식은 전혀 없다. - 오히려 "이것은 행복했던 그 **라마**다."라는 인식이다.

✍ 여기서 **맘마타**는 **아비나바굽타**를 명확하게 한다.

"우리가 가지는 인식은 '이것은 **라마**다.'와 같은 형태를 취한다. 사람이 그림에서 말(馬)을 관찰했을 때 가지는 그 경험과 같이, 앞에서 언급한 인식은 유효한 인식도, 실수도, 의심도, 유사함도 아니다. 진실로 이것은 다음 각각의 형태를 취한다. '이것은 정말 **라마**다.', '**라마**는 정말 이것이다.', '이것은 **라마**다.' (인식에 의해 두 번째로 떨어지면, '이것은 **라마**가 아니다.'), '이것은 **라마**와 비슷하다.', '이것이 **라마**인가 아닌가?'" ⧗

**샹쿠카**는 말한다.

"여기에는 의심도 진실도 실수도 없다. 나타나는 관념은 '이것은 그것이다.'이지, '이것은 정말 그것이다.'가 아니다. 어떤 경험이 그 안에서 모순되는 관념을 가지고 있지 않으면, 사람은 어떤 잘못도 구별할 수 없는데, 어떤 논쟁이 어떤 경험을 절로 스스로 명확하게 틀렸다고 증명할 수 있겠는가?"

## < 3 > 아비나바굽타의 <재-산출 비평>


나의 스승은 이 논지 역시 본질적인 가치가 없고 세밀한 비평에는 견딜 수 없을 것이라고 말한다.


✎ <나의 스승>은 **밧타 토타**를 암시하며, 그는 10세기 후반 **카시미르**에서 살았다. 시에 관한 작품 **카뱌카우투카**를 썼고, **아비나바굽타**가 그 주석을 썼으나 전해지지 않는다. 다음에 나오는 **샹쿠카**에 대한 반박은 **밧타 토타**에 기인한 것이다. ⧖


특별히 어떤 견지로부터 **샹쿠카의** <라사는 **재-산출의** 성격을 가진다>라는 견해를 우리는 **논박**할 것인가?


① <관객의 인식>의 견지로부터
② <배우의 인식>의 견지로부터
③ <(연극 공연의) 진정한 성격(**바스투브릿타**)을 분석하는 비평가(**뱌키아트리**)의 인식>의 견지로부터 - "그것은 사실 이런 식으로 분석하는 비평가들이다."[1]고 했기 때문이다.
④ <**바라타**의 인식>의 견지로부터

✍ [1] **다르마키르티**에 따르면, 우리의 실제 생활 (**뱌바하라**)은 <사물>과 <그것의 정신적 **이미지**>의 동일시에 기초한다. 마음은 '사물' 자체에다 '그것에 대해 가지는 **이미지**'를 덧붙이고, 주체는 자신이 그 실재와 마주하고 있다고 믿는다. <실재인 사물 그 자체>와 <그 위에 덧붙인 정신적 **이미지**의 환상적 성격>의 차이는 "비평가, 철학자"들에 의해 창조된 이론적 구분이다.

<이런 개념>을 논박하기 위해, **아비나바굽타**는 <실제적인 순간에 그것을 알아채는 일을 반박하는 설명>으로써, <이론적 순간에서의 사물을 설명하는 것은 불가능하다>고 주장한다. 다른 말로, **관객은 그 광경이 일으키는 라사에 몰입하여 있는 동안, 어떤 모방을 보고 있다고 생각하지 않는다**. 이런 사실은 자동적으로 <거기에는 어떤 모방이 있다>는 이론을 반박한다. ⌛

(1) <관객의 인식>의 견지로부터

이것은 인정될 수 없다. 재-산출은, 진실로, 단지 <인지의 수단으로 인식된 어떤 것>이라고 말할 수 있다. 예를 들어, 우유를 마신 배우가 (관객들에게 직접적으로 인식된 이 행위를) "이렇게 포도주를 마셨다."고 말한다. 이 경우에 우유를 마신 행위가 포도주를 마신 행위를 재-산출한다? 여기에서 배우에게 인식된 것은 무엇인가? 어떤 감정, 예를 들어 **기쁨**을 재산출한 것으로? 이것이 문제다. 그의 몸, 머리를 두르는 장식, 그의 머리털의 쭈뼛함, 그의 더듬거리는 말투, 팔을 들어올리고, 그것을 휘젓고, 얼굴을 찡그리고, 멍한 응시 등은 확실히 (하나의 느낌인) **기쁨**의 재-산출로 여겨질 수 없다.

그것들은 진실로 <지각이 없는 것>[1], <다른 감각기관으로 인식된 것>[2], <다른 기층(基層)을 가진 것>으로[3], 그래서 <상상으로 가능한 감정>과 같지 않다.

✍ [1] 그것들은 정신적이거나 영적인 성격의 것이 아니다.

[2] 정신적 움직임은 내적인 감각, **마나스**(마음)로 인식된다. 그러나 위에 열거된 모든 행동은 <보는 것> 등의 <외적인 감각>으로 인식된다.

[3] 몸 등. **<정신상태>**는 마음에 기초한다. ⌛

또 <재-산출의 의식>은 <원래의 것>과 <복제의 것> 둘 모두의 인식을 상정한다. 그러나 관객 중 누구도 그의 생활에서 **라마**라는 그 영웅의 **기쁨**을 인식하지 못했다. 그러므로 배우가 **라마**를 재-산출하고 있다는 가능성은 배제된다.

누군가는 이렇게 말할지도 모른다.

"그러나 <**사랑의 라사**라고 부르는 것>, **기쁨**의 재-산출은 단지 배우의 감정이고, 그것이 관객에게 인식될 때, 바로 이 형태로 그들에게 나타난다."

이런 의견에 우리는 이렇게 반박한다. 인식될 때, **무엇으로** 이 느낌이 구성되어 나타나는가? 이것이 문제다. 배우의 감정이 관객에게, 일반적인 느낌을 인식 가능하게 만드는 (**원인**으로, 예를 들어 여자 등과, **효과**로는, 표정 있는 응시 등, **수반되는 요소**로는, 만족 등) 단지 그들의 특징적 표지들로 구성되어 나타난다고 주장할 수도 있다. 그러나 보라. 만약 이것이 그렇다면, 그 배우의 감정은 간단히 **기쁨**의 형태로 인식될 것이고[1], 그리하여 **기쁨**의 재-산출이라는 그대의 개념은 더 이상 설 곳이 없을 것이다.

✎ [1] 즉 거기에는 <일반적 성격의 인식>은 있겠지만, <미적 인식>은 아니다. ⧗

혹 그대는 이렇게 말할지도 모른다.

"그러나 **결정요인** 등은 <재-산출된 인물>에서는 실제이고, 여기 배우에게는 비실제이다."

그렇다. 그러나 이 **결정요인** 등이 배우의 감정의 진정한 **원인**, **효과**, **수반되는** 요소가 아니더라도, 즉 그것이 단지 <시의 힘>, <배우의 기술> 등으로 된 <인위적인 것>이더라도, 관객에게 그렇게 인식되는가? 아니면 <실제의 것>으로 인식되는가? 만약 인위적인 것으로 인식된다면, 어떻게 그것을 통해 **기쁨**의 감정을 인식하는 것이 가능하겠는가?

만약 그대가 바로 이런 이유로, 인식되는 것은 <**기쁨**>이 아니라 <**기쁨의 재-산출**>이라고 한다면, 거기에 대한 대답은 단지 어중이떠중이의 것일 뿐이다.[1]

  ✍ [1] 이어지는 **밧타 토타**의 대답은 다음과 같이 요약할 수 있다. **결정요인** 등을 비-실제적이거나 <인위적인 것>이라고 상정하는 것은 <**기쁨**>이나 <**기쁨의 모방**> 둘의 추론을 정당화하지 못한다.

잘못된 혹은 분명한 논리적 이유에서 (예를 들어, <연기 기둥>을 <고깔 모양의 구름>이라고 잘못된 논리를 펴는 것이다. <고깔 모양의 구름>은 불과 관련해 어떤 인과(因果)의 관계도 세울 수 없으므로 잘못된 논리적 이유다.) **불**을 추론할 수 없고 (이 경우에 잘못된 인식이 일어난다.) **더 더구나 <불을 모방하는 어떤 것>도 추론할 수 없다**. (예를 들어, **아비나바굽타**가 말하는 <붉은 장미 더미>처럼.)

<전문가가 아닌 사람>에게는 <똑같은 것>이지만, **<경험이 있는 사람>**은 두 가지 사물로부터 각각의 원인을 추론할 수 있다. (예를 들어, 전통에 따르면 전갈은 두 가지에서 생기는데, <하나는 다른 전갈로부터, 다른 것은 소똥으로부터>다. 이것은 **파라 트리쉬카**에서 다루었다. 그곳을 참조하라.) 그러나 현재의 경우 그럼에도 논리적 이유는 잘못되었거나 분명한 것이고 [**결정요인** 등이 <인위적인 것>으로 인식되었다.] 그런 효과는 <기쁨의 것>도 <기쁨의 모방의 것>도 아니다.

그러므로 **<경험이 있는 사람>에게, 기쁨을 모방하는 어떤 것이라는 추론은 불가능하다.** 경험하지 못한 사람에 의해 만들어진 기쁨의 추론은 잘못된 인식의 한 형태이다. ⌛

보통의 것과는 다른 어떤 사물은, 더 명백하게 유사한 결과에서 추론될 수 있다. 오직 그 결과가, 그것에서 추론되어, 실제로 다른 원인에서 끌어낸 것이고 <경험이 있는 사람>이 그렇게 인식했다면 말이다. <경험이 없는 사람>은 그것들에서 <보통의 원인>만을 추론할 수 있다.

예를 들어 <어떤 특별한 전갈>은, 그것의 원인이 소똥이라고 추론되는 것은 타당하다. 그리고 다른 전갈의 추론에서는 그 원인이 거짓된 인식뿐일 것이다. 그러나 논리적 이유의 인식이 - 예를 들어, 연기 - 잘못일 때, 이 분명한 논리적 이유에 기초한 추론은 그 자체가 근거가 없을 것이다.

안개에서의 추론은, (관찰자가 연기로 추정하든, 그것의 존재를 참된 논리적 이유의 재-산출로 알아채든) <불의 재-산출인 어떤 것>(의 추론)으로는, 확실히 건전하지 못한 것이다. 정말이지 <안개의 베일>은 - '연기를 재-산출하고 또 재-산출로 인식되는 어떤 것' - <붉은 장미 더미>, 즉 <불을 재-산출하는 어떤 것>의 추론에 타당하지 않다.

이렇게 말할 수도 있다.
"배우 자신은 격분한 것이 아니더라도, 그럼에도 그는 그렇게 보인다."

충분히 그렇다, 그는 분노한 누군가와 같다고 할 수 있다. 그러나 이 유사성은 눈썹이 수축되는 것 등 때문이다. - 똑같은 식으로, <진짜 소>와 <소와 비슷한 종(種)> 사이의 유사성은 코와 주둥이 등의 모양에 기인한 것이고, <그것 없이>, 이것으로 어떤 재-산출이 관련된다. 그러나 관객은 이 유사성에 의식적이지 않다. 관객의 인식은, 그가 배우를 인식하는 동안, <배우가 가진 것으로 나타나는 그 정신 상태 없이> 있는 것은 아니다.[1] 그러므로 **나타나는**

것은 재-산출이라는 것에 따르는 **이론은 단지 헛된 담론일 뿐이다.**

  ✎ ¹ 관객은 <배우>와 <배우가 재현하는 인물> 사이의 유사성은 알아채지 못하고, 단지 그 배우가 그것들에 의해 <공유된 의식의 어떤 상태>에 몰입되어 있다는 것을 알아챌 뿐이다. ⌛

더군다나 관객이 "저것은 **라마다.**"라는 인식을 갖는다고 말하는 것은 정확하지 않다. 만약 **연극을 보는 동안 모든 의심이 결여된 이런 인식이, 나중 그것을 무효화하는 차후의 어떤 인식에 의해 바보처럼 보이지 않는다면, 왜 그것이 진실한 인식이 아닌가?** 또 바보처럼 보인다면, 왜 그것이 거짓된 인식이 아닌가? 그러나 사실, 무효화하는 인식이 전혀 나타나지 않더라도 그것은 항상 어떤 거짓된 형태의 인식일 것이다.[1]

  ✎ ¹ **샹쿠카**는 미적 경험은 모방으로 구성된다고 한다. 그러므로 자신이 그것이 비-실제라는 것을 암시적으로 주장하는 것이다. ⌛

그러므로 **샹쿠카**의 주장, 즉 "어떤 경험이 그 안에서 모순되는 관념을 가지고 있지 않으면, 사람은 어떤 잘못도 구별할 수 없다."는 것은 옳지 않다. 더군다나 "이것은 **라마**다."라는 이 똑같은 인식은 다른 배우들도 가졌고, 이런 이유로 <우리가 가진 **라마**의 인식>은 <그의 우주적인 면>이다.[1]

  ✍ [1] **상카란**은 "이런 이유로 <**라마**라는 개념>은 오직 <어떤 위대한 영웅의 우주적인 면>이다."고 한다. ⌛

  "**결정요인**은 시의 힘을 통해 인식될 수 있다."는 그의 주장도 잘 설명될 수 없다. 진실로, 배우는 "**시타**는 **내가 사랑하는 여인**이다."는 인식을 갖지 못한다. 그것은 <**시타**는 **자신의 생명의 한 부분**, **자신의 진정한 삶의 한 부분**>인 것을 말한다.[1]

  ✍ [1] 배우는 <시(대사)로부터 취한 **결정요인**>과 <그 자신의 삶에서 "원인"인 사물>을 동일시하거나 연합하지 못한다. 배우는 <그것이 그의 실제 삶의 부분을 형성한다는 개념>을 갖지 않는다. ⌛

  만약 <이것이 그 말의 실현의 의미> 즉 <이것이 관객이 **결정요인**을 인식 가능하게 한 방법>이라고 한다면, 우리는 대신에 거기에는 <**영구적 상태**>의 실현이 더 상당하게 있어야 한다고 말한다. 진실로,

관객들의 인식은 일차적 의미로, 주로 이것과 관련되고, "저 사람은 이 (감정) 안에 (있다.)"는 형태로 있다. **샹쿠카**의 "말은, …… <언어적 재현(**바치카-아비나야**)>" 등 재현의 성격에 관해 잘난 체하는 분석은 - 그는 어디선가 언어적 재현의 다양성과 단순한 언어적 표현의 다양성 둘 모두 강조했다. - 나중 적절한 곳에서 논의할 것이다.

그러므로 관객의 견지에서, **라사**는 **영구적 정신 상태**의 재-산출이라고 말하는 것은 잘못된 것이다.


(2) <배우의 인식>의 견지로부터


배우는 "나는 재-산출되는 **라마** 혹은 그의 감정이다."는 관념을 갖지 않는다. 재-산출, 즉 <**우리가 결코 인식한 적이 없는**[1] 누군가의 행동과 유사한 행동의 산출>은 가능하지 않다. 만약 재-산출이란 말의 의미가 <이후의 산출>이라면, 그런 재-산출은 **일상생활로 확장되어야 한다**[2]고 우리는 말한다.


✎ [1] 그것은 전에 인식되지 않았다. 모든 모방은 <이전의 인식>을 상정한다.

[2] 다른 말로, 만약 모방이 <이런 방식>으로 느껴진다면, 모든 시간에 누군가 '다른 누군가에 의해 이미 행해진 어떤 것'을 하는 어떤 모방이 있다. ⌛

<배우는 '특별한 존재'를 재-산출하지 않고, 그는 단지 '나는 어떤 고귀한 이의 **슬픔**을 재-산출하고 있다.'는 이런 관념을 갖고 있다>고 말할지도 모르겠다. 그러면 우리는 <**무엇으로** 이 재-산출이 행해지는가?>라고 묻는다. 이것이 문제다. 확실히 **슬픔**으로는 아니다. 이것은 배우에게는 없기 때문이다. 그것은 눈물 등으로도 아닌데,[1] 그런 것은 슬픔의 것보다 다른 성격의 것이기 때문이다.

✍ [1] '눈물 약'도 있을 것이다. (하여튼 요즘 현대 영화의 분장술과 **컴퓨터 그래픽** 등은 굉장하다.) ⏳

곧 대응할지도 모르지만, 우리가 말하도록 하자. 배우에게 "나는 고귀한 사람의 슬픔의 **결과**를 재현하고 있다."는 인식이 일어난다. 그러나 이 경우에 우리는 묻는다. **어떤 고귀한 사람의?** "어떤 고귀한 사람? 누구든 상관이 없다."고 하면, <어떤 한정된 관념(**비쉬슈타탐비나**)>이 없으면 어떤 사람도 마음속으로 가져올 수 없다는 것은 잘 아는 일이다.

반면에 배우는 <자신이 하는 방식에서 울어야만 하는 사람>을 재현하고 있다고 말한다면, 그러면 그의 인격(personality, **스와트마**) 또한 끼어들고, 그래서 <재-산출되고 - 재-산출하는 관계>는 더 이상 존재하지 않는다.[1]

✐ [1] **마니캬-찬드라**는 바꾸어 말한다.

"만약 '그렇게 우는 그'라는 개념이 있다고 하면, 그때 그 배우는 그 자신을 잘 재-산출하고 있다고 추정해야 한다. (배우 자신이 실제로 비통해 해야 하기 때문이다.) 그러므로 <재-산출되고 – 재-산출하는 관계>는 더 이상 유지되지 않을 것이다." ⌛

뿐만 아니라, 배우는 어떤 재-산출을 수행한다는 의식이 전혀 없다. **배우의 연기는 진실로 <세 가지 원인>을 통해서 일어난다.**

① <예술에서 **그의 재능**>

② <그 자신의 **결정요인**에 대한 **그의 기억**>

③ <**감정의 보편성의 상태**>에 의해 일어나는 <**그의 가슴의 동의**(同意)>

이런 덕분으로 그는 상응하는 **결과**를 나타내고 적절하게 동반되는 억양(카쿠)과 함께 시를 읽는다. 그래서 그는 단지 이것에 의식적이 되고, 재-산출하는 누군가를 의식하지 않는다. <'라마의 행위'를 재-산출하는 것>은 <사랑하는 존재의 복장(服裝)의 재-산출>과는 다르다.[1] 이것은 앞에서 설명했다.[2]

✐ [1] 수사학자들에 따르면, 사랑에 빠진 사람은 가끔 연인의 모든 몸짓과 태도 등을 모방하고 또

반복하게 된다고 한다. 그러나 <미적 행위>는 이런 모방과는 아무런 관계가 없다.

 [2] **아비나바 바라티**의 <앞 장>을 말한다. ⌛

### (3) <비평가의 인식>의 견지로부터

사물(연극 공연)의 진정한 성격(**바스투브릿타**)의 견지로부터도 재-산출이 있다고 말할 수 없다.

그것은 <'사람이 그에 대해 의식하지 않는 어떤 사물'이 진정한 성격을 갖는다>는 것은 불가능하기 때문이다[1]. 나중 **무엇 안에서** <사물의 성격>이 구성되는지를 더 설명할 것이다.[2]

 ✎ [1] 즉 <분석하는 마음(비평가)>의 견지로부터.
 [2] **아비나바굽타** 자신의 이론인, **<올바른 생각>** 곧 정견(正見)에서. (앞에서도 말했지만, 괜히 다른 이론들과 쉽게 얽혀 헷갈리기 싫은 분이라면, 일단 **제 5 장**만 여러 번 읽는 것이 좋다.) ⌛

### (4) <바라타의 인식>의 견지로부터

"라사는 **영구적 정신상태**의 재-산출이다."라는 말은 **바라타**는 어떤 문구에서도 하지 않았다. 그런 주장은 간접적인 어떤 암시로도 결코 하지 않았다.

반면에 <여자들의 무용의 여러 하위 구분(라샤)>, <여러 가지 음악의 맥박(탈라)>[1], <**바라타**가 기술한 **드루와** 노래>는 정확하게 그 반대이다.[2] 이 모든 것은 나중 <시점(時點, **상디앙가**)>[3]의 하위 구분의 장(章)의 끝에서 설명할 것이다.

  ✎ [1] 인도음악의 대표적인 이론 용어에는 **라가**, **탈라**, **라야** 등이 있는데, 서양음악의 선율, **리듬**, 속도 등과 동일시할 위험이 있다면서, 윤혜진은 <**라가**-음악적 줄기>, <**탈라**-음악적 맥박>, <**라야**-음악적 공간>이라고 부른다.

  [2] (무용, 음악, 노래의) 그것들은 일상생활의 어떤 것도 모방하지 않는다.

  [3] "<시점>은 연극의 <구조적 구분>이다. 그것은 그의 목표인 영웅의 실현에서 <**플롯**(구성)과 무대의 요소>에 해당한다."(**나탸 샤스트라** 19장). 시점은 64 가지 하위 구분(**앙가**)으로 나누어진다. ⧗

"연극은 일곱 섬의 (모든 형태의 존재계의) 모방이다." 등 **바라타**에게서 지금과 다시 만나는 모든 표현은 다른 설명을 가질 수 있다.[1] 그리고 그것이 재-산출이었더라도 그때 <그것>과 <연인의 복장, 걸음걸이 등의 재-산출> 사이의 차이가 무엇인가?[2]

✍ 1 다른 말로, 연극은 세계 안의 모든 형태의 존재계의 "모방"일 수 있다. "일곱 섬"이란 표현은 대양과 대륙(섬) 등의 세계를 말한다.

또 "모방"이라는 말은 "다시 말하기(re-telling, **아누키르타나**)"로, 그러므로 "재-인식(재-지각, 재-인지, reperception, **아누뱌와사야**)"로 해석되어야 한다.

[당연하지만, 여기의 재-인식은 **카시미르 샤이바**(쉐이비즘)의 "**재인식**(再認識, **프라탸비갸**)"과는 그 의미가 다르다. 전혀 다른 의미이다.]

2 **뇰리**에 의하면, **산스크리트** 본문과 번역 둘 다 분명하지 않다고 한다. ⌛

# < 4 > 다른 이론들

어떤 이들은 "(석웅황 등) 안료(顔料)는 의심할 바 없이 소(牛)를 구성한다(samyuj)."고 한다.[1]

만약 "구성한다"는 말이 "나타난다(abhivyaj, 즉 드러내다)"는 의미로 이해된다면, 이들도 잘못이다. <광명단 등은, 등불로 "드러나는" 그림의 소처럼, 진정한 소를 "드러낸다">고 할 수 없기 때문이다. 그들이 하는 모든 것은 소와 유사한 특별한 총합을 산출하는 것이다. "그것은 소와 같다"는 이미지의 유일한 목적은 단지 이 광명단 등을 소의 팔다리의 배열과 유사하게 어떤 특별한 배열을 구성하도록 적용하는 것이다.

**결정요인** 등의 총합의 경우에는 상황이 다르다. 우리가 말한 것처럼, 이것은 **기쁨**과 유사한 것으로 인식될 수 없다.[2] 그러므로 **라사**가 정신상태의 재-산출이라는 것은 진실이 아니다.

✎ [1] <화가가 그린 소>는 여러 색소의 구성으로, 주어진 면(面, 壁)에 적용되었다고 여겨진다.

[2] <시각 예술>은 이 구절에서는 시(詩)와는 다른 질서의 것으로 여겨진다. 안료 등은 물질적인 것을 모방하는 물질적인 것이다. [마치 물리학이 '물질'을

196

다루는 것이라면 수학은 '보다 심리적인 것(마음)'을 다루는 것이라는 것과 같다. 마음도 곧 물질이다.] 그러나 **아비나바굽타**는 그것들은 사실 똑같다면서, (**결정요인** 등 즉 물질적 요소로 구성되는) <시적인 표현>이 <(영적인 성격의 것인) 정신적 움직임>을 모방할 수 있다는 것은 불가능하다고 말한다. ⚱

또 어떤 이들은 말한다.[1] **라사**는, 즐거움과 고통으로 만들어지는데, 여러 가지 요소의 외적인 조합(**삼-아그리**)일 뿐이다.[2] 즉 <즐거움과 고통을 일으키는 힘을 가지는 어떤 조합>. 이 논지는 **상키야**의 교설에 동의하는 것이다.[3]

✍ [1] 이 견해를 따르는 이들은, **아비나바굽타**에 따르면, **바라타**의 한 구절(6:46)의 잘못된 해석에 근거하고 있다.

[2] **결정요인** 등은 외부적이다. (즉 그것들은 **정신상태**가 아니다.) 여러 가지 요소는 **결정요인**, **결과**, <**일시적 상태**>이다. 후자 또한 현재의 구절에서는 외부적인 것으로 여겨진다.

[3] **상키야**에 따르면, <외부의 대상>이란 즐거움(**삿트와**), 고통(**라자스**), 혼미(**타마스**)로 만들어져 있는 <**프라크리티**의 수정(修訂, 변경)>이다. 그러니 <외부의 대상> 그 자체들이 즐거움, 고통 등으로

만들어져 있다. 이것은 **다르마키르티**가 틀렸음을 (공감할 수 있게) 입증했다. ⧖

이 조합에서는 **결정요인**은 <꽃잎>을 대신하고, **결과**와 **일시적 정신상태**는 그것을 장식하는 의무를 한다. 그것에서 다시 **영구적 정신상태**가 생겨난다. 즐거움과 고통으로 만들어진 이것들은 내면적이다. 이 지지자들은 "우리는 **영구적 정신상태**를 **라사**의 상태로 가져올 것이다." 등을 비유적으로 이해해야 한다고 한다. 즉 그들은 자신들이 **바라타**의 경문과 명백한 모순 속에 있는 것을 알고 있다. 그러므로 <이 이론의 단순한 기술이, 오히려 자신들의 건전하지 못함을 그 입에서 장황하게 나타낸다>는 사실로[1], 학생들이 잘못에 빠지는 일은 없을 것이다.

그런 사람에 대한 대답이 무슨 소용이 있겠는가? 우리는 이 어려운 문제에서 일어나는 다른 가설의 핵심 **포인트**를 기술하도록 하자. 즉 **무엇이** <**미적 인식**>의 성격(본질)인지 말이다.

✎ [1] 이 이론에 따르면, **라사**와 **영구적 정신상태** 사이에는 어떤 차이도 없다. 이 이론의 지지자들은 **바라타**가 **영구적 정신상태**에서 **라사**를 구별하는 모든 구절에서 비유적 해석을 하도록 강요당하고 있는 것이다. ⧖

## < 5 > 밧다 나야카의 견해

밧타 **나야카**는 **라사**가 <인식되는(**프라티**) 것>도, <산출되는(**웃파드**) 것>도, <현현되는(**아비뱌즈**, 즉 나타나는) 것>도 아니라고 한다. 만약 그것이 정말 자신 안에 현존하는 것으로 관객에게 인식된다면, **연민의 라사**에서 그는 필연적으로 **고통**을 경험할 것이다[1].

<그런 인식>은 논리적이지 못한데, ① **시타** 등은 (관객과 관련해) **결정요인**의 역할을 하지 않기 때문이고[2], ② (**시타**를 바라보는 동안) 관객의 의식에 그 자신의 연인에 대한 기억이 전혀 일어나지 않기 때문이고[3], ③ 신성 등(의 재현)은 (**미적 경험**에서 요구되는) <**보편성의 상태**>를 (관객에게서) 논리적으로 불러일으킬 수가 없기 때문이고[4], ④ <바다를 가로지르는 것> 등도 (비범한 사건이므로) 보편성 (**사다란야**)에서 떨어지기 때문이다.[5]

✎ [1] 그러니 <**연민**의 주제(**슬픔**)>에 대한 연극은 아무도 더 이상 보러가지 않을 것이다.

[2] 관객은 **라마**가 아니다. 그래서 **시타**의 운명이 그들의 경우에서 **결정요인**의 역할을 할 수 있다고 상상하는 것은 불가능하다.

³ 똑같은 시간에, <시타의 이미지>와 <그 자신의 연인의 이미지>의 동일시가 없다.

⁴ 여기에서 **밧타 나야카**는 **결정요인** 등이 신성 등일 때, 그것들은 "보편적인" 것으로 인식될 수 없다고 주장한다. 신들의 행위는 (인간의 일과는) 너무 다르다는 것이다.

⁵ 이 주장은 **아비나바굽타**가 틀렸다고 입증했다. (이 책의 <등장인물들>과 그 이후에서) ⏳

<관객이 이전의 그런 경험을 전혀 갖지 않은 한>, 일어나는 바가 단순히 <이러저런 특질(**영웅심** 등)을 부여받은, **라마**의 기억>이라고 말할 수 없다. 더군다나 그가 증언(**샤브다**), 추론(**아누마나**) 등을 통해 인식된다고 하더라도, 마치 **라사**가 <직접적 지식>을 통해 인식되는 어떤 사물에 의해 일어나지 않듯이, 논리적으로 관객에게 **라사**가 일어날 가능성은 없다¹.

✍ ¹ 만약 **라사**가 단순한 추론으로 일어난다면, <직접적 인식(지각)>으로부터는 더 많은 것이 일어나야 할 것이다. ⏳

한 쌍의 연인들이 결합하고 있는 모습에서, 현존하는 누군가의 마음은 오히려 (부끄러움, 혐오감,

부러움 등) 갈등하는 감정의 먹잇감이 된다. 그런 장면에서 관객이 <라사의 상태>에 있다고 확실히 말할 수 없다! 반면에 **라사**가 제삼자에게 현존하는 것으로 인식된다고 상정한다면, 관객은 <무관심의 상태>에 있을 것이다. 그러므로 이 인식이 <직접적 경험>의 형태이든 기억의 형태이든, **라사**가 인식될 수 있다고 상정하는 것은 가능하지 않다.

똑같은 잘못이 **라사**는 산출된다고 주장하는 논지에도 돌려질 것이다. 만약 라사가 잠재적인 형태로 선재(先在)하고 나중에 나타난다고 한다면, 그러면 **결정요인**은 반드시 조금씩 그것을 비추어야 한다.[1]

✎ [1] <"**스포타**"의 개념에 대한 불교와 **미망사**의 반론>은 mutatis mutantis(변경을 변경하여) 반복된다. (사전적 의미는 일단 '터짐, 열림, 분출'이다.) 문법학파에 따르면 그것은 <영원하고, 부분이 없고, 문자(음소)와는 구별되는> 'Vocality' 즉 '**원초적**(?) 음(音)'으로, 이 '**영원한 소리**'는 <의미의 인식>을 일으킨다고 한다.

[참고로 **바르트리하리**는 스포타를 세 가지 수준에서 논의한다. **바르나**(음절)-스포타, **파다**(단어)-스포타, **바캬**(문장)-스포타. "**원초적**(?) 음"이라니 **파쉬얀티**의 무엇인 것도 같은데, **아비나바굽타**는 <스포타 이론>을 받아들이지 않았다. 하여튼]

이 반론은 다음과 같다. **스포타**는 말의 첫 번째 문자에서 전체적으로 현현되는가? 아닌가?

① 만약 **스포타**가 전체적으로 현현된다면, 뒤에 오는 문자는 불필요하다. 즉 첫 번째 문자가 세계 전체의 의미를 인식하도록 할 수 있을 것이다.

② 만약 **스포타**가 점진적으로 현현된다면, 그때 그것은 <부분 없이>는 더 이상 있지 않을 것이다. 그러므로 이 두 번째 대안은 **스포타**의 성격에 모순이다. 똑같은 논리를 **나야카**는 <라사>와 <(말로써) **라사**가 현현된 그 '말'>에 적용한 것이다.

**라사**의 이 점진적인 현현은 **샹쿠카**에 의해서도 비판되었다. ⧗

뿐만 아니라, 이미 닥친 난관도 생길 것이다. 즉 <**라사**는 정말로 우리 자신 안에 현존하는 것으로 나타나는가? 아니면 제삼자 안에 현존하는 것으로 나타나는가?> 그래서 우리의 논지는 다음과 같다.

**라사**는 <시와 연극에서 말로 떠맡은 특별한 힘>, <계시(啓示)의 힘(**바와나**)>으로 드러난다. 그것은 <명시적 의미(**아비다**)의 힘>과는 다르고, **결정요인** 등을 보편화하는 행위로 구성된다. 이 힘은 우리의 의식을 채우고 있는 <정신적 혼돈(**모하**)의 두꺼운 층>을 헤치는 기능을 가진다. 시에서 그것은 <결점(**도샤**)이 없는 것>과 <특성(**구나**), 장식(**알람카라**)이

있는 것>이 특징이다. 연극에서는 네 가지 종류의
재현이 특징이다.


&#x270D; 시의 고전적 정의 중 하나는 이렇다. "시는
말이고, 결점 없는 만족이고, 특성과 (필수적이지는
않지만) 장식을 갖는다." &#x231B;


이 힘으로 드러난 **라사**는, 그다음 (직접적 경험,
기억 등과는 다른) <일종의 즐거움(**보가**)>으로 즐겨
진다.

**샷트와, 라자스, 타마스** 간의 서로 다른 형태의
접촉 때문에,[1] <이 즐거움>은 유연성(**드루티**), 확대
(**비스타라**), 확장(**비카샤**)의 상태를 구성하고,

**샷트와**의 출현 상태에 기인한, 자신의 **의식(삼빗)**
안에서 **쉼**(비슈란티)이 특징이고,

**지복(아난다)**과 **빛**(프라카샤)으로 편만하고,[2]

또 <**지고의 브라흐만**>을 **맛보는 일**(아스와다)과
유사하다.[3]


&#x270D; [1] <**자아**(自我)의 빛> 즉 <**의식**(意識)의 빛>은,
**삼사리카**의 존재계 안에서는 <티 하나 없이 깨끗한
순수>로는 자신을 드러내지 못하고, <정신적 기질
(基質)인 **붓디**>의 다음 세 가지 구성요소로 조건화
된다.

① 빛이고, 빛나고, 즐거운 **샷트와**

② 움직이고, 역동적이고, 고통스런 **라자스**

③ 활기 없고, 막혀 있고, 우둔한 **타마스**

세 가지 **구나**의 개념은 **상키야**와 **요가** 학파에 속하는데, 별다른 수정 없이 인도의 학파 전체가 받아들이고 있다. 세 가지 **구나**는 각자가 고립된 상태로는 결코 존재하지 않고, 고르지 못한 비율로 섞여 있다.

**샷트와** 요소의 출현은 맑고, 거울 같고, 현현과 일치하고, 항상 분명하고 명확하고, **자기**에 고유한 **빛**과 **지복**이다. - 이것들은 정말로 **샷트와** 안에서 그들 자신을 반영한다. **이슈와라-프라탸비갸-비브리티-비마르쉬니**에서 **아비나바굽타**는 말한다.

"**샷트와**는 빛으로 되어 있고 깨끗한 공간과 같은데, 장애의 원리인 **타마스**의 구름의 이불로 완전히 가리어진다. **라자스**는 행위로 되어 있고 활동으로 가득한데, 바람으로 조금씩 **타마스**의 구름의 둑을 털어내고 소멸시킨다."

**샷트와**, **라자스**, **타마스**는 각각 의식의 세 가지 상태와 관련된다.

❶ **샷트와**는 **비카사(확장)**에 현저하고

❷ **타마스**는 **비스타라(팽창)**에 현저하고

❸ **라자스**는 **드루티(유동)**에 현저하다.

마니캬-찬드라는 말한다.

"결실이 실현되는 것은 **삿트와**가 **비카사(확장)**에, **타마스**가 **비스타라(팽창)**에, 또 **라자스**가 **드루티(유동)**에 있을 때이다."

후기의 이론가들은 **비카사**, **비스타라**, **드루티**를 각각의 **라사**와 연결한다.

① **비카사(확장)**는 **하샤(웃음)**, **아드부타(경탄)**, **바야나카(공포)**의 의식에

② **비스타라(팽창)**는 **비라(영웅)**, **라우드라(분노)**, **비밧사(혐오)**의 의식에

③ **드루티(유동)**는 **슈링가라(사랑)**, **카루나(연민)**, **샨타(평온)**의 의식에 적절한 상태이다.

[2] **사히탸-다르파나**에서 **비슈바나타**가 말한 미적 경험에 대한 유명한 정의는 **아비나바굽타**와 **밧타나야카**의 개념에 아무것도 더하지 못한다.

"**라사**는 <세련된 이들(예를 들어, 예술의 이유를 이해하는 사람들)>이 **삿트와**의 출현 덕에 맛보게 된다. 그것은 <완전한 지성>, **지복**, <자신을 아는 일>로 만들어진다. 그것은 다른 <알 수 있는 대상>과의 접촉은 없고, **브라흐만을 맛보는 일**의 쌍둥이 형제이다. 그것은 비-보통적인 성격의 **차맛카라**로 활성화된다. 그것은 불가분성(不可分性)에서, 마치 <우리의 바로 그 존재>처럼 맛보게 된다."

쿠마라스와미는 **차맛카라**를 "번갯불이 번쩍이는 것"으로 번역했다. **비슈바나타**에 따르면, **삿트와**는 <라자스, 타마스와 어떤 접촉도 없는> '마음' 혹은 '내적인 감각(마나스)'일 뿐이다.

**밧타 나야카**가 사용하고 **아비나바굽타**가 참조한 용어들은 **보자**가 사용한 것과 유사하다. 그는 **보자-브릿티**(1:17)에서 말한다.

"<집중의 일>이 내면의 감각에 고유한 **라자스**와 **타마스**로 가미(加味)된 **삿트와**일 때, 그때 <자아의 부차(종속)적 상태>와 <(**지복**과 **빛**으로 되어 있고, 집중의 일인) **삿트와**의 출현의 상태> 둘의 덕으로, <사-아난다-사마디라고 부르는 그것>이 일어난다."

[3] **밧타 나야카**가 아마도 <미적 경험>을 <신비적 경험>과 관련지은 첫 번째일 것이다. 의식의 미적 상태는 더 이상 <제한된 나>와는 관련되지 않는다. <미적 경험> 동안, 주체는 명상하는 대상에 완전히 흡수되어 있고, 그를 둘러싸고 있는 실재 전체는 시야로부터 사라진다. 똑같은 일이 <신비적 경험>에서도 일어난다. **이런 의미에서** <미적 경험>은 <절대의 경험> 즉 <브라흐만의 경험>과 유사하다.

**밧타 나야카**와 **아비나바굽타**는 각각의 오해의 여지가 없는 특징을 잘 강조한다. **밧타 나야카**는 말한다.

"이 **라사**(**미적 즐거움**)는, 암소처럼, 새끼를 위한 사랑으로 <말(言)의 젖>을 쏟아낸다. 이런 이유로, 그것은 **요기**가 젖을 힘들게 짜는 것과는 다르다."

똑같은 개념을 반영하고, **밧타 나야카**의 것이 거의 확실한 두 절을 **마히마밧타**가 인용했는데(121쪽), 두 진술의 연관은 그것들을 가리키는 용어의 친밀성에서도 보인다. 즉 **비슈란티**, **니르브리티**, **라야**, **니르베샤**, **사마팟티**, **차맛카라** 등. ⧗

이 설명에서, **밧타 나야카**가 <틀렸음을 입증한 이론(비평)>을 우리는 수용했다. – 단순히 우리는 **밧타 롤라타**의 이론을 수용하지 못하기 때문이다. 그러니 **밧타 나야카**가 틀렸음을 입증한 그 잘못은 분명히 죽음에 처해졌던 것 같다.[1]

✍ [1] **밧타 나야카**가 '틀렸음을 입증한 그 이론'은 보편성의 개념을 수용하지 않는다. 그들은(즉 **밧타 롤라타** 등)은 '자기 자신의 인식'과 '다른 누군가의 인식'을 구별한다. ⧗

나머지도 말하자면, 우리는 세상에서 '**인식** 등과 구별되는 어떤 종류의 즐거움'이 존재할 수 있다는 것을 알지 못한다. 그대가 만약 그것은 **맛보는 일**(**라사나**)이라고 한다면, 우리는 이것 역시 **인식**이고 단지 <특별한 수단(우파야)> 때문에 다른 이름으로 부른다고 한다.[1] 똑같은 것이 <직접적인 인식(다르샤나)>, <논리(아누마나)>, <계시된 말씀(슈루티)>, <비유(우파미티)>, <직관(프라티바나)>[2] 등의 경우에도 일어난다. 각각은 다른 이름을 갖는다.

뿐만 아니라 우리가 **라사**는 산출되고 현현되는 것으로 받아들이지 않는다면, 우리는 그것이 영원하거나 혹은 존재하지 않는다고 결론짓도록 강압될 것이다. 제삼의 가능성은 존재하지 않는다. 다시, <인식되지 못하는 것>의 존재는 단언될 수 없다. **밧타 나야카**의 지지자들은 아마도 **라사**의 인식은, **유동** 등의 상태로 구성되는, 그들이 부르는 단지 <**즐기는 일**을 일으키는 힘(보기-카라나)>이라고 할 것이다.[3]

✍ [1] **결정요인** 등으로.

[2] **프라티바**(프라티바나)라는 말은 여러 의미로 사용된다. 현재 구절에서는 "예를 들어, '내일은 내 동생이 올 것이다.' 같은 <미래에 일어날지도 모를, 설명할 수 없는 직관>이다. 그것은 또 <노력 없이 세상의 어떤 동물과도 의사소통할지도 모를, 모든 종류의 소리를 이해하는 능력>이고, 혹은 <천상의 환상을 보는 힘>이다." 이 특별한 형태의 의식은 **자얀타**가 **냐야-만자리**에서 다루었다.

³ 아비나바굽타는 "즐기는 일(즐김)"이라는 말이 **인식**(認識)의 의미에서 이해된다면 (그래서 <**즐김**을 일으키는 힘>이 <**미적 인식 즉 '맛보는 일'**을 일으키는 힘>이 된다면), 그것은 확실히 받아들여질지도 모른다고 한다. 이런 의미에서 <**즐김** 혹은 **누림**을 일으키는 힘>은 드바니학파에서 <**환기**(喚起)**의 힘**(드바나나뱌파라)>이라고 부르는 것과 똑같은 것이 된다. ⧗

그까지는 좋다! 그러나 그것이 단지 이 세 가지 상태를 구성해야 한다는 것은 가능하지 않다. 어떤 즐거움을 구성하는 인식에는 많은 형태가 있듯이 – 그대에 따르면, 그것들의 성격은 성과를 일으키는 바로 이 힘에 있다. – **라사**의 종류도 있다. 뿐만 아니라, 구성요소, **삿트와** 등은 무한하게 다른 방식으로 구성되어, 이것은 이런 때에, 다른 것은 저런 때에 현저할 수 있다. 그러므로 즐거움의 형태를 단지 셋에 제한하는 것은 터무니없는 일이다.

그러나 "**라사**는 시(詩)로 계시된다."는 표현에서 "계시"라는 말이 – (**밧타 나야카**가 말하는 것은 "**사랑의 라사** 등, 여러 **라사**는 계시의 힘으로 드러난다."이다.) – <시(詩)>는 **인식**의 일이 되고, 그것은 미각(味覺, 嘗味, gustation)으로 만들어진 '**맛보는**

**일**(취미, 趣味, tasting)'로 구성되고, **결정요인** 등으로 발생한다>는 의미로 사용된다면, 그것은 어떤 의문도 없이 받아들여질지도 모른다.

다시, "라사는 <시의 목표(카비-아르타)>이고,[1] 그것은 <'맛보는 일'로 되는 경험(아누바와)>이고, <비-보통적인 **의식**(파라-삼빗티)의 **인식**의 일>이고, **결정요인** 등의 연합으로 **드러난다**."는 말에서 **밧타 나야카**는 분명히 **라사**를 **드러나는** 것으로 여긴다. - 그러므로 <드바니의 이론>은 폐기되는 것보다 오히려 주장된다.[2] "**경험**(經驗, **체험**)"이라는 말로, 우리는 <그것의 대상>을 정말로 이해해야 한다.[3]

✎ [1] **카비-아르타**라는 말은 **나탸 샤스트라**에서 왔다. "(<정신상태>를) **바와**(bhava)라고 부르는데, 그것이 시의 목표를 생기게(bhav) 하기 때문이다."
여기에서 **아르타**는 <표현된 어떤 것>의 의미를 말하는 것이 아니고, <마지막 원인>, <시의 목표>, 다른 말로 **라사**를 의미한다고 **아비나바굽타**는 말한다.
**<미적 경험>**은 **<브라흐만의 경험>**과 **<지고의 의식(意識)의 경험>**과 관련이 있다.
[2] **밧타 나야카**는 드바니('소리의 진동', '**공명**')의 존재를 완전히 거부했다. 그렇지만 어떤 구절에서

암암리에 그것의 존재를 받아들인 것 같다고 **아비나바굽타**는 말한다.

예를 들어, **밧타 나야카**는 위의 구절에서 동사 **바즈**(bhaj)를 사용함으로, <드바니의 이론> 즉 <**시에서 말이 떠맡은** (<표현된 것>이 아닌) **드러내는 의미**>를 암묵적으로 받아들인다.

³ 다시 말해 <**라사**는 앞서 언급한 **경험**(經驗)**의 대상**(일)이다.> ⌛

그러하므로, 그러면 **라사**의 진정한 성격은 무엇인가? 그것은 됐다! 자, 우리는 무엇을 할 것인가?

여기서 **아비나바굽타**는 <다음의 네 절(節)>로, 거부된 교설에 대한 그의 검정(檢定, 비판)을 중단한다.

그리고 그것은 자신의 이론 즉 "**올바른 생각**"을 설명하는 데, 일종의 서곡(序曲) 역할을 한다.

# 제 5 장

## 라사, <인식 혹은 "참맛">

"**올바른 생각**"은 <(생각하는) 힘의 방편>이라는 샥토파야의 근간(根幹)이다. <생각이 깊은 사람들을 위한 방편> 말이다. 주로 지성(知性), 이성(理性)을 사용하는……

그러니 그것은 **붓다**가 이 <혼돈(괴로움, 苦海)의 세계에서 벗어나는 방법>으로 강력하게 추천하는 팔정도(八正道)의 첫 번째("가장 중요하다"는 뜻)인 **정견(正見)**이다.

즉 (아마도) 이 책의 독자 수준의 <**세련된 취미 (趣味, 맛보는 일)를 가진 이들**>의 <올바른 견해>, <올바른 태도>, <**올바른 생각**> 말이다.

# < 1 > <올바른 생각> 곧 정견(正見)

<네 절(節)의 간주곡(間奏曲)>

"왜 <우리의 전임자들이 이미 밝힌 생각>을 다시 반복하며, 이전에는 아무도 지적하지 않은 것처럼 그렇게 비평하는가? 독자들은 확실히 이 '심각하고, 분명한, 이중적인 잘못'을 내게로 돌려라.

<지칠 줄 모르는, 우리 인간의 마음>은 진리를 응시하며 항상 더 높은 곳으로 오르려 한다. 보라! 이것은 <생각 곧 사상의 사다리>에서, 단지 **서로를 이끈** 교설(敎說)의 열매들일 뿐이다.

<알 수 있는 것(대상)의 강을 가로지르는 일>은 처음에는 마음을 흔들고 지지가 없지만, 이 길을 따라 끈질기게 나아갈 때 <우뚝 선 교각(橋脚)>, <도시의 **기초**> 같은 것에 놀라워하지 않을 것이다.

<전임자들이 남긴 이 사상의 유산>에서 풍부하고 알찬 수확이 후세로 인해 없어질지도 모른다. 하여 <고대의 교설>은 여기 우리에 의해 정제(精製)될 것이지만 거부되지는 않는다."

이제 우리는 이전의 잘못된 견해를 정화(淨化)한, **<무엇이 라사의 진정한 성격인가>**를 기술해 보도록 하자. 그것은 이미 **바라타**가 기술한 것이고, 우리는 어떤 새로운 것도 추가할 수 없다.

그것은 그가 "**정신상태**를 **감정(感情)**이라고 부르는데, 그것이 우리에게 **<시(詩)의 목표>**를 **느끼게** 만들기 때문이다."고 말하기 때문이다.[1] **그러므로 간단하게 라사는 <시(詩)의 목표>다!**

예를 들어, "그들은 밤중에 누워 있었다." "그는 그것[장막(腸膜)]을 불에게 주었다."라는 표현에서[2] <문자적 의미의 첫 번째 인식> 후에 즉시 거기에는 [<어떤 실용적 필요(**아르티타**)> 등이 특징이고, 그 인식의 대상에 강렬한 흥미를 가지는 **<자격 있는, 세련된 사람(아디카리)>**에게는] <첫 번째 인식>에 담겨진 시간 자료 등을 제거하는 <두 번째 인식>이 일어난다.[3]

✎ [1] 문자적 번역은 210쪽의 주석1.
[2] 두 인용문은 경전(계시, **슈루티**)에서 취했다.
[3] 두 표현의 <과거 시제> 등을 말한다. ⌛

이 <두 번째 인식>은 문자적 의미의 이동(**삼크라
마나**) 등으로 구성되고, "나는 누울 것이다." "나는
드릴 것이다."의 형태로 된다. 여러 학파에 따르면,
이 <두 번째 인식>을 **추진력**(바와나, **창조적 묵상**),
**명령**(비디), **질서**(니요가) 등으로 부른다.

✎ 위에 인용한 경전의 문장은 신심(信心) 많은
이에게는 **불**에 장막(비계)을 줄 필요를 일깨운다.
문자적 의미는 변형을 겪어, 이 문장에 쓰인 <과거
시제>와 <삼인칭>은 <현재 시제> 등으로 바뀐다.
"나는 **불**(**신**)에게 장막을 드릴 것이다."라는 생각이
신자의 가슴에 일어난다. <하나의 의미>에서 <다른
의미>로의 이런 이동은 **추진력**(바와나), **명령**(비디),
**질서**(니요가)라는 이름으로 주어진다.
**바와나, 비디, 니요가**는 **미망사**의 전례적 사색에
고유한 것이다. **바와나**라는 용어는 **밧타 나야카**가
**미망사** 용어에서 취했을 것으로 본다. **자야라타**는
**비디**와 **니요가**는 특히 **프라바카라**의 추종자들이
사용했다고 한다. **쿠마릴라**의 제자들은 **바와나**라는
말을 더 좋아한다.
<의미의 이동>은 물론, 경전에 대한 주체(신자)의
고수(固守, 신심)와 어떤 목표를 얻으려는 그 욕망
등을 상정한다. 이 <의미의 이동>은 **헤마찬드라**가
인용한 다음 세 절에서 분명히 설명된다.

(아비나바굽타 이전에 있던 시이며, 아마도 **밧타
나야카**의 **흐리다야·다르파나**인 것 같다.)

"'**샴바**가 태양(의 신)을 찬양했을 때 (아무개가
하나님께 기도했을 때) 그는 건강을 회복했다.'에서
처음에 그것의 문자적 의미의 인식이 일어나고, 그
다음 (의심의 여지없이) <시간 자료> 등이 제거된
인식이 일어난다. 이 인식은 다음과 같은 형태다.
'태양을 찬양하는 사람은 건강을 얻는다. 그러므로
나 역시 질병에서 자유롭기 위해 태양신을 찬양할
것이다(하나님께 기도할 것이다).'" ⧗

이제 유사한 것이 시의 경우에서도 일어난다고
할 수 있다. <자격 있는, 세련된 사람>에게는 시의
말을 초월하는 인식이 일어난다. <세련된 사람>은
이런 경우에 가슴이 티끌 하나 없는 깨끗한 <직관
(**프라티바나**)의 힘>을 가진 사람이다.

"이제 그(사슴)가 기품 있게 목을 내리고"[1]
"우마도, 황금빛 카르니카라 꽃을 떨구고……"[2]
"하라의 확고부동함도……"[3]

그런 사람이 이런 시를 들으면, 문자적 의미가
인식된 뒤, 곧 시간적 구별 등이 완전히 제거되고,
이 문장으로 암시된, <직접적 경험(**삭샷카라**)으로

구성되는, 내적인(마나스의) 인식인] 다른 질서의
인식>이 나타난다.[4]

✏ [1] 칼리다사의 아비갸나-샤쿤탈라(1:2)에서
[2] [3] 칼리다사의 쿠마라삼바와(3:62, 67)에서

"이제 그(사슴)가
기품 있게 목을 내리고
뒤쫓는 마차 항상 경계하니

화살이 내리꽂히는 그 **두려움**에
뒷몸을 앞으로 끌어당기길 끝이 없고
반쯤 씹은 풀잎은 길에 흩어지나니
탈진으로 벌어진 입에서 떨어진 것

보라!
그의 도도한 뛰어오름으로
그는 공중을 가고 땅을 걷지 않노라"

"우마도, 황금빛 카르니카라 꽃을 떨구고
세 갈래로 땋은 머리에서 빛나던 것
**쉬바** 앞에 그녀의 머리, 깊이 숙일 때
(세 갈래 머리를 꾸몄던 꽃이 떨어졌다)"

"하라의 확고부동함도 흔들렸으니
　달이 막 오르려고 할 때의 바다처럼
　그는 우마의 얼굴로, 타는 눈길을 던졌다
　빔바 열매처럼 붉은 그녀의 입술로"


**⁴** 즐거움, 고통 등의 감각과 같이 **미적 경험**은
어떤 <내적인, 정신적 인식>이다. 그것은 마음 혹은
내적 감각을 통해 인식된다. 그런 인식은 <**자신을
아는 일**(스와-삼베다나-싯다)>이다.

　아비나바 바라티에서 아비나바굽타의 <**맛보는
일**("아스와다나", 특별한 형태의 맛보는 일로 여겨
지는 **미적 인식**)>은 정신적 질서의 것이다. 그것은
순전히 물질적 행위인 <먹는 일>과는 다르다. 맛을
보는 그의 마음은 **에카그라**, 즉 <다른 모든 것을
배제하고> 맛을 보는 대상에만 (집중) 흡수되어야
한다. 반면에 <먹는 사람>은 먹으면서 다른 것을
생각하는 **안야-칫타**일지도 모른다.

　**미적인 맛보는 일**은 비-보통적인 성격의 것이고,
순전하다. **마음은 <맛보는 기관>이다.** 맛보는 동안
마음은 모든 장애물로부터 자유롭고, 즉 다른 어떤
감각적 인식이 없다. 주체는 "나", "남"이라는 구분
에서 벗어나, **차맛카라**에 용해되어 있다.

　**미적인 맛보는 일**은 <"보편적" 인식(**우주 의식**)>
이므로 장애물이 없다. ⧗

219

뿐만 아니라, 이 인식에서 나타나는 젊은 사슴 등은 특별성(비쉐샤)이 결여되어 있고, 또 동시에 사슴 역을 하는 배우는 두려워하는 것을 보여주며 관객에게 겁을 먹게 하는데, 실제가 아니다(아파라마르티카). 결과적으로 **<거기에서 나타나는 것>**은 **단순히 <시간, 공간 등에 제한되지 않는 두려움>, 두려움 그 자체이다.**[1] 이 두렵다는 인식은 ["나는 두렵다. 그(나의 적, 나의 친구, 아무개)가 두렵다." 라는] 보통의 인식과는 다른 질서의 것이다. 보통의 인식은 즐거움, 고통 등으로 구성되어 (<회피하는 것> 등의)[2] 새로운 정신적인 움직임이 나타나는 것으로 반드시 영향을 받기 때문이다. 그리고 단지 이런 이유로 장애물(비그나)이 가득하다.

🖎 [1] 관객은 (자신이 몰입하여 있는 의식의 상태 때문에) 사슴이나 배우와 같은 그런 실제의 시간과 공간에 있지 않다. **<미적 경험>**에서 이들 두 가지 시간적 공간적 질서는 서로를 소멸한다. 그러므로 사슴 등은 어떤 시, 공간적 결정이 없이 있다. (즉 그것은 일상적 삶의 요소로 느껴지지 않고, 보편적 형태로 인식된다.) 유사하게 배우는 그가 암시하는 두려움의 인상 때문에, 그 두려움이 실제의 삶의 구성요소로서 인식되지 않는다. 그러므로 **일어나는 의식의 상태는 시간과 공간의 영향을 받지 않는다.**

그것은 어떤 <보편적인, **영구적 정신상태**>, 즉 "**라사**"이다.

² <회피하는 것>, <받아들이는 것>, <무시하는 것>이 있다. ⏳

반면에 위에 언급한 **두려움**의 감각은 <장애물이 없는 인식>에 의한 인지의 일로서, **우리 눈 앞에서 춤추면서(비파리브리트),**¹ 우리 가슴으로 직접 들어가는 것이라고 할 수 있다. 이것이 <**공포의 라사**>이다. 그런 **두려움** 속에서 사람의 자아는 <완전한 용해(**티라스크리**)의 상태>에 있지도 않고, <특별한 출현(**올리크**)의 상태>에 있지도 않다.² 똑같은 일이 다른 이에게도 일어난다.

✍ ¹ 비파리브리트는 <**움직이다, 돌다, 등**>을 말하며, 옛날부터 사용되었다. **바르트리하리**에서도 보이고, 똑같은 의미로 **다르마키르티**와 **쿠마릴라**도 사용했다.

² 첫 번째 경우는 <미적 인지>는 없고, '이분법적 생각과 분명한 이해(**비칼파**)의 완전한 부재'가 특징인 <신비적 인지>가 있을 것이다. 두 번째 경우는, 일반적인 이분법 인지가 일어날 것이다. 그다음 이두 경우 모두에서 <미적 경험>에 요구되는 **우바야-데샤-카알라-탸**가는 부재할 것이다. ⏳

이것의 결과로 <보편성의 상태>는 제한되지 않고 확장된다. - 그 순간 거기에 <연기>와 <불> 사이, 즉 <떨림>과 <두려움> 사이의 변함없는 수반관계(비압티)의 개념이 형성되는 것처럼 말이다.

✍ 이 구절의 가장 좋은 설명은 **이슈와라-프라탸 비갸 비마르쉬니**에서 보인다.

"우리 전통에서 <변함없는 수반관계(비압티)>의 개념을 형성할 때, <연기>와 <불>의 이미지는 모든 인식자에게 공통이다. 인식자는, 외부 대상 세계를 받아들이는 이들이 하는 것처럼, 그곳(부엌 등)에서 그것을 가질 수 있다. 이들 이미지와 관련해, **주**는 (즉 **이슈와라**, <제한되지 않은 **나**> 등은) 주체들을 하나로 만들기 때문이다."

**아비나바굽타**는 **탄트라 알로카** 10:85에서 어떤 광경이 주는 즐거움은 관객이 많을 때 증가된다고 한다. 관객 각각이 <그 광경을 다른 많은 사람들이 동시에 보고 있다는 것>을 의식할 때다.

"춤과 노래 등의 공연을 보면서 거기에 흡수된 관객들은 그것이 진정한 **넥타**의 바다라고 느낀다.

(**자야라타**는 '실제로, 동시에 많은 사람이 보는 광경은 한 개인이 본 것보다 더 큰 즐거움을 일으

킨다.'고 주석했다.)

　'몸싸움과 행동 공연'의 진정한 성격을 가르치는 사람들이 **이런 것에서 '모든 <아는 주체(관객)>의 동질성의 진정한 상태'가 생겨난다**고 말하는 것은 이런 이유 때문이다. **이 상태는 <완전하고 완벽한 지복>의 인식을 일으킨다.**

　만약 <그들이 무대에서 보는 것>에 대한 단순한 의식이 (즉 그 공연을 다른 사람들도 보고 있다는 것을 알아채는 것이 없이) 한 사람 한 사람 관객을 만족시키는 데 충분하다면, 그때 그들이 함께할 때 일어나는 <의식의 다른 상태>를 어떻게 설명할 수 있겠는가? 그리고 <아는 주체(관객)들의 동질성의 (동일성의) 상태가 존재한다>는 것이 여전히 어떻게 설명될 수 있겠는가?

　대신에 관객은 다른 사람들도 동시에 그 광경을 보고 있다는 것을 알아챌 때, 그것은 전에 가졌던 무미건조한 면과는 다른 형태로 보인다는 이유를 가지고 말할 수 있다.

　(그때 이 광경은 아주 높은 **차맛카라**를 일으키는 성격을 가진다고 **자야라타**는 말한다.)"⌛

　그러므로 실제의 경험과 맞서게 되는 이 개념은 배우 등의 연합으로 키워진다.

✍ <미적 인식>은 실재와 비-실재의 개념에 의존하지 않고, <실제적 경험>이라고 말할 수 없다.

[즉 <직접적 경험(知覺, 프라탸쨔, 프라티악샤)>, <실제적인 어떤 것의 인식(삭샷카라)>이 아니다.]

그러나 **아비나바굽타**는 그것이 <어떤 실제적인 경험과 "같은 것">이라고 말한다. 다른 말로 **미적 경험**은 실용적인 실체 등과는 아무런 관계가 없는, **<순수한 직접적 인식(知覺)>**이다. (즉 **"아는 일"** 그 자체, **<"인식"** 그 자체>라는 말이다. 어휴!) ⚱

이 연합에서 진실로 - 거기 한 편에서는 <실제의 제한하는 원인들 (즉 시간, 공간, '특별한 예(例)가 되는 인지의 주체' 등)>과 다른 편에서는 <시(詩)로 제공된 그것들>은 서로를 중화하고 그다음 완전히 사라진다. - 앞서 언급한 **<보편성**의 상태>는 쉽게 키워진다. 그래서 <관객의 인식의 그 균일성(**에카가나타**)> 덕에,[1] 그렇게 키워진 것은 그들 모두에서 **라사**를 쉽게 양육한다. 그리고 이는 그들의 마음의 잠재적 인상이 서로 일치하기 때문에, 시작이 없는 잠재적 인상으로 된 여러 마음을 일으킨다.[2]

✍ [1] **에카가나타**라는 말은 **가나**로부터 유래한다. "**가나**는 **간**(ghan, 치다, 못하게 하다 등)에서 왔고, '단단한 덩어리'라는 일차적 의미가 있고, <다양한

요소가 공간 안에서 확장 없이 압축된 것>을 암시한다." 그리하여 **에카가나**는 <"장애물(비그나)"의 방해를 허용하지 않는 의식의 상태>라는 의미에서, "단단한", "치밀한", "균일한" 등을 말한다.

² **아비나바굽타**는, <관객은 오직 자신과 유사한 사람과만 자신을 동일시할 수 있고, **라마**(신성)처럼 비-보통적 성격의 존재와는 동일시하지 않는다>는 **밧타 나야카**의 반론을 이 논증으로 대답한다.

<동일시>와 그것을 위한 <미적 경험에 요구되는 보편성의 상태>는 <관객>과 <재현된 인물> 사이의 (잠재적 인상, 경향, 본능 등으로) 성격의 친밀감을 상정한다. **아비나바굽타**는 이 반론에 <**인간이 아무 친밀감도 갖지 못하는 성격의 '존재' 즉 '동물 혹은 신성'은 존재하지 않는다!**>는 말로 답한다.

**삼사라**(세상)는 시작이 없어, **모든 사람은, <그가 실제로 (지금) 있는 존재> 전에, 다른 모든 존재들이었다.** 그래서 관객의 의식은 가능한 모든 존재의 잠재적 인상을 갖고 있어 [잠재적 인상으로 여러 마음으로 있어 – 그래서 마음을 '군중(群衆)'이라고 하고, 또 불교에서는 '축생(畜生), 아귀(餓鬼)'라고도 한다.] 자신을 그것들 각각과 동일시하는 데 민감한 것이다.

똑같은 개념을 **드바니-알로카 로차나**(2:4)에서도 설명한다. <**더 읽을거리**>를 참조하라. ⌛

&lt;장애물이 없는 이런 의식&gt;을 "차맛카라"라고 **부른다.** 그것의 육체적인 효과, 즉 &lt;떨림&gt;, &lt;소름 끼침&gt;, &lt;팔다리의 즐거운 움직임(올루카사나)&gt; 등 또한 **차맛카라**이다.[1] 예를 들어보자.

"비슈누는 오늘도 여전히 &lt;차맛카라의 상태&gt;에 있으니, 어떻게, 오 어떻게 **&lt;달덩이 같이 아름다운 락슈미의 팔다리&gt;**가 **만다라** 산으로 부서지지 않겠는가?"[2]

✍ [1] **아비나바 바라티**에서는 말한다.

"**의식**(意識)의 현상인 &lt;정신적 움직임&gt;은 또한 몸으로 이전되어 그것에 편재한다."

[2] 이것은 &lt;대양(大洋)의 휘젓기&gt;에 대한 암시다. 신들과 악마들은 &lt;휘젓는 막대기&gt;로 **만다라** 산을 가져왔고, 여러 가지 귀한 대상이 그 깊은 곳에서 휘저어졌다. 그 가운데는 **달**과 또 **아름다움의 여신 락슈미**가 있다. (당연히 운우지사로 읽을 수 있다.) **차맛카라**의 **미적 경험**은 **결정요인** 등이 그것(즉 시적 표현)으로 자극되어 떠올려 주는(환기시키는) 모든 시간에 **의식**에서 다시 나타난다. 여기에 대해서는 &lt;더 읽을거리&gt; 드바니-알로카 로차나(1:18)를 보라. **아비나바굽타**의 &lt;아직도 **차맛카라**의 영향 아래에 있는 **비슈누**&gt;의 예는 **미적 즐거움**의 바로 이 성격에 전형적인 것이다. ⧗

진실로 **차맛카라**는 <결코 만족할 수 없어서 방해될 수 없는, 어떤 즐거움 속으로의 **몰입**(보가베샤, 용융)>과 같이 정의될지도 모른다. 정말이지, **차맛카라**라는 말은 <'**맛보는 주체**'가 한 '**행위**'(차마타카라남)>를 적절하게 가리킨다. 다른 말로, 그것은 '**즐기는 주체**' 즉 '**경탄의 즐거움**(아드부타-보가)**의 진동**(스판다) 속에 **몰입**되어 있는 바로 **그**'다.

✍ 스판다는 **움직임**, **진동**, 에너지 등을 말한다. 카시미르 샤이바에 따르면 **의식**(意識)은 **진동**이고, <존재하는 모든 것이 그것에서 솟아나는, 끊임없는 힘>이다. <이분법적 생각>이라는 양상은 이 <첫째이고, 열정적인 원리>가 응결된 열매이다. 이 힘은 자신을 <**의식**의 본능적 **움직임** (**두려움**, **기쁨** 등)> 안에 나타낸다. 그것은 말에서 말로, 생각에서 생각으로 가는 것을 **동의**(同意)하는 에너지이다. 그것은 <**의지**(意志, 잇차)의 첫 순간>이고, <**영**(靈)의 초기 움직임>으로, **의식**의 어떤 형태로 상정된다.

**가슴**(흐리다야), **생각**(회광반조, **비마르샤**), **지복**(아난다), **번쩍임**(스푸랏타), **구르니** 등은 똑같은 개념을 표현한다. **움직임**으로서의 **의식**에 대하여는 스판다 카리카를 보라. 여기서의 **스판다**는 **움직임**으로 <미적 경험의 내적인 **리듬**>이다. 미적 경험은 즐거움, 고통 등의 내적인 인식이고, 이런 의미에서 산만한 질서(비칼파카)의 것이 아니다.

[이렇게 말할 수도 있다. 그것은 '어떤 느낌'이지 (이른바) '어떤 생각'이 아니다. '느낌'과 '생각'의 차이가 무엇인가? 우뇌와 좌뇌, 무의식과 의식 등 여러 가지를 그려볼 수 있을 것이다.] ⌛

그것은 <직접적 경험>, 혹은 상상(회고, **상칼파**), **기억**으로 구성되는 <어떤 형태의 정신적 인지>로 생각할 수도 있다. 그러나 그럼에도 그것은 자신의 일반적인 성격에서 다른 방식으로 나타난다.

**칼리다사**는 **샤쿤탈라**(5:96)에서 말한다.

"가끔씩 사람은, 행복하더라도, 아름다운 모습을 보고 또 달콤한 소리를 들어도 마음이 편하지 않을 때가 있다. 확실히 인간은, 그의 영혼 안에서, 비록 희미하더라도, 깊숙이 심겨진 <이전 출생과의 어떤 관련>을 기억한다."[1]

✐ [1] **칼리다사**가 불안을 <대상화되지 않은 욕망>으로 암시하는 것을 **아비나바굽타**는 본다. 불안은 형이상학적으로 <**의식**이 자신의 본래의 완전함을 부정하고, 시공간 안에서 자신을 바스러지게 유도하는 무엇(욕망)>에 해당한다. 즉 **아나바 말라**다.

**아비나바굽타**는 **이슈와라-프라탸비갸-비브리티-바마르쉬니**(3:252)에서 말한다.

"<**차맛카라**의 상태에 있다>는 것은, <어떤 것을 즐기는 지점에 있다>는 것은 (자신 안에서의 **쉼**이 특징인데) 어떤 예외도 없이 **의지**의 한 형태이다. (**의지**는 **의식**이 산만한 인지의 형태로 결정화되기 전의, 자신의 첫 움직임이다.)

　가끔 자신 안의 그런 **쉼**이, 더 이상 어떤 결정도 없이, 어떤 대상과의 연결에서 나타난다. 이 경우에 그 **의지**를 '**집착(라가)**'이라고 부른다. 다른 때에는 그것이 결정된 대상과의 연결에서 나타나는데, 이 경우에는 '**사랑(카마)**'이라고 부르는 무엇이다.

　'등(等)'이라는 말로 **웃팔라데바**는 욕망의 얼룩을 (**아나바 말라** 등) 암시한다. 이는 고려된 대상성이 규정되지 않은 것이 아니라, 잠재적 인상의 상태에 있을 때 (즉 그것이 아직 발달되지 않아 잠재성의 상태에서 나타날 때) 일어난다. 그러므로 **아나바 말라**는 <대상화되지 않은 욕망>이다."

　**아비나바굽타**는 다른 어딘가에서 말한다.

　"얼룩은 <자신의 불완전성>, <대상 없는 단순한 욕망>, <미래 제한에 대한 성향>의 추정으로 구성되는 극심한 동요다." 예를 들어, "그의 영혼 안에 …… 깊숙이 심겨진 <이전 출생과의 어떤 관련(즉 전생의 아주 희미한 어떤 기억)>"

　(이런 경험이 '망각(레테)의 강' 너머로부터…) ⧖

그러나 어떤 경우에 그것은 인식의 형태다. - (그 안에서) <어떤 것이, 맛보는 것으로 구성되어 (예를 들어, 단지 어떤 **감정**으로) **기쁨**을 나타내는 인식> 말이다.[1] 이런 이유로, 즉 그것이 더 이상 특별한 것으로 조건화되지 않기에,[2] 이 인식은 <즐거움의 대상>이 되기 쉽다. 그런 까닭에, 그것은 일반적인 지각의 형태도 아니고, 잘못된 것도 아니고, 형언할 수 없는 것도 아니고, <일반적인 인식>과 같지도 않고,[3] <겹쳐놓은 것>으로 구성되지도 않는다.[4]

✍ [1] 다른 말로 <보편화된 **감정(기쁨, 분노** 등)의 현존이 특징인 인식>.

[2] <시간, 공간, 개인 등의 특별한 것으로 조건화되지 않기에>, 다른 말로, <어떤 장애물도 없기에>

[3] <그것의 재-산출>과 같지도 않고(즉 **샹쿠카**의 교설)

[4] <옳은 지식을 따르는 그른 지식이 그것을 해칠 때처럼>. 여기에 대해서는 <**더 읽을거리**>의 **나탸샤스트라 1:107의 주석**을 참조하라. ⧗

☯

결론적으로 우리는 <균등(均等)하게 잘 말해야> 할 것이다.

① 그것은 <강화의 상태>로 구성된다.[1]

− 이 용어를 쓰면서, 그것은 공간 등에 제한되지 않는 것을 가리킨다.

② 그것은 <재−산출>이다.

− 이 말을 쓰면서, 그것은 감정들을 되풀이하는 산출인 것을 뜻한다.[2]

③ 그것은 <다른 요소들의 연합>이다.

− 이 개념은 유식론(唯識論, **비갸나-바다**) 교설의 빛 안에서 해석되는 것이다.[3]


(우리가 지금까지 검정한) 어떤 견해이든, **라사**는 어떤 경우에도 <'지각(知覺)의 편에서는 장애물이 없고', '**즐기는 일**로 구성되는' **인식**(認識)의 일인, 단순하고 유일한 **정신상태**>다.


✑ [1] **롤라타**의 교설.

[2] 문자적으로 "그것은 일시적으로 감정들이 뒤따르는 어떤 작동인 것을 뜻한다."

[3] **아비나바굽타**는 이 이론 또한 유식론의 빛 안에서 해석된다면 진실이라고 한다. 잘 아는 대로, 유식론은 **만법유식**(萬法唯識) 즉 <존재하는 모든 것은 **의식** 곧 **인식**이다>는 것이다. ⌛

## < 2 > 라사 실현의 장애물

이와 관련해 <장애물을 제거하는 요소들>은 **결정 요인** 등이다. 또한 일상의 세계에서 진실로, 여러 다른 말들 즉 **차맛카라, 몰입**(니르베샤), <**즐기는 일**(라사나)>, <**맛보는 일**(아스와다)>, **즐거움**(보가), <(명상 대상과의) **동일성의 성취**(사마팟티)>, **용해**(라야), **쉼**(비슈란티) 등은 <**어떤 장애물로부터도 완전히 자유로운**(없는) **의식**(의 한 형태)>일 뿐이다.

문제가 되는 인식(지각)의 장애물은, **라사** 실현의 장애물은 다음과 같다.

('나는 왜 **신성**에 참여하지 못하는가?' '나는 왜 그런 것을 느끼지 못하는가?' '혹 내게 이런 문제가 있는 것은 아닌지…'를 관찰하며 읽어라.)

① 부적합 즉 <신빙성의 부족>
② 남 혹은 자신을 배제한 시공간 속의 골몰
③ 즐거움 등 자신의 감각에 휘둘릴 때
④ 인식(지각) 수단의 결함
⑤ 증거의 부족
⑥ 뚜렷한(우월한) 요인의 부족
⑦ 의심이 있을 때

(1) 부적합 즉 <신빙성의 부족>

진실로 사람이 어떤 것에 신빙성이 부족하다고 여기면, 거기에 자신을 확실하게 몰입할 수 없고, 어떤 **쉼**도 일어날 수 없다. <어떤 **쉼**도>라고 나는 말한다. 이것이 첫 번째 장애물이다. 그것이 제거된 수단은 일반적 사건들의 시각에서 생기는 **가슴의 동의**(同意)다.[1] 비범한 사건이 그려질 때는, **라마** 등과 같은 유명한 인물을 선택하는 것이 필요하다. 그들이 행한 일은 믿음을 준다. - 진실로 **믿음은 <우리에게 뿌리 깊은 것>으로**, 옛날부터 즐긴 **명성** (名聲, 傳統, 프라싯디)**으로 일어난다.**[2]

  ✍ [1] 일반적 성격(인물)의 사건은 관객의 가슴에 더 준비된 반응을 볼 수 있다,

  [2] (**라마** 등의) 전설적인 인물에 속하는 (바다를 건너는 것 등의) 비범한 사건이 만약 보통 사람과 관련된다면 그것은 관객의 불신을 일으킬 것이다.

  **드바니-알로카 로차나**는 말한다.

  "그러나 그런 일이 **라마** 등과 관련되면, 그것은 거짓된 모든 모습인 것을 잃는다. 그것은 관객의 확신에 뿌리 깊은 것으로, <문제의 인물>에 의해 고대로부터 즐겨온, 중단되지 않은 명성의 누적된 결과이기 때문이다." ⌛

단지 이런 이유로, 그의 목적이 보통 삶을 초월하는 행위를 배우고 가르치는 것이면, **나타카** 등이 유명한 사건 등을 다루는 데는 반드시 필요하다고 할 것이다.[1] 그러나 이런 요구사항은 희극(戲劇) 즉 소극(笑劇)의 경우에는 없다. 그러나 그 모든 것은 적절한 때와 장소에서 설명할 것이다.[2] 지금은 이것으로 충분하다.

✎ [1] <연극의 열 가지 종류>에 대한 것은 **나탸샤스트라** 18장에 있다. **나타카**는 <상승된 주제에 관한 연극>이다.

**다샤루파**는 연극의 <열 가지 주된 변형>에는 ① **나타카** ② **프라카라나** ③ **바나** ④ **프라바사나** ⑤ **디마** ⑥ **뱌요가** ⑦ **사마바카라** ⑧ **비티** ⑨ **앙카** ⑩ **이바므리**가가 있다고 한다.

[2] **아비나바 바라티**에서 **아비나바굽타**는 일반적 참고사항을 준다.

"실제 생활의 사건을 모방하는 것은 맞지 않다. 이 경우에 관객은 (<미적 경험>에 관련 없는) 격정 (증오, 당파성, 무관심 등)에 영향을 받아 자신을 재현된 사건과 동일시할 수 없을 것이다. 그러므로 즐거움도 없고 교육도 없을 것이다. 뿐만 아니라 실제 사건의 경우에는 <행동(그것의 장점 등)>과 <그것으로부터 생기는 결과> 사이의 관계를 직접적 경험으로 알아보게 된다. 그러므로 그것을 무대에 올리는 일은 소용이 없다."

<모방(模倣, 아누카라)>이라는 말은 광의(廣義)로 이해되어야 한다. 가르침과 지식은 예술의 <부수적 목표(프라요자나)>이다. **예술의 주된 목표는 <미적 즐거움(프리티, 아난다 등)>이(어야 한)다!**

러시아 영화감독 **타르코프스키**는 <**예술 영화**>와 <상업 영화>를 구별한다. 문외한의 하나인 필자가 보기에도 현대 영화의 대부분은 그렇게…… ⌛

## (2) 남 혹은 자신을 배제한 시공간 속의 골몰

주된 장애물의 하나는 자주 <관객이 **저 자신에 내재하는 즐거움, 고통 등에 휘둘릴 때**> 일어난다. 이 장애는 <즐거움 등의 감각이 금지된 두려움>, <그것들의 보존에 대한 관심>, <다른 유사한 것을 얻으려는 욕망>, <그것을 제거하려는 욕구>에 대한 의식의 다른 형태의 모습으로 다양하게 구성되고, 그것들을 공개적으로 표현하고 숨기는 등이다.

즐거움, 고통 등을 **다른 사람들에게만 내재하는 것으로 인식할 때**도, 자연적으로 장애를 구성하는 (즐거움, 고통, 무감각, 무관심 등의) 의식의 다른 형태는 반드시 일어난다.

이 장애를 제거하는 수단은 소위 <극장의 관례(나탸·다르미)>이다.[1] 그것은 일상생활에서는 볼 수 없는 많은 것이다. 예를 들어, 사용된 <가설구조물, 무대 구분>, <다양한 여자 무용>, <여러 방언> 등, 또 마지막이나 작지 않은, 배우의 의상(모자 등)은 그의 진짜 모습을 숨긴다. 그러나 이것은 예비행위(푸르바랑가) 동안에 관객에게 나타나고 (즉 "춤과 노래는 너무 많지 않는 것이 가장 좋다.") 그뿐만 아니라 서막(프라스타바나)에서는 이렇게 정의한다. "여배우 혹은 어릿광대는……"[2]

✍ [1] 나탸·다르미(극장의 관례)라는 말은 극장의 특별한 수단 등(무대 장치, 의상, 전통 관습 등)과 관련된 환경이다.

[2] 예비행위(푸르바랑가)는 연극의 시작에서 기념되는 의식(儀式) 등을 말하며, '기원(祈願)의 절' 즉 난디로 끝난다. 이 의식이 길어지면 관객은 집중이 방해되거나 지루해질 수 있다. 바라타는 말한다.

"의식의 춤과 노래는 너무 많지 않은 것이 가장 좋다. 노래, 기악, 춤이 너무 길면 관객뿐만 아니라 배우도 재현되어야 할 라사와 정신상태를 명징함을 갖고 파악하거나 장악할 수 없다." (5:165-166)

난디 절은 <연극의 이름과 저자 등>을 주는 서막(프라스타바나)에 즉시 따라야 한다. 서막은 보통

제작자와 조수의 대화로 되고, 조수 대신 여배우나 어릿광대 등이 한다.

(<이런 서막>은 **괴테**의 **파우스트**에도 보이는데, 그는 **샤쿤탈라**에 영향을 받았다.) ⌛

　진실로 앞서 언급한 요소가 있으면 그런 인식을 제거한다. 즉 <이 특정한 순간, 이 특정한 장소에 있는, 이 특정한 개인>은 고통, 즐거움 등을 느끼는 것이다. 이런 제거는 극장 공연에서, 한편에서는 그 배우에 대한 거부가 있고, 다른 편에서는 - 관객의 의식이 <재현된 **이미지**>[1]에 전적으로 쉬지 못하기 때문에 - 겹쳐진 인물에 대한 **쉼**이 전혀 없어[2] 그 결과로 '배우의 진정한 존재'와 <'배우가 연기하고 있는 인물'의 진정한 존재> 둘 모두의 거부가 있을 때 일어난다.

　진실로 **아시나파탸**, **푸슈파간디카** 등 같은 춤도[3] 일상생활에서는 보이지 않더라도 그런 것이 전혀 존재하지 않는다고 말할 수 없다. 어떤 식으로든 존재한다는 것은 부정할 수 없기 때문이다.[4]

　✎ [1] **뇰리**는 **프라티바사**를 <재현된 **이미지**>로 읽었다.

　[2] 다른 말로, **라마** 등의 등장인물은 배우의 진짜 존재와 겹쳐져 있다.

³ **다샤루파**는 <부드러운 춤(**라샤**, 여자 무용)>은 열 가지 세분이 있다고 한다. ① **게야파다**(노래), ② **스티탸파탸**(서서 암송), ③ **아시나파탸**(앉아서 암송), ④ **푸슈파간디카**, ⑤ **프랏체다카**, ⑥ **트리구다**, ⑦ **사인다바**라고 부르는 것, ⑧ **드비구다**, ⑨ **웃타못타마카**, ⑩ **욱타프라티욱타**(대화 노래).

이것들은 **나탸 샤스트라** 19:119-135에 정의되어 있다.

**아비나바굽타**는 춤은 실제 생활에서의 어떤 것도 모방하지 않고, 어떤 실용적 목표도 없는, 자립적인 창조물이라고 한다. 그것은 <마음에 주어진 어떤 상태>에 대한, 팔다리의 움직임을 통한 자연스런 표현이다. **쉬바**의 춤("**나타라자**")은 <모든 장애물이 없는, 완전하고 완벽한 지복의 자연스런 표현>이다. (**아비나바 바라티** 1장)

⁴ 그래서 <재현된 인물>이 '그런 배우의 거부와 또 배우가 재현한 진짜 인물에 대한 거부'이더라도, <그는 존재하지 않는다, 그는 하찮은 사람이다>고 할 수 없다. 사실, 그의 존재는 우리 자신의 **의식**의 자료이다. ☃

결론으로, <상대적이고 관련 있는 것의 이 모든 체계>는, 산출된 <**보편화의 상태**> 덕에, **라사**의 맛보기를 촉진시키는 한, **바라타**가 채택했다. 이 모든 것은 춤 등을 다루는 장(章)에서 설명할 것이므로, 잠시 그런 것을 추구하는 것은 소용이 없다.

그래서 <오직 자신과 다른 사람에게만 내재하는 시공간 등의 자료의 인식으로 구성되는 이 장애를 제거하는 방법>을 설명했다.


## (3) 즐거움 등 자신의 감각에 휘둘릴 때

어떻게 <자신의 행복 등에 압도된 사람>이 그의 의식을 다른 어떤 것에서 쉬도록 할 수 있겠는가? 이 장애물을 피하기 위해 적절한 시간과 장소에서 성악(聲樂)과 기악(器樂), 잘 꾸며진 실내, 세련된 무희(舞姬) 등 여러 가지 수단이 채택되었다.

앞서 언급한 <**보편화의 상태**> 덕에 **음향**(音響) **등의 이 방책은 모든 관객이 즐길 수 있고, <미적 이지 않은 이**(아-흐리다야)**>조차도 <가슴의 맑음에 이르고 그래서 "가슴을 가지게**(사-흐리다야)**" 되는 그런 매력적인 힘>이 있다.** 진실로 "**시**(詩)**는 보일 수 있고, 들릴 수 있다.**"고 한다.[1]

✍ [1] <**미적 아름다움**>**의 보일 수 있고, 들릴 수 있는 경험적 구분은 인도에서는 낯선 것이 아니다.** 청각과 시각을 통해 가지는 감각 자료는 일반화된

방법으로, 에고와의 어떤 연관도 없이, 독립적으로 맛볼 수 있다. 다른 감각은 "오로지 자신 안에서만 발효(醱酵)된다." 즉 <제한된 나(에고)>라는 장벽을 깨뜨릴 수 없다. ⚱

(4) 인식(지각) 수단의 결함

<인식의 수단>이 부재하면, 인식 자체는 당연히 부재할 것이다.


(5) 증거의 부족

<확실한 인식(지각)>을 위해 증언(證言)과 추론이 있다고 하더라도, 인식은 (그것들 안에서) 설 수가 없다. 그 안에는 <확실한 인식>을 이루는 <직접적 경험>에 고유한 확실성의 기대가 있기 때문이다.[1] **냐야 수트라**에서 **바짜야나**는 말한다. "유효한 모든 지식은 직접적 경험에 의존한다." 진실로 <**직접적으로 지각된 사물은 많은 추론과 증언 외에는 달리 증명될 수 없다**>는 것은 잘 알려진 사실이다. 불을 담은 깡통을 **빠르게** 돌려 생겨난 <(환상적인) 불의 고리> 같은 (인식의) 경우에서, 우리의 지식은 **오직 <더 강력한 직접적 인식>으로 틀렸음이 입증된다**. 이것은 아주 일반적인 과정이다.

✍ ¹ **상카라**는 이 구절을 쉽게 바꾸어 표현한다. "비록 명확하고 틀림없는 증언과 추론이 있더라도 그것에서 유래된 지식에 완전히 만족하여 쉴 수가 없다. 그 안에는 명확하고, 직접적인 지식을 만드는 <지각적 인식>이 부족하기 때문이다." 혹은 "비록 증언과 추론이 있더라도, 보통, 확실한 인식을 유발하지 못한다……" ⌛

그러므로 이 두 가지 장애물을 제거하기 위해, 전통으로 이어온 네 가지 방법이 있다. ① 재현, ② 양식(스타일, 브릿티),¹ ③ 지역 관습(프라브릿티),² ④ 사실적 재현(로카-다르미).³

**진실로 재현(再現)**은 추론과 증언과는 다른 작용이다. 다음에 다룰 것이지만, **<직접적 인식>과 거의 동등하다.**

✍ ¹ 양식(브릿티)은 ① **카이쉬키**, ② **삿트와티**, ③ **아라바티**, ④ **바라티**가 있다.

**다샤루파**는 말한다.

"① **사랑의 라사**를 표현하려면 **카이쉬키**(명랑한 양식), ② **영웅의 라사**에는 **삿트와티**(거창한 양식), ③ **분노, 혐오의 라사**에는 **아라바티**(무서운 양식), ④ 모든 곳에는 **바라티**(유창한 양식)가 사용된다."

² 지역 관습(프라브릿티)은 ① 아반티, ② 닥쉬나탸, ③ 아우드라마가디, ④ 판찰리가 있다.

"의상(衣裳), 언어, 예절, 직종(職種)에 관한 지역 관습은 세계의 각 나라마다 다르다. 그것들은 연극에서 프라브릿티 혹은 지역 특색이다."

³ <사실적 재현(로카-다르미)>의 가장 좋은 설명은 아비나바 바라티(1:292)에 있다.

"이런 연유로, 천성적으로 **<티 하나 없는 거울 같은 가슴을 가진 이들의 마음>**은 윤회계에 고유한 (일상생활의 것인) 욕망과 분노, 혼란에 휘둘리지 않는다. **연극의 대사를 듣는 그 단순한 일이 그들에게 '그것을 활성화하는 여러 라사의 인식'을 가장 명확하게 그들 안에 유발하는 데** (어떤 행동과는 별개로, 그 자체로) **충분하다.** 이 인식은 **<보편화된 맛보는 일>로 활성화된 '표본 추출'로 이루어진다.**

이 기능을 빼앗긴 이들에게 소용되는 이 맛보는 일을 만들기 위해 (이는 직접적 인식이 필요하다.) **바라타**는 한편에서는 배우의 훈련 등을 설명하고, 다른 편에서는 – **자신에게 내재된 화, 슬픔 등으로 어렵게 된 가슴의 매듭을 끊기 위해** – **성악(聲樂)의 훈련 등을 설명한다.**"

이야기가 약간 빗나가지만, 이런 의미에서 교회 등에서 찬송가나 좋아하는 노래 등을 힘껏 부르는 것은 좋은 일이다. 마음속에 쌓였던 것들이 발성과 함께 나가버린다. <노래방> 등에서의 열창도 좋고.

소위 <통성 기도>라는 것도 그런 맥락에서 좋다. <지버리쉬(Gibberish) 명상>이라고 한다.

재현은 (연극은 보통, 재현에 기초한다.) <직접적 지각>의 형태로 구성되고, <직접적 지각>과 같은 **아댜-바사야**(정신적 인식 등으로, 또한 **뱌-바사야**, **아누뱌-바사야**)이다. **아비나바 바라티**는 말한다.

"재현은 <직접적 지각>과 같은 <정신적 인식>을 자극한다. 그것은 정신적 움직임의 보편화를 일으키는 것으로 이루어진다."

"네 가지 형태의 재현을 행하는 것(**프라요가**)은 <직접적 지각>과 같은 <정신적 인식>을 자극하는 것을 목표로 한다. 그것은 모든 관객에게 공통인 보편화된 상태의 증거로 구성되고, 또 가능한 모든 장애물도 결여되어 있다."

연극은 <직접적 지각>과 같은 **아누뱌-바사야**에 의한 인식의 대상이다. '직접(적) 지각'등은 **프라탸비갸 흐리다얌**의 **냐야** 학파 등에서 다루었다. ⧗

## (6) 뚜렷한(우월한) 요인의 부족

자신의 의식이 이차적인 질서의 어떤 것에 쉬는 사람이 있겠는가? 진실로 그런 인식은 자신 안에 쉴 수가 없고 그래서 자동적으로 뚜렷한(우월한) 것 쪽으로 달리게 된다. 이것이 바로 **영구적 상태만이 맛보는 일의 대상일 수 있는 이유다**. <감각이 없는 **결정요인과 결과**>와 <비록 감각이 없지는 않더라도 반드시 **영구적 상태**를 의존하는 **일시적 정신상태**> 모두 동등하게 부차적이다.

✍ 드바니-알로카 로차나는 말한다.

"**결정요인** 등을 **맛보는 일**은 정신적 움직임으로 반드시 끝난다. 그래서 **바와**(라사의 일)로부터 멀리 떨어져서 맛볼 수 있는 것은 아무것도 없다."

**아비나바 바라티**는 말한다.

"(연극 등이) 많은 **결정요인** 등으로 구성되었다고 하더라도 그것을 만드는 모든 요소는 **의식**(**영구적 정신상태**) 안에서 쉰다. 이것은 <(제한된) 즐기는 주체(에고)> 안에서 쉬고, 그 <즐기는 주체 전체>는 다시 그들의 차례에서 <**즐기는 주된 주체**(보편적인 **아는 자**, 神)> 안에서 쉰다. 그러므로 연극은 배우 등이라고 부르는 <즐기는 특정한 주체>의 **영구적 정신상태**에 있다고 말할 수 있다."

그런 **정신상태**는 <독특하고, 보편적이고, "나"와 "남"이라는 것 등의 개념이 없다. 그러므로 그것은 관객들에게도 편재(遍在)한다. ⌛

여러 **상티망**(sentiment, 감정)[1] 가운데 어떤 것은 <인생의 목표>에 좋은데, 이것들은 <뚜렷한(우월한) 것>이다.[2]

✐ [1] 위의 "sentiment"를 굳이 "**상티망**"이라고 부른 것은 프랑스의 <**정감**(情感)론 미학>을 고려한 것이다. "느낌, 감성, 정서" 등을 뜻한다고 한다.

[2] 범-인도적인 것으로 인간의 삶은 네 가지 목표 때문에 동기가 부여된다고 한다. <인도복음>이다.

즉 ① **카마**, ② **아르타**, ③ **다르마**, ④ **목샤**.

① **카마**는 <즐거움과 사랑>이고, ② **아르타**는 <재물>을 말하며(경제, 정치 등은 이 목표를 얻게 한다.), ③ **다르마**는 <도덕적, 종교적 의무>를 포함하고, ④ **목샤**는 존재계의 흐름(윤회)에서 <영혼의 해방 혹은 구원>을 말하며, 그것은 인간의 <최고의 목표(**파라마-아르타**)>이다.

<**의식**의 주요한 형태(**스타이-바와**)>는 이 목표를 성취하는 데 필요한 것으로서, 그것은 **기쁨**(라티), **분노**(크로다), **영웅심**(웃사하, **의협심**), **고요**(샤마) 이다.

**기쁨**의 끝은 즐거움이다. 그러나 즐거움을 통해 그것은 우리에게 이득과 바른 행동의 성취를 가져온다. (바라타는 **나탸 샤스트라** 18:72에서 **사랑의 라사**를 카마-슈링가라, 아르타-슈링가라, 다르마-슈링가라의 세 가지로 구별한다.) **분노**와 **영웅심**은 각각 **아르타**와 **다르마**와 관련된다. 그러나 둘 다 세 가지 목표의 실현에 기여한다. <영적인 자유>는 **평온**의 열매이다. ⧗

명시(明示)하면, **기쁨**은 즐거움에 좋은 것이어서, 그것과 관련된 <형태>와 <이득(利得)>으로 이끈다. **분노**는 사람들에게 뚜렷하여서 이득을 얻게 하고, 즐거움과 장점으로 이끌 수도 있다. **영웅심**은 장점 등의 셋 모두로 이끈다. 결국, 다른 감정은 – 특히 무엇보다 **실재의 지식으로 생기는 혐오로 구성되는 감정**[1] – 해방의 수단이다. **이 네 가지 감정이 오직 뚜렷하고 주된 것이다.** 넷 모두가 함께 현저하지 않고, 하나가 나타나면 자연히 다른 셋은 종속되는 것으로 상정하더라도, 연극에서는 그것들 중 어떤 것이 항상 뚜렷하여, 결국 그것 모두가 (여기서는 이것이, 다른 연극에서는 저것이) 동등하게 뚜렷한 것으로 명확히 인식된다. 더 자세히 조사해 보면 넷 모두가 같은 연극에서, 어떤 현저한 위치에서 여러 통로로 보일 것이다.

✍ ¹ 이 스타이-바와의 특징은 **아비나바 바라티**에서 논의한다. **혐오(주굽사)**, '주께서 굽어 살피사' <(무지를) 싫어함과 미워함>을 주셨도다! ⧗

이런 연유로 이 모든 **라사**는 즐거움(수카, **행복**)으로 지배되는데, 그것은 <나 자신의 **의식**(意識)을 **맛보는 것**으로 구성되는, 아주 **빽빽**한(에카가나)¹ **빛**의 핵심>이 **지복**(至福)이기 때문이다.²

✍ ¹ 여기 <아주 **빽빽**한(에카가나)>은 <균일한>, <장애물이 없는(비그나)>을 말한다(224쪽 등).

² 샤이바(카시미르 쉐이비즘)에 따르면, <**의식**("**나**")의 내밀한 핵심>은 **지복**이다. 지복(행복)하지 않고 괴로운 것은 필요, 궁핍 즉 <"**나**"에서 분리된 어떤 것을 향한 욕망> 때문이다. 지복은 이 욕망이 없는 것이고, <다른 모든 것을 배제하고, 자기 자신 안에서 **쉬는 것**>이다.

"**나**"는 모든 것을 포함한다. 존재하는 모든 것은 <그것의 제한 받지 않는 자유(스와탄트리야, **절대 자유**)>에서 생겨난다. 그것은 어떤 박탈의 자리일 수도 없고, 그 자신 외에는 아무것도 욕망할 수도 없다. **미적 경험이란 자신의 의식**(意識)을 **맛보는 일이다.** 그러니 그것은 자신의 **핵심적 지복**(至福)을 **맛보는 일이다.** 이런 의미에서 **라사**는 단일하다.

이 맛보는 일은 **결정요인** 등으로(즉 <시적 표현>으로) 유발된 **기쁨** 등의 <정신적 과정>의 잠재적 인상(바사나, 삼스카라)들로 채색(彩色)된다. 이런 견해로 **라사**가 여럿인 것은 **비바와**의 다양성으로 인한 것이다. **아비나바 바라티**는 말한다.

"우리가 말하는 것은 <맛으로 느끼는 그 무엇>은 **지복**으로 포화되어 있는 **의식**일 뿐이라는 것이다. 이 사실은 고통이라는 어떤 의혹도 배제한다.

그럼에도 자체가 단일한 이 **의식**은 <**결과** 등의 작동으로 깨어난> **기쁨**, **슬픔** 등의 잠재적 흔적의 작용으로 분화된다."

**기쁨** 등의 감정에 의해 **의식** 속으로 스며든, 이 "채색"에 관하여는 265쪽의 <**신비적 경험**과 **미적 경험**의 비교에 관한 주석>을 보라. ⧖

여성들은 일상생활에서 **슬픔**이라는 의식 형태를 아주 단단히(에카가나) 맛보는 일에 몰입해 있을 때, 자신의 가슴에서 **쉼**을 찾는다. 왜냐하면 바로 이 **슬픔**이 <장애물이 없는 **쉼**>으로 구성되고, 또 그것으로 활성화되기 때문이다.

✎ 여성들은 연인에 의해 물리고 긁힐 때조차도 (고통을 경험하지만) 그 고통에서 만족(滿足)을, 즉 <자신들의 모든 욕망의 실현>을 발견한다. "그들은

자신의 **가슴**에서 쉰다." <다른 모든 것을 배제한 **의식**>에서 말이다.

  **그러므로 이런 고통은 즐거움, 지복이다.** 고통은 오직 <**의식**이, 자신이 명상하는 것 안에 쉬지 못할 때>, 즉 <내가 주의하는 대상에 완전히 흡수되지 못할 때>, 다시 말해서, <"있는 그대로의 그것"과는 다른 어떤 것을 욕망할 때> 일어난다.

  의식의 균질성, 조밀성(**에카가나타**)을 방해하는 이 욕망 등이 **비그나**(장애물)이다. ⧗


  **진실로 고통은 단지 <쉼(휴식, 안식)의 부재>일 뿐이다.** 이것이 정확하게 말해서, 저 **카필라**의 제자들이 **라자스**의 활동을 설명하면서 <고통의 영혼은 유동성(**찬찰야**)이다>고[1] 하는 이유다. 그러니 모든 **라사**는 **지복** 안에 있다. 그러나 어떤 것은, **채색된 대상들** 때문에,[2] 비통(悲痛, 쓴맛)이라는 어떤 접촉에서 자유롭지 않다. 예를 들어, **영웅의 라사**에서 일어나는 것인데, 이것은 정확하게 <불행에 대한 강한 인내>를 구성하고, 또 그것으로 활성화되기 때문이다.

  그래서 **기쁨** 등은 뚜렷한 위치를 점유한다. 다른 한편, **웃음** 등도 이것들이 <**가슴을 차지하는 강한 힘**>을 갖고 **있다**는 것 때문에 뚜렷한 위치를 점유한다.[3] - 그것들의 **결정요인**은 모든 유형의 사람들

에게 쉽게 접근 가능한 것이다. 이런 이유로 **웃음** 등은 주로 저급한 성격의 사람들과 만난다.[4]

낮은 계급(카스트)의 사람들은 **웃고**, **슬퍼하며**, **겁이 많고**, 다른 사람을 **경멸하며**, 그리고 세련되게 말하는 것에 대한 어설픈 시도에서 **깜짝 놀란다**. 모두 똑같이, 이것들은 **기쁨** 등에 의존하고, 인간의 목표를 달성하는 데 도움이 될 수 있다.[5]

✎ [1] **상키야 카리카** 13절을 참조하라.

[2] <채색된 대상들>은 **결정요인** 등을 말한다.

[3] <가슴을 차지하는 강한 힘>을 갖고 있다는 말은, 즉 그것들은 넓게 확산되어 있어, 쉽게 의식에 어떤 인상을 만든다는 것이다.

[4] 소설 <장미의 이름>의 **호르헤** 수도사가 막으려 했던 것은 <이런 이유>가 아니었을까?

[5] ① **웃음**의, ② **연민**의, ③ **경탄**의, ④ **공포**의 라사는 각각 ① **사랑**의, ② **분노**의, ③ **영웅**의, ④ **혐오**의 라사에 의존한다. ⌛

연극의 열 가지는 이들 다른 **정신상태**로 점유된 위치에 따른 것이다. 이 모든 것은 다음에 설명할 것이다. **영구적** 성격의 **정신상태**는 이 아홉뿐이다. **모든 생명체는 출생 때부터 의식의 이 아홉 형태를 가진다.** 모든 존재는 "고통과의 접촉은 싫어하고,

즐거움을 맛보는 일에는 열심이다."라는 원리에서 보면, 모든 사람은 본래 성욕이 있고(기쁨), 자신을 다른 사람보다 낫다고 여겨 조롱하며(웃음), 자신이 사랑하는 것에서 멀어질 때는 슬퍼하고(슬픔), 그런 분리의 원인에 화를 내며(분노), 자신이 무력(無力) 하다는 것을 알 때는 겁내게 되고(두려움), 아직도 자신을 위협하는 그 위험을 극복하기를 열망하며 (영웅심), 불쾌한 것으로 여겨지는 대상을 향해서는 반감이 생기고(혐오), 자신이나 다른 사람이 행한 비범한 행위를 보고는 놀라며(놀람), 어떤 것들은 금지되는 것을 바란다(평온).

　**살아 있는 생명체는 <이 감정들의 잠재적 인상> 없이는 존재할 수 없다.** 우리가 말할 수 있는 것은 어떤 것은 어떤 이에게 뚜렷하고, 어떤 것은 다른 이에게 현저하며, 또 어떤 이에게는 그것들이 흔한 원인에서, 어떤 이에게는 습관적인 것보다는 다른 것에서 기인한다는 것이다. 그래서 오직 **어떤 감정 만이 인간의 목표를 상승시킬 수가 있고,**[1] 그래서 그것들이 당연히 가르침의 목적이다.[2]

　✐　[1] 아홉 **<영구적 정신상태(감정)>**만이 인간의 삶의 네 가지 목표를 실현하는 데 기여할 수 있다. **<일시적 정신상태>**는 이 기능을 가지지 못한다.

² <연극의 목적>은 ─ 나아가 **<예술의 목적>과 <인간의 모든 행위의 목적>**은 ─ 우리 삶의 네 가지 목표를 실현하는 수단이라는 것을 밝히고 가르치는 것이다. ⧖

<상승된 인간> 속으로 들어가는 인간의 현재의 구분 등은 이들 감정이 점유한 위치로 결정된다. 반면에 나약, 걱정 등의 다른 감정(일시적 감정)은, 상응하는 **결정요인**이 존재하지 않으면 결코 나타날 가능성이 없다. 그래서 **라사-야나**를 수행하는 성자(무니)들은 나약, 나태, 지루함 등에 영향을 받지 않는다.[1] **결정요인** 덕분에,[2] 그들 중에 이것이 존재한다고 하더라도, 현현의 원인이 멈출 때, 그것들은 어떤 흔적도 남기지 않고[3] 규칙적으로 사라진다.

✎ [1] **라사-야나**는 <예술의 과학>, <라사(맛보는 일)의 과학>, <채즙(菜汁)의 과학> 등으로, 인도의 연금술(鍊金術)에 해당된다.
[2] 그것들의 원인이 현존하는 덕분에.
[3] <잠재적 인상의 상태>로 남는 것이 없이. ⧖

반면에 **영웅심**[1] 등은, 그것들은 일을 마치고 난 뒤에 분명히 사라졌을 때라도 잠재적 상태로 남는 것을 그치지 않는다. ─ 다른 형태의 **영웅심**이 다른 일에 관여하며 온전히 남기 때문이다. 진실로, **파탄 잘리**가 말하듯이, "**차이트라**(아무개)가 한 여자를 사랑한다는 사실은 그가 다른 여자들은 사랑하지 않는다는 것을 의미하지는 않는다."등이다.[2]

✍ [1] **영웅심**은 약간 <좋지 못한 어감>이 있으나, '대웅전(大雄殿)'에서의 "큰 영웅" 등을 참조하라. <**신**이라는 **의식**에서 출발한 것>은 사실 모두 **영웅**들이다. **비갸나 바이라바**와 **소와 참나 이야기**에서 다루었던 **아브라함**도 <믿음의 **조상(영웅)**>이었다.
**의협심**(義俠心), 에너지, 비랴 등으로 푼다.
[2] **요가 수트라** 2:4에 대한 **비야사**의 말로, <다른 여자들에 대한 사랑은 잠재(潛在)되어 있다>는 의미이다. 남자는 <잠재적 바람둥이>?! ⧗

그래서 이들 <일시적 감정>은 말하자면, <**영구적 상태**>라는 **실**에 꿰어져, 무한한 시간에 나타나고 사라진다. 어떤 의미에서 그것들은 그 실을 채우는 것으로, 빨강, 청색 등에 상관없이 그 실에 꿰어진 수정, 유리, 자석, **토파즈**, **에메랄드**, **사파이어** 등의 구슬과도 같다.[1] - 서로로부터 멀리 떨어져 있기 위해 또 끊임없이 자신의 위치를 바꾸면서, 이 실 위에 그 흔적을 남기지 않지만, 그래도 그것으로 만들어진 장식적 구성요소를 키운다.[2]

또 이들 자신이 다양하여, **영원한 실**을 다양하게 하고, 동시에 다색(多色)의 반영들로 **실**에 영향을 주더라도, 간격을 두고 벌거벗은 채 나타나는 것은 의심할 수 없다. - 그 반영은 **일시적 보석**을 의미한다. 그것이 이들 감정을 "**일시적**"이라고 부르는 이유다.

  ✍ [1] 이것은 아직 **영구적 정신상태의 실**이 여기저기로 나타나는 것을 허용한다. 실의 (빨강, 청색 등의) 색깔은 **스타이-바와**(영구적 감정)를 암시한다. **바라타**는 여러 가지 **라사**를 색으로 대응시킨다.

  **사랑**은 초록, **웃음**은 흰색, **분노**는 빨강, **연민**은 회색, **영웅**은 주황, **경탄**은 노랑, **혐오**는 암청색, **공포**는 검정이다.

  [2] 그것들은 **실**의 장식적 구성요소다. ⧗

누군가가 "이것이 나약의 한 형태다."라고 할 때, 무엇에 의해 그것이 유발되느냐고 묻는 것은 자연스럽다. 이 질문은 정확하게 이 정신적 움직임의 불안정을 보여준다. 그러나 "라마는 **영웅심**(영웅적 기질)으로 가득하다."라는 표현의 경우에는 사람이 그 이유를 물을 수 없다.

그러므로 **결정요인**(정신상태를 깨우는 요소)은 각각에 상응하는 (**기쁨, 영웅심** 등) **영구적 감정**을 현실로 가져오는 데 제한이 있다. - 그것은 자신의 색채를 그 안으로 불어넣는 것으로 이것을 한다. 그 상응하는 **결정요인**이 없을 때도 **영구적 감정**은 존재하지 않는다고 할 수 없는데, 그것은 이것이 잠재적 인상의 상태로 모든 존재에게 있다고 하기 때문이다.

그러나 **일시적 감정**에서 그것들에 상응하는 **결정요인**이 부재할 때, 그 이름조차도 남지 않는다. - 이 모든 것은 적절한 곳에서 더 광범위하게 설명할 것이다.

부차적 요소들에 대한 그런 반박은, **바라타**가 "우리는 이제 **영구적 감정**을 **라사**의 상태로 가져올 것이다"라는 말로 소개한, **영구적 감정**의 묘사를 통해 있었다. 이 기술은 <총론적 정의>를 뒤쫓고, 또 <특별한 정의>와 관련한다.

✍ 이 문장에서 **바라타**는 **비바와** 등이 아니라, 오직 **스타이-바와**(주된 질서의 요소)들만을 **라사**의 상태로 가져온다고 암시한다.

총론적 정의(사만야-락샤나)는 "**비바와-아누바와-뱌비차리-삼요갓 라사-니슈팟티**"로 시작하고,

특별한 정의(비쉐샤-락샤나)는 각 **라사**의 성격을 기술하는 것으로 구성된다. ⏳

## (7) 의심이 있을 때

**결과**, **결정요인**, <고려되는 **일시적 감정**>은 분리되어 특정한 **영구적 감정**과 아무런 분명한 관련도 있지 않다. 예를 들어, **눈물** 등은[1] 행복할 때, 눈의 질환 등에서도 일어날 수도 있고, **호랑이는**[2] 분노, 두려움 등을 유발할지도 모르며, 우리가 아는 대로 지루함(쉬라마), 걱정(친타) 등은[3] **영웅심**, **두려움** 등처럼 **영구적 감정**을 동반할 수도 있다.

그러나 이들 요소의 연합(조합)은 오해의 여지가 없는 의미를 가진다. 그러니 가까운 친척의 죽음이 **결정요인**인 곳에는 애곡, 눈물 등의 **결과**와, 걱정, 우울 등의 **일시적 감정**과, 그다음 **영구적 감정**은 **슬픔** 이외의 다른 것일 수가 없다. 그러므로 (그런 가능한) 의심이 일어나는 것을 감안하여 단지 이 장애물을 제거하기 위해 조합을 사용한다.

✍ [1] 눈물은 **결과**이다.
[2] 호랑이는 **결정요인**의 한 예다.
[3] 지루함 등은 **일시적 정신상태**다. ⧖

☯

251쪽의 "**어떤 감정만이 인간의 목표를 상승시킬 수 있다.**"는 말을 한 번 더 짧게 맛본다.

**어떤 감정(感情)이 인간을 끌어올린다!**

이것은 충분히 하나의 방편이 될 수 있다.

신곡의 단테에게는 베아트리체, 파우스트에게는 그레첸, 가톨릭교도에게는 성모 마리아가 그들을 끌어올리는 **어떤 감정**이다.

괴테가 말한 "<**영원히 여성적인 것**>이 우리를 이끌어가도다"의 <**영원히 여성적인 것**>은 우리의 **어떤 감정**의 다른 말이다.

**어떤 감정만이 인간의 목표를 상승시킬 수 있다!**

**영구적 감정**만이 인간의 삶의 목표를 실현하는 데 기여할 수 있다.

**일시적 감정은 이 기능을 절대로 가지지 못한다.**

**기쁨**이든, **분노**이든, **혐오**이든…

어떤 **영구적 감정** 곧 **그녀**가 나를 이끌게 하라.

어떻게 할 것인가?

이제, 그 <**라사의 본질**>을 들여다본다.

## < 3 > 라사의 본질

이런 연유에서, 라사는 <결정요인, 결과, 일시적 감정이 완전한 연합(삼약-요가), 관계(삼반다), 협력(아이카그랴)에 이른 뒤에,[1] 그것들이 차례로 이끌거나 종속되는 위치로 될 곳(즉 관객의 마음)에서, 장애물이 없고 보통의 것과는 다른 의식의 형태로 구성되는 맛보는 일을 만드는 실체(아르타)>이다.

이 라사는 영구적 감정과는 다르고, 오직 이 맛보는 일의 상태를 구성하고, 대상적인 것(싯다-스와바와)이 아니고,[2] 맛보는 일인 한 정확히 지속하고, 그것에서 분리되는 시간에는 있지 않다.[3]

[1] 라스토기는 약간 다르다(참맛을 찾아 참조).

[2] 이는 <이 맛보는 일과 별개로 존재할 수 있는, 이미 실현된, 자립적인 것>이 아니다. 간단히 말해, 라사는 <"맛보는 일"이라고 부르는 특별한 형태의 인식(지각)>이다. (앞에서도 강조한 핵심이다!)

[3] <등장인물들>의 아난다바르다나 참조. ⧗

결정요인 등은 (그것은 정원, 표정이 있는 눈빛, 만족의 느낌 등으로 구성된다.) 일상생활에서 이해될 때, 그들 편에서는 원인 등의 상태를 초월한다.

그것들의 기능은 오로지 (관객의 의식을) 채색하는 것으로 구성된다. 이 기능을 비바와나, 아누바와나 등이라고 부른다.[1]

   ✍ [1] **결정요인**은 적절하게 말하면, **관객에게** 그것들에 **상응하는** <**정신적 움직임의 잠재적 흔적**>을 **일깨운다. 미적 경험** 혹은 **라사**는 이 잠재적 흔적으로 채색된다. **비바와** 등의 정확한 의미는 **비슈바나타**가 설명했다. **비슈바나타**에 따르면,

   **비바와나**는 **라사**의 발아(發芽)의 첫 나타남이고, **아누바와나**는 나타나는 곳에 있는 **라사**의 점차적 확증이고, **삼차라나**는 (**아비나바굽타**는 언급하지 않았다.) **라사**의 강화 혹은 통합이다. **삼차라나**는 **뱌비차리바와**의 특별한 활동이다. (삼차리와 **뱌비차리**는 같다.) 이 세 단계는 **비바와** 등에 특정한 기능을 배당할 필요성 때문이다. 사실, **라사**는 단일하고, 그 현현은 더 이르고 늦은 단계를 갖지 않고, 단지 훈련(교육)을 위한 것이다. ⌛

   그래서 이것들은 비-보통적인 성격의 **결정요인** 등의 이름을 갖는다.[1] 이런 명명(命名)은 상응하는 **원인** 등의 남겨진 잠재적 흔적에 의존한다는 것을 나타내는 목적이다.[2] 여러 가지 **결정요인**의 특정한 성격은 다음에 설명할 것이다.

✍ ¹ <보통의 원인>과는 다르다는 의미에서.

² **결정요인** 등은 <보통의 원인>으로 유발된 **기쁨** 등의 <정신적 과정의 잠재적 흔적들>을 자극한다. 그래서 그것은 이 흔적들이 있는 것을 요구하고 또 그것들에 의존한다. **프루스트**의 <잃어버린 시간을 찾아서>의 "마들렌 과자" 사건을 보라. ⧗

물론 **결정요인** 등의 활동은, 관객이 일상생활의 과정에서 다른 사람들의 정신 과정의 특징적 징후(**효과, 원인, 수반요소**)를 면밀히 잘 관찰하는 것을 상정한다. 다른 말로, 하나를 다른 것에서 추론하는 것이다. (그러나 우리는 **라사**로 돌아가자. 이것은 우리가 말했듯이 **영구적 감정**과는 다르다.)

그리고 **샹쿠카**가 <**라사**라고 부르는 무엇은 단지 **결정요인** 등으로 우리 지식에 온 **영구적 감정**이다, 이것은 즐기는 대상이기 때문에 **라사**라는 이름을 갖는다>고 한 것은 절대로 유지될 수 없다.¹

✍ ¹ **아비나바굽타**는 <**라사**는 다른 사람의 정신 상태의 추론(추론적 인지)으로 구성되지 않고, (그런 경우 그것은 <산만한 질서의 인지>, **사-비칼파**일 것이다.) <개인의 경험>이라고 한다. - **관객은 그 자신을 이 정신상태와 동일시하고, 이것을 그 자신으로 (하여) 살아간다.** 이 관찰은 **샹쿠카**를 겨냥한

것이다. **샹쿠카**는 <라사는 단지 **결정요인** 등으로 **관객에게 추론된** 어떤 **영구적 정신상태**>이고 <이 방식으로 인식된 **정신상태**는 배우가 재현하는 인물의 **영구적 정신상태**의 (행동의) **모방**일 뿐>이라고 주장한다. ⧗

만약 일이 그렇다면, 왜 일상생활에서는 **라사**가 있지 않는가? 만약 <비실제적인 것>이 즐기는 대상으로 있을 수 있다면,[1] <실제적인 것>은 더 그럴 논리를 가진다. 그러니 **영구적 정신상태**의 인식은 추론에 있다고 하는 것은 타당하다. 그러나 우리는 **라사** 또한 이런 성격이라고 확실히 말할 수 없다. 이것이 **바라타**가 "**영구적 감정**"이란 말을 **수트라**에서 전혀 언급하지 않은 진정한 이유다.[2] 반면에 그것을 언급했다면 난제(難題)가 되었을 것이다.[3]

✍ [1] 그러므로 <모방된 **영구적 정신상태**>는 비(非)-실제적이다.

[2] **샹쿠카**의 논리는 <실제적인 것>이 아니다.

[3] **바라타**는 "라사의 산출은 (재현된 인물, **라마**의) **영구적 정신상태가 결정요인**, **결과**와 **일시적 정신의 움직임**과의 연합으로 유발된다."고 말하지 않았다. 만약 그랬다면, **라사**는 단지 <다른 누군가의 **영구적 정신의 움직임**의 인식>일 것이다. ⧗

"**영구적 감정**이 **라사**가 된다."와 같은 표현은[1] 단지 그 관련성 때문이다. 이 관련성은, 밝히자면, <주어진 어떤 **영구적 감정**과 관련된, 이전에 **원인** 등으로 여겨지던 그 똑같은 것들이, 이제는 맛보는 일을 깨닫는(일으키는) 역할을 해서, **결정요인** 등의 형태로 있다>는 사실에 기인한다.[2]

✎ [1] 바라타는 가끔 "**영구적 정신상태**가 **라사**가 된다."고 한다. 아비나바굽타는 그런 표현은 단지 그 "관련성(**상응**, 유추, 등)" 때문이라고 말한다.

[2] 드바니-알로카 로차나는 말한다.

"**라사**는 단지, 예를 들어 **슬픔**이라는 **정신상태**의 **결정요인**과 **결과**에 **상응**하는 그 **정신적 움직임**을 맛보는 일이다. 그래서 '**영구적 정신상태**가 **라사**가 된다.'는 표현은 단지 그 관련성 때문이다." ⌛

진실로 일반적인 감정의 추론에서, 어떤 **라사**가 있겠는가? 그러므로 <**라사**를 **맛보는 일**>은 (그것은 여느 일반적인 인식과는 다른 **차맛카라**에 있다.) <기억, 추론>과 <어떤 형태의 **일반적 자아-의식**>[1] 둘 모두와는 다르다. 정말이지, 일반적 추론 과정의 잠재적 흔적을 가진 사람은 "**젊은 여성 등**"을 (잘) 이해하지 못하는데,[2] 그것은 <마치 그가 그녀에게 **무관심**하지만[3] **오히려** 그의 감수성 때문에(그 질은

**가슴의 동의**로 구성된다.) 기억, 추론 등의 계단을 오르는 것도 없이, 그녀를 이해하는 것처럼>, <마치 (이 "**젊은 여성 등**"과의) 동일시에 적합한, 어떤 **맛보는 일**에 몰입한 것처럼>, 다시 말하자면, 그것의 완전함 모두에서 이제 막 나타나는 **라사를 맛보는 일**의 발아(發芽)이다.[4]

✍ [1] <어떤 형태의 **일반적 자아-의식**>에는, 예를 들면 즐거움, 고통 등이 있다.

[2] "**젊은 여성**"은 **결정요인**이고, "**등**"은 여기서는 **결과**와 **일시적 정신상태**를 포함한다.

[3] 개인에 관계없이, **타타스탸** 혹은 **마드야스탸** 즉 **무관심**은 정확히 **아누프라베샤**, <개인적 혹은 능동적 참여>의 반대다.

[4] 위 문단은 좌뇌의 '생각'이 아닌, 우뇌의 '느낌' 혹은 <**어떤 번뜩임**>을 가리킨다. (아래의 문단과 함께, 289-290쪽을 참조하면서 읽어라.) ⧗

이 **맛보는 일**은 (과거에서) <지식의 어떤 수단, 이제, **기억**의 한 형태인 것>에서 생겨나지 않았고, 또 (직접적 지각 등의) 인식의 일반적 다른 수단의 (새로운) 열매도 아니다. 그것은 우리가 말했던 비-보통적 성격의 것인 **결정요인** 등의 연합(삼요가)에 의해서만 자극된다.

이 <맛보는 일>은 다음의 인식과는 다르다.

① (직접적 지각, 추론, 드러난 말, 비유, 등의) 인지의 일반적 수단으로 자극된 (기쁨 등의) 일반적 감정의 인식(지각).

② 요기의 직접적 지각에 고유한, 다른 이들의 생각에 능동적 참여가 없는 인식(타타스타).[1]

③ 더 높은 질서의 요기에 고유한, 자기 자신의 **지복**의 단단한(에카가나) 경험. (이 인식은 외부적 사물에서 온 모든 인상에서 자유롭고, 티끌 하나 없다.)[2]

✎ [1] 파탄잘리의 "프라탸야샤 파라-칫타-갸남" 즉 <다른 사람의 마음을 아는 일>은 요기가 가진 힘의 하나다(요가 수트라 3:19). **아비나바굽타**는 이것을 **미적 경험**과는 완전히 다른 질서의 것으로 본다. 그 안에는 자신의 자아와 다른 이의 자아의 구분은 계속해 존재하는 반면 **미적 경험**은 <정신 상태의 보편화>를 상정하므로, 모든 제한된 자아의 억압이 있다.

[2] **아비나바굽타**는 이 구절에서 일반 사물의 어떤 흔적도 없는, 최고의 <**신비적 경험**>을 암시한다.

위 둘은 **냐야**의 <요가(명상)를 통한 지각(요가자 타르마)>과 <요가적 직관>으로(도) 비교하라. ⌛

진실로 이 세 가지 형태의 인식은, (실용적 욕망 등의) 장애물이 출현하는 질서에 기인하고, 증거가 부족하고, (경배하는) 대상에 좌우되는데,[1] **아름다움 (순다랴)**을 박탈당한다.

✍ [1] **신비적 경험**은 <모든 대극(對極)의 소멸>을 포함한다. 모든 것은 <녹이는 **(의식의) 불**> 속에 재-흡수된다. 해와 달, 낮과 밤, 미(美)와 추(醜) 등은 더 이상 그 안에 존재할 수 없다. <제한적인 나>는 흠모(예배)의 대상인 **쉬바** 혹은 **바이라바**에 완전히 흡수된다. 모든 것이 **의식**의 영역에서 사라진다.

반면에 **미적 경험**은 (**결정요인** 등으로 자극된) 기쁨 등의 잠재적 흔적의 현존을 요구한다. 다른 말로 **미적 경험**은, 관객의 편에서는, <주어진 어떤 상황 전에 정상적으로 느껴지는> 정신적 반응 등의 <미리 구성된 지식>을 상정한다. 이 지식은, 일부는 선천적인 것(인간 본성에 내장되어 있는 부분)이고, 일부는 <자기 자신의 반응의 경험>과 <다른 이들의 반응을 자신이 관찰한 것>을 통해 얻는다.

예를 들어, 아름다운 여성의 시적 묘사로 현현된 **미적 경험**, 라사는 묘사 자체로 자극된 **기쁨**이라는 **정신상태**로 채색되어 있다. 그런 **정신상태**는 관객 안에 잠재된 상태로, **삼스카라**나 **바사나**의 형태로 미리 존재한다고 생각된다. **미적 경험**을 현현하는 **결정요인**은 이들 잠재적 흔적 또한 암시적으로 또 필연적으로 깨운다.

**미적 경험**에 고유한 <**아름다움, 유쾌함**>은 이들 정신 과정의 채색에 기인한다. 아비나바 바라티는 말한다.

"**미적 향유**(享有)**는 자기 자신의 의식을 맛보는 일이다.** 이 **맛보는 일**은 극도의 **유쾌함**(**아름다움**)을 지니고 있고, 즐거움, 고통 등의 여러 잠재적 흔적과의 접촉으로 얻는다. 그것은 <(실용적 요구 등의) 장애물로 가득한 보통의 인식>과도, <외부 대상은 도무지 맛보는 것이 없는 것 때문에, 엄격함(참혹)에서 자유롭지 않은 요기의 인식>과도 다르다."

**미적 경험**과 비교해서, **신비적 경험**의 그 단단한 균질성(에카-가나타)은 어떤 엄격함(참혹)을 가진다. 그것을 추구하는 일은 흔하지 않은 힘과 **에너지**를 요구한다. (비라 즉 영웅의 개념과 비교하라.)

반면에 **미적 경험은 쉽게 얻을 수 있다.** 그것은 특별히 "온유한 마음"이 있는 이들에게 적절하다.

드바니-알로카 주석에서 아비나바굽타는 라사를 다음과 같은 말로 정의한다.

"라사는 <자신의 **의식의 지복**을 맛보는 행위>를 통해 맛보아진다. 이것은 **의식**이 (관객의 마음속에) 이미 존재하는 기쁨 등 잠재적 흔적의 **정신상태**로 채색되는 것에서 (신비적 경험의 **파루샤**가 아니다.) 유쾌한 것이다. 그런 흔적은 상응하는 **결정요인**과 **결과**로 자극된다. 그것은 **가슴의 동의**(同意) 덕분에 (**아름다움** 등의) **유쾌함**이 말로 제공된다." ⌛

반면에 여기서는 <오직 우리 개인에게만 있는 것처럼 (즐거움, 고통 등의 감각의) 부재 때문에>, <우리 자신 속으로의 능동적인 참여 때문에>, 또 <오직 다른 이들에게만 있는 것처럼 (앞서 언급한 감각의) 부재와, 또 '보편화된, 상응하는 **결정요인** 등으로 다시 깨어난' **기쁨** 등 우리 자신의 감정의 잠재된 흔적 속으로의 몰입 때문에>, – 이런 모든 원인 때문에, 장애물의 출현은 불가능하다고 나는 말한다.[1] 또 이 모든 것은 거듭 말한 것이다.

✎ [1] **헤마찬드라**는 이것을 다듬고 확장했다.

(위 문장과 아래의 문장을, <265쪽의 첫 문단>을 참조하면서, 찬찬히 읽어 잘 파악하라.)

"반면에, 여기서는 오로지 우리 자신에게만 있는 것처럼 (즐거움, 고통 등의 감각의) 부재 때문에, 우리는 (예배의) 대상에 휘둘리지 않고,

<우리 자신 속으로의 능동적 참여>와 또 <오로지 다른 이들에게만 있는 것처럼 (앞서 언급한 감각의) 부재> 때문에, 증거의 부족은 없으며,

또 <보편화된, 상응하는 **결정요인** 등으로 다시 깨어난> **기쁨** 등 우리 자신의 감정의 잠재적 흔적 속으로의 몰입 때문에, 장애물의 출현의 가능성은 전혀 없다."⁂

이 이유로 **결정요인**들은 **라사** 산출(니슈팟티)의 원인이 아니다. 그렇지 않으면, **라사**는 그것들이 더 이상 인지되지 않을 때도 계속해서 존재해야 할 것이다. 그것들은 그것의 인지의 원인이 아니다. 만약 그것들이 원인이라면, <지식의 수단(**프라마나**)>에 포함되어야 한다. 왜냐하면 **라사**는 알려질 수 있는 대상으로 기능해야 하는 <대상적인 사물(**싯다**)>이 아니기 때문이다.

그러면 "**결정요인** 등"이란 표현이 가리키는 것은 무엇인가? 이 질문에 우리는 "**결정요인** 등"이라는 것은 어떤 일반적 사물을 가리키는 것이 아닌, <**맛보는 일을 실현하는 데 이바지하는 무엇**>이라고 답한다. 그런 것이 다른 곳에도 나타나는가? 그것이 다른 곳에는 일어나지 않는다는 사실은, 그것들의 비(非)-보통적 성격에 대한 우리의 이론을 강화시킬 뿐이라고 답한다.

파나카의 **라사**는 (그것을 구성하는) 당밀, 후추 등에서 나오는가?[1] 이 경우는 완전하게 유사하다. (이렇게 말할지도 모른다.) "그러나 이런 방식에서 **라사**는 '인식의 대상'이 아니다." 그것이 정말 일어나는 일이라고 우리는 대답하며, 적절하다. **진실로 라사는 오로지 <맛보는 일> 그 자체로 구성되고**, '인식의 대상' 등의 성격을 갖지 않는다.

✍ [1] <**파나카**의 예>는 인도 철학에서 자주 등장하는 것이다.

"<한 문장의 의미>는 (**파나카** 등에서 일어나는 것처럼) 그 문장을 구성하고 있는 <단어들의 의미>와는 다르다. 마치 **파나카**가 설탕, 양념, 후추 등 각각의 맛과는 다르듯이, 어떤 <한 폭의 그림>이 광명단, 웅황, 진홍 등의 각 색소와는 다르듯이, <한 곡의 음악>이 그것을 이루는 각 음표와는 다르듯이, 그렇게 <한 구절의 의미>는 <단어들의 의미>와는 다르다." ⧖

"그러면 당신은 **바라타**가 경문에서 '라사의 산출 (라사-니슈팟티)'이라고 말한 것을 어떻게 정당화할 것인가?" 우리는 이 표현은 <라사의 산출>이 아닌, **<라사와 관련하는 맛보는 일의 산출>**이라는 의미에서 이해되어야 한다고 대답한다. 똑같이, 만약

"**라사**의 산출"이라는 표현이 <최저생활의 사람들이 오로지 의지하는, 그 맛보는 일인, **라사**의 산출 – 맛내는 일>의 의미에서 이해한다면, 우리의 이론은 어떤 난관으로 세워지지 않는다.[1]

✍ [1] 이 표현은 <**라사**는 '인식의 행위'와는 다른 어떤 것>이라는 의미에서 해석해야 한다. <인식의 행위(**맛보는 일**)>로 <**라사**(**맛**)>는 알려진다. 그러면 그것(**맛**)은 인식의 대상일 것이다.

**아비나바굽타**는 이런 반론에 이렇게 대답한다. <**라사**는 **인식**(**의식**) **그 자체**>이고, **라사**라는 말은 <그것으로 그것이 알려지는(즉 인식으로 맛이 알려지는) 인식>과는 구분되는 별개의 어떤 것을 가리키지 않는다고 말한다.

이것을 이렇게 말할 수도 있다. 즉

"우리는 '생각'으로 '생각의 대상'을 안다. 그러나 '생각 그 자체'를 생각할 수는 없다. 그것은 '생각 그 자체'를 대상화할 수가 없기 때문이다." 어휴! ⧗

게다가 이 **맛보는 일**은 <인식의 수단>이 활동한 열매도, <행위의 수단>의 열매도 아니다. 반면에, 그것은 그 자체가 지식의 어떤 수단으로 알아낼 수 없다고 할 수 있는데, 그것의 진정한 존재는 우리 자신의 **의식**의 반박할 수 없는 자료이기 때문이다.

이 **맛보는 일**은, 의심의 여지가 없는 **인식의 한 형태**이나 여느 보통의 인식과는 다른 인식의 형태이다. 이 차이는 그것의 수단이, 즉 **결정요인** 등이 비-보통적 성격의 수단이라는 것에 기인한다.

결론적으로, **결정요인 등의 연합으로 산출되는 것은 맛보는 일**(라사나)**이다.** 그리고 그 **라사**(맛)는 비-보통적인 실체로, 그것이 이 **맛보는 일**의 문제 곧 핵심이다. 이것이 경문의 의미이고 요지다.

이 모든 것은 다음과 같이 요약할 수 있다.

처음에, 배우의 그런 정체성은 왕관, 머리 장식 등으로 감추어진다.

두 번째로, <시(詩)의 힘으로 자극된 '그가 **라마** 등이라는 관념(이미지)'>은 그럼에도 배우의 관념에 그 자체를 부과하는 데 성공하지 못한다. 언급한 관념의 잠재적 흔적이 관객의 마음에 강한 인상을 주기 때문이다. 바로 이런 이유로 관객은 더 이상 <**라마** 등의 공간과 시간에서도>, 또 <배우의 그런 공간과 시간에서도> 살지 못한다(있지 않다).

<소름끼침 등의 행동>은, <기쁨 등의 목록>으로 관객의 일상생활에서 반복적으로 보이는 경우에는, 시공간에 국한되지 않는 <기쁨 등>이 알려지는 데 이바지한다. 이 기쁨에서, 그는 자신 안에서 잠재된

흔적을 갖기 때문에 관객의 **찰나** 또한 능동적으로 참여한다.

이런 이유로 이 기쁨은 <외부로부터, 무관심으로 인식되지도 않고>, <어떤 특별한 원인과 연결되어 있는 것처럼 인식되지도 않고(이 경우에는 '실용적 요구'와 '획득 등의 관심'에 의한 침범이 일어날 것이기 때문이다.)>, <오로지 한정된 제삼자에 속한 것처럼 인식되지도 않는다.(이 경우는 '즐거움, 증오 등의 감각'이 관객에게 일어날 것이기 때문이다.)>[1]

그래서 **사랑의** 라사는 단순히 **기쁨**의 감정이다. - 그러나 <보편화되고 또 의식의 대상이고, 그것은 하나이거나 연속으로 발달할지도 모를 감정>이다.[2] 보편화의 과업은 **결정요인** 등으로 수행(遂行)된다.

✍ [1] <등장인물들>에서 **밧타 나야카**를 보라(114 -115쪽의 주).

[2] 연극, 장시(長詩) 등의 경우에서는 영혼의 여러 가지 기분이 (**기쁨, 슬픔** 등의) 각각 다른 것으로 변형되어 일어나고, 단시(短詩)의 경우에서는 일반적으로 한 가지 뚜렷한 주제만 있다. ⧖

# 제 6 장

# 더 읽을거리

놀리는 아비나바굽타의 <기본 텍스트>인, 나탸 샤스트라 6장의 유명한 수트라 "비바와-아누바와-뱌비차리-삼요갓 라사-니슈팟티"를 위의 세 가지 아비나바굽타의 주석으로 보충한다.

<성스러움의 의미>는 (읽지 못한 분들을 위해) 약간 맛보라고 필자가 가려 뽑은 것이다.

## < 1 > 나탸 샤스트라 1:107의 주석

"그러나 이 짐(즉 패배)이 우리에게 지워진 것은 어쩐 일인가?" 이 질문에 **바라타**는 대답한다.

"여기에서 그대들과 신(神)들의 재현은 결코 있지 않다."

✍ **나탸 샤스트라** 1:99-106에 따르면, 연극은 **브라흐마**가 악마들(**다이탸**, **비그나** 등)에게 비(非)-우호적인 어떤 빛을 던지는 것으로 시작하지 않고, 신들과 악마들 둘 다에게 행동과 생각을 편견 없이 나타내는 것으로 시작한다.

악마들은 <그것을 두려워하고 연극 공연을 망칠> 이유(논리)를 전혀 갖지 않는다. 여기서 반론자는 가상의 **다이탸**이고, "짐"은 신들에 의한 악마들의 패배이다. 그것은 첫 연극적 산출의 논쟁이었다.

그 옛날 <성탄절 연극 공연>을 준비하면서 어린 아이들에게 배역("악역")을 맡길 때가 생각난다. ⧗

이 절이 의도하는 바는 아무도 그대의 등에 그런 짐을 지우지 않았다는 것이다. 악마와 신 둘 모두 바깥에 편하게 있다. 여기 **나탸-베다**에서는, 보이는 그것들은 진짜 악마도 진짜 신도 아니다. 진실로 그들에 대하여는 <실재의 관념도 아니고>, <쌍둥이 경우처럼 유사함의 관념도 아니고>, <은(銀)의 지식 때문에 조개껍질 속 진주층에 관한 환상의 관념도 아니고>, <옳은 지식을 해친 잘못된 지식이 나설 때처럼 겹쳐놓은 관념도 아니고>, <"이 농투성이는 소다."고 할 때의 정체성의 관념도 아니고>, <달을 밤의 얼굴 등으로 여길 때처럼 시적 상상의 관념도 아니고>, <그려진 **모**델의 경우처럼 복제의 관념도 아니고>, <학생의 교육에서 "모조의 재현"의 경우처럼 재-산출의 관념도 아니고>, <요술에서의 갑작스런 창조의 관념도 아니고>, <재빠른 손놀림에서 속임수로 인한 나타남의 관념도 아니다>.

진실로 이 모든 경우에는 보편성(普遍性)이 부족하여, 결과적으로 무관심의 상태에 있는 구경꾼은 논리적으로 **라사**의 즐기는 일에 편재될 수 없을 것이다. 다시, 시인이 만약 너무 특별한 주제를 겨냥하면, 시는 성공적일 수 없고, 그는 <부적절한 행동(**안-오치탸**)>의 결점을 피할 수 없을 것이다.[1]

✎ [1] **오치탸**의 개념은 V. Raghavan의 <Some concept of the Alamkara Shastra>를 보라.
"비율과 조화는 **오치탸**의 한 면을 구성하는데, 그것은 <적절성>, <각색>, 그리고 <타당성의 다른 점들>이다. <'**라사**의 부분과 주요소' 사이의 완전한

동의의 견지에서>, <이 비율과 조화의 견지에서>, 나는 **오치탸**가 영어의 'Sympathy(공감, 동조)'로 대치될 것이라고 생각한다. 그것은 예술비평의 말로는, '부분들의 상호 순응'을 의미한다." ⧗

더구나 그것이 한 쌍의 연인이 서로 결합된 장면에서 일어날 때, 관객의 마음은 오히려 기쁨, 분노 등의 보통의 실제적 느낌의 먹잇감이 될 것이다. 결과적으로 관객의 마음이 재현된 인물과 배우를 보고 곤경에 처할 때마다 그들 사이에 필요한 일치(**아누산디**)는 일어날 수 없(다고 할 수 있)다.

그러면 연극이 무엇인가? 저자는 대답한다.

"연극은 <삼계(三界)에서 일어나는 일의 재-서술(再敍述, re-narration)>이다."

이것이 의미하는 바는 다음과 같다. **라마** 등의 유명인물은 결코 우리의 지식의 수단으로 내려오지 않는다. 그들이 경전에 기록될 때 <라마야나 같은 서술>은, 즉 <이 거대하고 독특한 문장들>은[1] 그들 각각의 개인적 핵심(**비쉐샤**)의 관념을 준다는 것은 의심의 여지가 없고 또 사실이다.

✐ ¹ **쿤준니 라자**는 <인도의 의미(意味) 이론들>에서 말한다.

"기대성, 일관성, 근접성으로 서로 함께 연결된 주절(主節)과 종속절(從屬節)들은, 그것들이 하나의 목표를 향할 때는, <마하-바캬(위대한 말)>를 형성한다." ⧖

그러나 이 관념은 <보편성의 개념>과 대조되지 않으므로 그것의 현존은 어려움의 원인이 아니다. 진실로 개인적 핵심은, 그들이 우리와 동시대적일 때만 상응하는 인과적 효력(**아르타-크리야**)을 가져, 진정한 개인성(**스와-락샤냐**)에 이른다. - 이 경우에 동시대성은 존재하지 않는다.¹

✐ ¹ ① **라마** 등의 특별한 이름과 모습의 지각은 - 그들의 시간, 공간 등의 지칭(指稱)은 - 그것들이 보편적 형태에서 지각될 수 없다는 것을 의미하지 않는다.

개인성 등은 우리와 동시대적일 때만, 즉 현재와 연결되어 우리의 실용적 흥미와 연결될 때만 실제 생활에 끼어든다. (그 인과적 효력을 발달시킨다.) 개인성 등이 동시대적이 아닐 때, 그것은 자연스런 인과적 효력을 발달시킬 수 없다.

그러나 <미적 인식>에서는, 그것들은 실재와 비-

실재의 두 개념과는 별개이므로 "보편적인 것"으로 인식된다. 이런 의미에서 그들의 특별성(비쉐샤)은 보편성의 개념과 대조되지 않는다.

② 이런 맥락에서 진정한 개인성(스와-락샤냐)은 간단히 **스와루파**, <자신의 모습>, <자신의 독특한 성격>, 개인성 등과 동의어이다. 이런 식으로 **스와-락샤나**는 **드바니-알로카 로차나**에서 주석된다.

실제적이고 실용적인 기능성의 의미에서 <인과적 효력(아르타-크리야)>은 <진정한 개인성(즉 관객과 동시대적일 때)>에만 속한다. [인과적 효력(효과)에 대해서는 제 4 장의 <샹쿠카의 '롤라타 비평'> 중 177-178쪽을 참조하라.]

**미적 경험**의 보편화된 이미지는 실제적인 효력을 전혀 가질 수 없다. 즉 실제적인 삶으로 그 자체를 끼워 넣지 못한다.

[보편적 본질(사만야-락샤나)과 대조되는 특별한 본질의 의미로] 개인성의 하나와 관련되는 <인과적 효력>의 개념은 불교적인 근원을 가지며, 자유롭게 해석되어, 일반 철학의 어휘가 되었다. ⧖

**결정요인** 등의 이 보편성의 상태는 시(詩)에서도 일어나는데, 이 경우 그것은 가슴에 직접 침투한다. 보편성이 단순한 이야기(카타)로 일어날 수 있다고 하더라도, "이런저런 일이 이런저런 일을 행하는 그들에게 일어난다."는 문장처럼, 큰 인상적 감정 (**란자나**)이 부족하여, 그에 상응하는 마음의 상태가 잘 결정될 수 없다.

반면에 시에서는 [여기서 <시(詩)의 몸>은 언설의 질과 모습으로 꾸며진 말과, 그것의 생명인 **라사**, 즉 비-보통적 성격의 그 **라사**로 되어 있다는 것을 기억해야 한다.] 마음의 모든 상태가 **가슴의 동의**로 완전히 용해되어 있다. 그러나 어떤 종류의 직접적 지각 혹은 경험과 마주쳐야 되는 이 관념은 시를 듣고 읽는 모든 사람에게 일어나지 않는다.

연극에서는 이런 어려움이 일어나지 않는다.[1] 그 성격은 다음과 같이 요약될 수 있다. 첫째, 연극에서는 '나는 오늘 실용적인 어떤 일을 해야 한다.'는 의도가 없고, 또 연극을 보면서 '나는 오늘 주의를 기울일 만한 장면과 소리를 즐기고 있다.'는 생각도 없다. 그것은 마지막에 어떤 혐오감도 일으킬 수 없을 것이고,[2] 그의 핵심은 모든 관객이 공유하는 보편적 즐거움이다.

✐ [1] (**가슴의 동의** 등의) 미적 감수성이 빈곤한 이들은 시의 힘으로 제시되는 시각적 장치가 필요하다. (배우 등으로 구성되는) 그런 시각적 장치는 재현된 사건에서, 다른 모든 것을 배제하고 관객의

몰입을 일으키는 데 기여한다.

[잘 알다시피 시가 단지 우리의 '(시각과) 마음'이 **관여하는** 것이라면, 영화(오페라)는 우리의 '**시각과 마음, 청각**'을 '**사로잡는**' 무엇이다. 결국 '소리' 즉 진동(**떨림**, 스판다)은 우리를 "**살아나게**" 한다.]

² 공연의 마지막에, 연극으로 생겨난 그 즐거움의 상태의 끝에, 보통적인 모든 즐거움을 동반할 때, 그런 혐오감은 없다. ⧗

적절한 성악과 기악을 즐기는 일은 관객이 그의 실제적 상태(**삼사리카-바와**)를 잊게 만든다. 그래서 그의 가슴은 결과적으로 한 점 티끌 없는 거울처럼 깨끗하게 되어, <자신>을, 몸짓과 또 다른 종류의 재현을 본 것으로 솟아오른 <**슬픔, 기쁨** 등의 **정신 상태**>와 동일시할 수 있게 된다.

낭송을 듣는 것은 관객이 자신과는 다른 인물의 삶으로 들어가게 만들고, 그 결과로서 그의 안에, **라마, 라바나** 등의, 그의 인식의 대상이 자란다. 이 인식은 시공간의 어떤 제한에 경계 지어지지 않고, 또 <지식의 일> 즉 <잘못되고, 불확실하고, 가능한 것 등과 관련된 모든 생각>에서 자유롭다. 그것이 전부가 아니다. 관객은 며칠 동안 (그의 대상이었던 **라마** 등에 대한) 이 인식의 인상과 또 어떤 종류의 **차맛카라**가 따른다.¹

✎ 1 므릿차-카리카는 말한다. "사실을 말하면, 그 노래는 끝났지만, 걷노라면(산책할 때면) 그것을 듣는 것 같다." 그것은 <감동(感動)의 여운(餘韻)>, <사마디의 잔향(殘香)> 등일 것이다. ⏳

이 인상은 공연에 수반되는 (여자들, 성악과 기악 등) 여러 즐거움을 일으키는 것들에 대한 직접적 지각으로 쌓여진 다른 사람들에 의해서도 증거가 된다. 이 마지막 인상은 첫 번째 것의 연속의 바로 그 원인이다. 그러나 관객에게로 돌아가자.

관객은 그 <재현된 위업>에 끊임없이 몰입하고, 그것을 통해 그는 모든 것을 이 빛 안에서 본다. 성악과 기악, 또 다른 기분 좋은 것들의 이 인상은 — 우리가 보았듯이, 라사를 즐기는 것을 동반하는 그것은 우리의 연인(을 보는 것이 주는 즐거움)과 비교되지 않으며, 또 특별한 방식으로 의식을 채색하여 — 그에게 기원(祈願)이라고 표현하기에 적합한 일종의 경고를 낳는다. "이런저런 일은 이런저런 일을 하는 자들에게 (일어나야 한다.)" 이런 경고는 모든 시공간의 한정에서 자유롭다.

라사-경험 덕분에 앞서 언급한 인상은 화살처럼 가슴속에 깊이 박혀 남는다. 어떤 노력으로도 쉽게 풀어낼 수 없고, 홀로 추출되는 그런 방식으로 말이다. 그 덕분에 선을 얻고 악을 금하려는 바램은,

그에 맞춰 선을 행하고 악을 금하는 관객의 마음에
끊임없이 현존한다.

그다음, 수단(인 배우)을 전혀 알아채지 못하듯이
경문에 나오는 재-서술(re-narration)이라는 말은
재-산출이 아니라 <특별한 재-인식>이다. ("연극"
이라는 말은 그것을 위한 동의어일 뿐이다.) 우리는
재-산출에 속지 않아야 한다.

진실로 왕자나 다른 인물이 익살 속에 있지 않을
때, 관객은 그 배우가 다른 어떤 사람이라고 생각
하지 않는다. 그런 (재-산출의) 공연은 "변형"으로
알려져 있고, 또 관객에게 웃음 밖에 주지 않는다.
이런 것이 **바라타**의 목표였다. "웃음은 다른 이의
**행동**의 재-산출로부터 일어난다."(**나탸 샤스트라**
7:10)

반면에 재-산출된 인물들에서, 이 흉내는 미움,
분개 등의 감정을 준다. 진실로 악마들에서 가슴의
동요는 '우리는 이렇게 조롱의 그릇이 되었다.'는
이런 생각이 원인이다. (연극을 망치는 것으로부터)
그들의 자제 역시 조롱의 대상이 되는 이 두려움이
원인이지, (**브라흐마**의) 가르침이 원인이 아니다.

"글쎄, 연극은 특정한 것의 재-산출이 아니라고
받아들이자, 그러나 죄책감의 재-산출은?"

우리는 그것은 오직 논리적으로 불가능한 것을 제외하고는 아무것도 아닌 것에 대한 죄책감이라고 확실히 답한다. 재-산출이라는 말은 진실로, 유사한 것의 산출을 의미한다. 그러나 그 누구와 유사한? 확실히 **라마** 등과는 유사하지 않은데, 그것은 그를 재-산출하는 것이 가능하지 않기 때문이다. 그리고 이런 논리로, 그의 특별한 **결정요인** (여자 등)의 재-산출 역시 거부된다. 더군다나 그의 마음의 상태 예를 들어, 슬픔, 분노 등도.

진실로 배우는 그의 안에서 **라마**의 것과 유사한 슬픔을 산출하지 못하는데, 그런 슬픔이 그에게는 전혀 없기 때문이다. 만약 그것이 그에게 실제로 있다면, 그것은 더 이상 재-산출일 수 없을 것이다. 거기에는 **라마**의 슬픔과 유사한 것일지도 모르는 다른 어떤 것도 없다.

"아마 그가 산출하는 **결과**는 **라마**의 것과 유사할 것이다."고 할 수도 있다. 그러나 우리는 그것들은 유사하지 않고, 똑같은 종(種)이라고 말한다. 사실, 삼계(三界)에 공통인 <우주적인 것(**사-아다라나**)>에 대해,[1] 이 "유사성"이라는 말의 의미가 무엇인가? - 무엇에 대한 유사성인가?[2]

✍ [1] 그러므로 모든 개인에서 동시에 현존한다.

² **결과**는 <모든 사람에게 공통인, 어떤 우주적인 실체>다. ⧗

유사성은 진실로 어떤 특정한 것에 대한 유사성이고, 동시에 일어날 수 없다. 오직 특정한 것만이 재-산출될 수 있으며, 그것 또한 오직 점차적이다. 그러면 일반적인 것에 대한 재-산출의 의미는 무엇인가? 그래서 우리는 연극은 특정하지 않은 것에 대한 재-산출이라는 이 이론에 속아서는 안 된다.

이것이 스승 **밧타 토타** 역시 **카뱌카우투카**에서 <연극은 '특정하지 않은 것'에 대한 재-산출이라는 것은 확실히 아니다>는 것이다.

연극은 <특별한 형태의 재-지각(인식)>에 의한 인식의 일이다. 참으로 우선은, 의상(衣裳), 분장 등 재현의 다른 형태 때문에, <특정한 배우(**차이트라**, **마이트라** 등)와 특정한 시공간에 대한> 직접적인 지각과 마주해야 되는 추정은 존재하기를 멈춘다. 둘째로, 직접적인 지각은 적어도 최소한의 특수화 없이는 일어날 수 없기에, **라마** 등의 그런 이름을 의지해야 한다.

이것들이 유명인물의 이름이라는 사실은 진실로 <주의를 기울일 만한 가치가 있는 인물의 위업을

말하는 배우>가 관객에게 <신빙성의 부족>이라는 장애물을 유발할 가능성을 제거한다. 이 모든 것 때문에 **이 재-지각(인식)은 직접적인 지각의 형태와 같다**. 더군다나 즐거움을 주는 성악 등이 동반된 재현된 장면은 **차맛카라**의 근원이기 때문에, 그런 것은 가슴으로 침투하는 자연스런 적합성을 갖고 있다.

재현의 네 가지 형태는 배우의 진정한 정체성을 감춘다. 도입부(prologue) 등은 관객에게 자신들이 어떤 배우와 함께한다는 (일정한) 인상을 준다. 그 다음 배우는 보이는 것으로 관객에게 (**맛보는 일**, **차맛카라**, 즐거움, 몰입, 즐기는 일, **샘플링** 등으로 부르는) 재-인식을 유발한다. 그것은 우리 자신의 **의식**의 빛과 지복 안에 있더라도, 아직 여러 가지 감정으로 영향을 받고, 그래서 다양하다.

연극은 단지 이 <재-인식에 나타나는 무엇>이다. 이런 연결에서, 배우는 (**결정요인** 등의) 앞서 말한 채색의 연합에 몰입하여 있고, 그의 진짜 정체성은 숨겨져 있고, 그는 <과거에 일어난 일반적 지각의 직접적, 추론적 형태 등으로부터 일어나는 정신적 인상>을 가진다. 그는 배우로서 알아채는 정신적 인상을 제공받아, 관객에게 그들의 **가슴의 동의**를 통해 그 재현과의 동일시를 창조하는 데 참여한다.

그러나 앞서 언급한 <재-인식에 나타나는 무엇>으로 돌아가자. 이것은 <우리 자신이 가진 지식의 내적인 이미지>나 <덧붙여진(겹쳐 놓은) 일반적인 이미지>, <갑작스런 창조>, 다른 어떤 것으로 여겨질 수도 있다.[1]

어쨌든 나는 분별 있는 독자들을 주된 주제에서 벗어난 이런 논의로써 지루하게 만들 의도는 전혀 없다. 사실, 이것은 다른 전통에 대한 나의 면식을 과시할 뿐, 논의 중인 주제에 방해가 된다.

✎ [1] **참맛을 찾아**에서 더 깊이 다룬다. ⚱

요약하면 연극은 단지 <산만한 인지에 영향 받은 **의식**의 어떤 형태>, <재-인식>으로 만들어진 "서술(키르탄)"이다. - 그것은 사실, 그렇게 인식된다. - 재-산출의 형태가 아니다. 그러나 그대가 그것을, <실제의, 보통의 삶의 그 "산출"을 따른다는 의미에서> 재-산출이라고 말한다면, 거기에는 아무런 잘못도 없다. **일단 사실이 명확히 결정되면, 말은 '동의하지 못하는 것(비-동의)'의 근원이 될 가치는 없다.** 우리는 그것을 나중에 설명할 것이다. 잠깐 동안은 이것으로 됐다.

## < 2 > 드바니-알로카 1:18의 주석

**결정요인**과 **결과**를 나르는 시는 일차적 의미의 부적합성을 유발할 수 있는 어떤 요소가 나타나는 일이 가능하지 않다. 이런 의미에서 은유의 여지는 거의 없다.[1]

✍ [1] <은유의 성격>은 **쿤준니 라자**를 보라.

"후대의 **알람카리카가 락샤나** 혹은 전이(轉移)에 필요한 것으로 받아들인 세 가지 필수 조건은

① 문맥에서 일차적 의미의 '적용 불가능성' 혹은 부적합성.

② 단어의 일차적 지시대상과 실제적 지시대상 사이의 어떤 관계.

③ 대중적 용법으로 이전된 의미의 승인 혹은 그 전이를 정당화하는 명확한 동기.

세 가지 조건에서 처음 두 가지는 모든 작가가 받아들인다. 그렇지만 <확립된 용법의 승인을 받아들이지 않은, 어떤 은유의 사용을 정당화하는 동기적인 요소>는 초기 작가들에게는 중요하지 않았고, 다른 학파에 속한 후기 작가들도 **락샤나**에서 동기적인 요소에는 관심이 없었다. 그것에 관심을 두는 것은 비평가들뿐이었다." ⌛

"그러나 그것이 도대체 부적합성과 무슨 관련이 있는가?"

<은유의 성격>은 진실로 다음과 같이 정의된다.

"은유는 <직접적으로 표현된 그 의미와 연결된 어떤 의미>라고 말한다.[1] 우리는 시(詩)에서 **라사**가 <직접적으로 표현된> **결정요인**, **결과** 등과 연결된 것을 본다. 진실로 **결정요인**과 **결과**는 각각 **라사**의 **원인**과 **효과**이다. 그리고 **일시적 정신상태**는 그것들과 협력한다."

✍ [1] **쿠마릴라**의 **탄트라-바룻티카**(I,4:23) ⧗

나는 그대의 반론이 논리적이지 않다고 말한다. 만약 그것이 옳다면 "연기"라는 말 때문에 연기가 이해되었을 때는, 앞에서 언급한 은유의 영향으로 불의 관념(이미지) 또한 일어날 것이다. 다시, 불로부터는 냉(冷)이 제거되는 관념 등등으로 일어날 것이다. 그래서 말은 더 이상 고정된 의미를 가질 수 없다.

반면에 그대가 "연기"라는 말은 그 자신의 의미에서 쉬기 때문에, 그 힘은 실제적으로 불 등으로 확장될 수 없다고 말한다면, 그때 그대의 논쟁의 결과는 오직 하나이다. 즉 <은유의 씨앗은 일차적 의미의 부적합성이다>는 것이다. 왜냐하면 이것이 현존할 때만, 어떤 단어가 그 자신의 의미 안에서 앞서 말한 쉼이 부족할 수 있기 때문이다. 이제는 **결정요인** 등을 전달하는 것에서, 일차적인 의미의 부적합성을 유발할 수 있는 요소는 거기에 없다.

이런 점에서, 누군가는 마치 불의 관념이 즉시 연기의 인지를 따르는 것처럼, **기쁨** 등의 감정의 이해는 즉시 **결정요인** 등의 이해가 따른다, 그리고 이런 경우 단어에 내재한 힘의 여지는 거의 없다고 할지도 모른다.

이 반론에 대답하는 대신, 인지의 성격을 그렇게 잘 아는 이 명석한 논리가에게 나는 질문을 하려고 한다. 즉 그대는 **라사**의 이해가 다른 어떤 사람의 감정의 이해라고 생각하는가? 그대는 그런 실수에 빠질 가치가 없다. 진실로 이 경우, 이해라는 것은 단지 이런저런 사람들에게 있는 감정의 추론일 것이다. 그때 그것은 어떤 종류의 **라사**를 갖는가?

**라사**를 **맛보는 일**은, 비-보통적인 **차맛카라**로 만들어지고, 시에 고유한 **결정요인** 등을 맛보는 것으로 활성화되는데, <기억, 추론 등 보통의 과정과 같은 수준에 놓이기 위해> 그렇게 경멸될 수 없다.

오히려 **진리**는 <그 가슴이 **효과**로부터 **원인**까지 등, 일반적 추론 과정의 잠재적 흔적을 가진> 그가, 마치 무관심한 것처럼 **결정요인** 등을 이해하지 못하고, 그 대신, 그는 오히려 자신의 민감성 덕분에 (**가슴의 동의**라고 한다.) 그것들을 기억, 추론 등의 길로 나서는 것 없이 이해한다. (**결정요인** 등과의) 동일시에 적합한, 어떤 맛보는 일에 몰입한 것처럼 말이다. 그것은, 말하자면, 그것의 모든 완전성에서 이제 막 나타나려는, **라사를 맛보는 일**의 싹이다.

이 **맛보는 일**은 과거에서 즉 <지식의 어떤 수단, 이제 기억의 한 형태인 것>에서 생겨나지 않았고, <지식의 다른 어떤 수단>에서 새롭게 일어나지도 않았는데, 비-보통적 일에서는 직접적 지각 등은 어떤 힘도 없기 때문이다.


그래서 "**결정요인**" 등의 표현은 비-보통적 성격이다. 왜냐하면 바라타 자신이 "'**결정요인**'이라는 말은 명확한 지식을 위해 사용한다."고 했기 때문이다. **일상생활에서는 그것을 "원인"이라고 부르지 "결정요인"이라고 하지 않는다.**

"**결과**"라는 말 또한 (우리말에서도) 비-보통적인 것으로 보아야 한다. **바라타**는 말한다. "왜냐하면 말, 몸짓과 기질의 수단에 의한 재현은 사람에게 '**결과**'라고 부르는 **경험**을(**정신상태**를) 만들기 때문이다." 이 **경험하는 일**은, **결과**로 유발되며, 언급한 감정과의 동일시 외에 아무것도 아니다. **일상생활에서는 그것을 "효과"라고 부르지 "결과"라고 하지**

**않는다.** 그러므로 단지 <마음 안의 이 견해로> 즉 <우리는 다른 사람의 어떤 감정을 파악(이해)하지 않는다는 견해 때문에>, **바라타**는 경문에서 **영구적 정신상태**에 대한 언급을 전혀 하지 않았다.

"**결정요인, 결과**와 **일시적 정신상태**의 연합에서 라사의 출생이 일어난다."

반면에 그것의 언급은 어려움의 근원이 되었을 것이다. "**영구적 정신상태**는 **라사**가 된다." 같은 그런 표현은 오직 관련성(상응)에 기인한다. - 왜냐하면 맛보는 일은 우리 안의 잠재된 흔적 덕분에, **결정요인, 결과**에 상응하는 감정으로, 있는 그대로 아름답게 일어나기 때문이다. 또 세속적 생활에서, 무대에서, <다른 이들의 감정을 아는 지식으로>, 즉 <참으로 **가슴의 동의**와 관련해 필요한 지식으로> 우리는 <정원(庭園), 머리카락이 나부끼는 것> 같은 것에서 **기쁨** 등의 **영구적 감정**을 파악할 수 있기 때문이다. **일시적 정신상태**는 의심할 것 없이 어떤 감정이지만, 주된 것에 전적으로 의존하는 한에서 즐겨지기 때문에, **바라타**는 **결정요인**과 **결과** 중에 있는 것으로 여긴다.[1]

✍ [1] 그러니 그것의 언급은 어떤 어려움도 주지 않는다. ⚱

그러므로 경문의 "**라사의 출생**"은 <**즐기는 일**의 출생>으로 보아야 한다.[1] - 그 **즐기는 일**은 일종의 **맛보는 일**로의 몰입이고, <예를 들어, 오랜 친구를 만나는 것 같은 다른 원인으로 자극될 수도 있는> 기쁨 등의 **보통의 다른 모든 감정에 우월한 것**으로 나타나고, 또 점차적으로 발달된다. 그러므로 이 **맛보는 일**은 단지 현현이지, <지식의 수단의 활동>인 계시도, <행위의 수단의 활동>인 산출도 아니다.

✐ [1] 만약 경문을 문자적으로 취하면, 그 결과는 <**라사**는 더 이상 '비-보통적인 실체'가 아닌 것>이 될 것이다. 출생은 행동의 어떤 수단을 요구한다. 그래서 이것은 보통적인 성격의 것이다. ⧗

"이 맛보는 일이 인지도 아니고 산출도 아니면, 그러면 그것은 무엇인가?"

우리는 이 **라사**가 <비-보통적 성격의 것>이라고 말하지 않았는가? 그때 이 **결정요인**은 무엇인가? 그것은 드러내는 원인 아니면 산출하는 원인인가? 우리는 이 질문에 그것은 드러내는 것도 산출하는 것도 아니고, 단지 <**맛보는 일을 깨닫는(알아채는) 데 기여하는 어떤 것**>이라고 답한다.

그런 것이 다른 곳에서도 나타나는가? 그것이 비-보통적인 것이라고 하는 것은 그것이 다른 곳에서는 나타나지 않는 바로 그 이유다.

그래서 이런 방식에서 (누군가는) **라사**는 인지의 대상이 아니라고 할 것이다. 일단 받아들이고, 대답한다. - 그런데 인지의 무어라고? 그것을 맛보는 일로부터 즐거움과 교훈을 얻기 때문에, 그대는 혹 다른 무엇을 바라는가?

그대는 그것은 지식의 어떤 수단으로 알아낼 수 없다고 할 것이다. 이것은 진실하지 않다고 우리는 말하는데, 그것의 참된 존재는 우리 자신의 **의식**의 반박할 수 없는 자료이기 때문이다. 더군다나 이 **맛보는 일**은 오직 특별한 형태의 지식(인식)이다. 그리고 그것으로 충분하다.

그러므로 언급한 **라사**는 비-보통적인 성격의 것이다. 그래서 의미에서는 소용이 없다고 하더라도, 강하거나 부드러운 소리의 두운(頭韻)조차도 그것을 시사할 수 있다. 그때 여기에는 은유의 그림자조차 있지 않다.

   ✍ 미학(美學)의 보다 깊은 것은 <웃팔라데바와 아비나바굽타의 **참맛을 찾아**>에서 다룬다. ⧗

# < 3 > 드바니-알로카 2:4의 주석

**밧타 나야카**는 말한다.[1] – 만약 **라사**가 다른 곳 (제삼자)에 있는 것으로 인식되면, 관객은 무관심의 상태에 있을 것이다. 반면 **라마** 이야기를 기술하는 시(詩)는 독자에게 그것을 정말 자신 안에 있는 것으로 인식하게 하지 못한다. 그것은 **라사**의 출생이 자신 안에 있다는 입장을 암시하기 때문이다.

이 출생은 논리적 근거가 없다. 왜냐하면 **시타**는 관객에 관한 한 **결정요인**의 역할을 하지 않기 때문이다.

✎ [1] 그의 이론은 <등장인물들>에서 참고하라. ⧗

"그녀를 **결정요인**인 것으로 만드는 것은 연인에 대한 일반적 관념이고, 그것은 그녀로 인해 공유된, 우리의 잠재된 인상을 깨우는 원인이다."고?

나는 이 반론에 답한다. 그러나 그것이 어떻게 신성 등의 묘사에 대해 일어날 수 있는가? 더구나 (관객이 **시타**를 바라보는 동안) 그의 의식에 자신의 연인에 대한 기억은 전혀 일어나지 않는다. 다시, <**라마** 등처럼 어떤 비범한 인물에 고유한> '바다에 다리를 놓는 것' 등의 이런 **결정요인**이 일반적인 것이 될 수도 있는데, 그것이 가능하겠는가?

관객이 그런 이전의 경험을 갖지 않는 한에는, '일어나는 무엇'은 단순히 **영웅심**을 부여받은 때의 **라마**의 기억이라고 할 수 없다. 증언(證言)을 통해 그를 인식했다는 가정조차도, 마치 직접적 지식을 통해서 결합한 한 쌍의 연인을 인식하는 것처럼, 어떤 **라사**의 출생(산출)도 있을 수 없다.

더구나 **라사**가 산출된다고 하는 이론에 따르면, **연민**의 **라사**의 출생은 인식자에게 고통을 경험하게 만들 것이고, 결과적으로 더 이상 관객은 **연민**의 재현(연극)에 가지 않을 것이다. 그러므로 그것은 산출도 아니고 현현도 아니다. 만약 어떤 **라사**가, 예를 들어, **사랑**의 **라사**가 처음에 잠재적인 형태로 미리 존재하고 나중에 현현한다고 가정하면, 그러면 (그 **결정요인**은 반드시) 그것을 조금씩 비추어야 한다. 더구나 이미 만난 어려움이 일어날 것이다. 즉 **라마**는 정말 우리 자신 안에 현존한 것이 나타났는가? 아니면 제삼자에 현존한 것이? 그러므로 **라사**는 인식되지도, 산출되지도, 시로 현현되지도 않는다.

**시어(詩語)가 다른 말들과는 다르다는 것은 진실이다.** 이것은 세 가지 구분된 힘 때문에 일어난다. 그것은 말하자면 그것의 부분(**암샤**)이다.

① <명시적 의미의 힘>으로,

　　이는 그 대상으로 <표현된 의미>를 가진다.

② <계시(啓示)의 힘>으로,

　　이는 그 대상으로 <라사>를 가진다.

③ <즐기는 일을 일으키는 힘>으로,

　　이는 그 대상으로 <가슴을 소유한 개인들>을
　　가진다.

　　만약 시에 한 가지 힘 즉 <명시적 의미의 힘>만 있고 다른 것이 없다면, <두운(頭韻) 등의 다양한 장식물> 즉 '시(詩)'와 <그것들을 조명하는 논문> 즉 '감상(비평)' 사이에 무슨 차이가 있겠는가? 그 장식물과 함께 여러 문체(文體) 또한 소용이 없을 것이다. 그래서 다시, 이런 불협화음 등을 피하는 목적이 무엇이겠는가?

　　그러므로 "라사의 계시"라고 하는 두 번째 힘이 있다. 그것 덕분에 <시의 언어>는 다른 말들과는 다르다. 시에 고유한 이 힘 즉 계시는 <결정요인을 일반(보편)화하는 그 기능> 외에 아무것도 아니다. 일단 라사가 계시되면 거기에는 <그것을 즐기는 일>이 있다.

　　직접적 지식, 기억 같은 그런 종류의 인식과는 다른, 이 <즐기는 일>은 <(생각의) 유동성, 확대,

확장의 상태로 구성되고>, 또 <샷트와가 라자스, 타마스와 서로 혼합되어 구성된 우리의 의식에서 쉼, 용해의 특징이 있고>, 또 <지고의 브라흐만을 맛보는 것과 유사하다>.

시의 주된 구성원(구성요소)은 이것만으로 아주 완벽하다. 소위 교육은 단지 이차적인 것이다.

이것은 단지 이론의 하나다. 진실로 비평가들은 라사의 진정한 성격에 대해 동의하지 않는다. 그들 중 얼마는 첫 번째 단계에서, 우리는 단지 마음의 영주적 상태만 갖고 그것이 나중에 일시적 상태로 키워져 라사로 경험된다며, 이 라사는 재현된 인물에서만 현존하는 것으로 인식된다고 한다. 그리고 극장에서 나타날 때, "극장-라사"라고 부른다.[1]

✎ [1] 이것은 <밧타 롤라타의 이론>이다. ⧖

이 이론은 다른 사람들이 다음과 같이 비평했다. <자연스럽게 연속으로 발달하는 정신상태에서, 또 다른 사람에 의해서 마음의 상태가 강화된다>는 이 의미가 무엇인가? 놀라움도, 슬픔도, 분노도 시간이 지나며 더 강하게 자라는 것으로 보인다? 그러므로 <라사는 재현된 인물 안에 현존(하여 실제로 인식)한다>는 그대의 이론은 논리적이지 않다.

또 그것이 재-산출하는 배우에게 있다고 한다면, 배우는 그 속도 등을 따를 수 없을 것이고,

또 그것(**라사**와 **바와**)이 관객에게 있다고 한다면, 어떻게 **차맛카라**가 여전히 지속될 것인가? 반면에 **연민**의 장면에서 관객은 어쩔 수 없이 고통을 느낄 것이다. 그러므로 이 이론은 건전하지 않다.

그러면 어떤 것이 올바른 것인가? 단계적 차이의 무한함 때문에, 한정된 **영구적 감정**의 재-산출은 전혀 만들어질 수 없다.[1] 더군다나 이것은 목표가 없을 것이다. 이 과도한 특별함을 보고 관객은 무관심하게 남을 것이고 그래서 어떤 유용한 교육도 가능하지 않을 것이기 때문이다.

✍ [1] 그것은 <특별한 어떤 단계>의 특징이다. ⏳

그래서 **라사**의 진정한 성격은 다음과 같다. **결정요인**, **결과**와 **일시적 상태**가 <어떤 한정된 단계도 없는 마음의 **영구적 상태**>와 관련해 함께 연합될 때, "이것은 행복했던 **라마**다." 같은 기억과는 다른 어떤 인식이 일어난다.

이 인식은 그 대상으로 **영구적 감정**을 가지며, **맛보는 일**로 만들어지고, 궁극적으로 재-산출하는 배우에게서 발견되고, 극장에서만 발견될 것이다. **라사**는 그것 외에 아무것도 아니다. 그것은 어떤

분리된 지지도 요구하지 않지만, 관객은 재현되는 인물과 동일한 것으로 여겨지는 배우에게서 그것을 맛보고 있다. 이것이, 간단하게, **미적 경험**의 성격 (본질)이다. 그래서 **라사**는 극장에만 있고,[1] 재현된 인물 등에는 있지 않다.[2]

✍ [1] 다시 말해, **나타** 즉 배우에게만 있다.
  [2] 이것은 <**샹쿠카**의 이론>이다. ⧗

다른 누군가는 말한다. "재-산출하는 배우에서 나타나는 마음의 **영구적 상태**의 그 이미지는, 마치 벽에 나타나는 말의 이미지가 웅황 등 여러 색소로 산출되듯이, 재현 등의 여러 형태의 총합으로 산출된다. 이 이미지는 비-보통적 성격의 인식으로 맛보는 것이고, '샘플링(표본 추출)'이라고도 부르고, 그래서 **라사**라고 부른다. 그다음 '극장-**라사**'라는 표현의 의미는 <극장으로 인한 **라사**>이다."

다른 이에 따르면, **라사**는 마음의 **영구적 상태**에 적합한 <잠재된 결정적인 인상>과 연결된, 특별한 총합에 의해 공급된 **결정요인**과 **결과**의 전체 외에 아무것도 아니다. - 이는 앞서 언급한 <**결정요인**과 **결과**의 행위의 대상>이다. - 그리고 친밀히 즐기는 일이나 용해가 특징이다.

이 이론에 따르면, **라사**는 연극 외에 아무것도 아니다.

어떤 이들은 **라사**는 단지 **결정요인**, 아니면 단지 **결과**라고 하고, 어떤 이는 그것이 마음의 **영구적 상태**라고 하고, 어떤 이는 **일시적 상태**라고 하고, 어떤 이는 이것들의 연합이라고 하고, 어떤 이는 그것이 재-산출되는 상황이라고 하고, 마지막으로 어떤 이는 그것이 그 모든 것의 총합이라고 한다.

이 고심작(苦心作)들은 이것으로 충분하리라!

앞서 언급한 **라사**는 **시**에서도 일어난다. 그것은 <실현 가능한 재현의 곳에서, 극장이라는 전통적인 장소에서> 언설의 자연스럽고 비범(非凡)한 양상을 소유한다. **결정요인** 등의 연합은, 그것으로 라사가 산출되는데, **시에서는** <**명확함**(프라산나), **다정함**(마두라), **강력함**(오자스빈)의 특질을 부여받은 비-보통적인 성격의 말>로 제공된다.

시(詩)에서는 **라사**의 인식이, 다른 수단 때문에, 연극과는 어떻게든 다르다고 하더라도 그러나 그 과정은 똑같다.

그것이 그러하여, 이들 결점은 <일단은 진실로 여겨지는 견해>에만 관련된다. 그에 따르면 인식은 자신에 고유한 구별을 다른 것에도 강요하기 때문이다. 어쨌든 이론이 어떤 것인지는 중요하지 않고, **라사**는 인식으로 일어난다. 이것은 피할 수 없는 것이다. 진실로 인식될 수 없는 존재는, 예를 들어 도깨비는 확언될 수 없다.

이 인식이 **즐기는 일**, **맛보는 일**로 일컬어진다는 사실은 어떤 어려움에 닿지 않을 수 없다. 우리는 <직접적 인식>, <추론>, <전통(즉 증언)>, <직관>, <초월적 경험>은, 다른 이름 아래 그것을 현현하는 다른 수단에 인한 것으로, 동등하게 인식의 형태일 뿐이라는 것을 안다.

그러면 똑같은 것이 **라사**의 경우에도 일어난다는 것을 받아들이는 데 우리를 금하는 것은 아무것도 없다. 그것은 현현된 수단이, 즉 <**가슴의 동의** 등으로 도움 받은 **결정요인** 등의 연합>이 비-보통적 성격의 것이라는 것이 바로 그 이유이기 때문이다. "**라사**는 인식된다."라는 그 표현은 마치 "죽(粥)이 요리되고 있다."는 것과 같다.[1]

✍ [1] '죽(粥)' 그 자체가 '요리된 것'이다. <요리된 것이 요리되고 있다>? **라사** 그 자체가 곧 <(어떤) **인식**>이다. **파라 트리쉬카**에서 "<맛없는> 음식은 **없다!**"로 <언어의 두 가지>를 다루었다. ⧗

진실로 라사는 그냥 인식된다. 즐기는 일은 오직 특별한 인식일 뿐이다. 이 **인식**은 연극에서 보통의 추론적 인식과는 다르지만, 처음에는 이것이 수단으로 요구된다. 똑같이, 시(詩)에서도 앞서 언급한 **인식**이 언어적 인식과는 다르지만, 처음에는 수단으로 요구된다.

그러므로 단지 <처음에 진실로 여겨지는 견해>는 사라지게 된다. 그러나 그대가 **라마** 등의 위업이 모든 사람의 **가슴의 동의**를 얻지 못한다고 한다면, 나는 그것을 경솔의 큰 표지라고 말한다!

모든 사람의 마음은 사실, <가장 다양한 잠재적 인상들이 모여 있는 것>이 특징이다. 요가 수트라 (4:10, 9)는 말한다.

"**욕망**이 영원하기 때문에, (이런) **잠재적 인상**은 시작(과 끝)이 없다."
"**기억**과 **잠재적 인상**이 동종(同種)이기에 출생, 공간, 시간에 분리되어 있더라도 **잠재적 인상**의 연속이 있다."

그래서 **라사는 인식된다**는 것은 확립되었다. 이 **인식**은 결국 **즐기는 일**의 형태로 자신을 내놓는다. 이 **즐기는 일**은 <표현된 의미>와 <표현하는 말>이

갖는 <명시적 의미의 힘>과는 다른, **새로운 힘에
의해 산출된다.** 그것은 **동조(同調)의 힘**이고 **암시의
힘**이다. 시에 고유한, 소위 <즐기는 일을 일으키는
힘>은, 그대에 따르면, 실제적으로 이 <암시의 힘>
으로 구성되고, 그 대상으로 **라사**를 갖는다.

다른 힘 즉 <유발의 힘> 또한 실제적으로 적절한
성질과 장식물의 사용에 기초한다. 우리는 그것을
장황하게 설명할 것이다. 그것은 전혀 새로운 것이
아니다.

반면에 그대가 시는 **라사**에 영향을 준다고 하면,
그러면 그대는 이 서술 때문에, <산출의 이론>을
소생시키는 것이다. 더구나 이 유발의 힘은 시적인
말에만 있을 수도 없는데, 그것은 <표현 의미>가
알려지지 않으면 앞서 말한 힘은 논리적으로 존재
할 수 없기 때문이고, <표현 의미>에만 있을 수도
없는데, 그것은 이것이 다른 말에 의해 운반되면
그것은 더 이상 존재하지 않기 때문이다.

반면에 우리는 이 <유발의 힘>은, "그런 종류의
시는, 그 안에 의미 혹은 말은 …… 함축된 의미를
암시하는데" 등에서 확인되듯이,[1] 그 둘에 있다고
주장한다.

✍ ¹ 드바니-알로카(1:13)는 말한다.

"그런 종류의 시는, 그 안에 (관습적) 의미 혹은 (관습적) 말은 (각각) 그 자신 혹은 그것의 이차적 의미를 주고, 또 함축된 의미를 암시하는데, 배운 이들은 **드바니** 혹은 '상징시'라고 한다." ⌛

더욱이 <유발 과정>은 (여기서 우리는 기억하자.) 세 가지 구별되는 부분을 부여받는다. 즉 **<수단>**, **<필요한 조치>, <목표>**다.

그러므로 만약 우리가 <효과를 주는 시>로 산출되는 <현현의 힘>을 **<수단>**에, 또 <적절한 성질과 장식물>을 **<필요한 조치>**에, <라사>를 **<목표>**에 상응하게 한다면, <암시의 힘>은 **<수단>**에 상응할 것이라는 것은 아주 명확하다.

결국 **즐기는 일**은 시적인 말로 산출되지 않고, **<우리의 정신적 어리석음과 눈 멈의 두꺼운 장막을 걷는 것을 통하여>** 이 암시의 비-보통적인 힘으로 산출된다. 이 **즐기는 일**은 그대에 따르면, <유동성, 확대와 확장의 상태>로 구성되고, 또한 "**맛보는 일**"이라고 부르며, 비-보통적 성격의 것이다. 다른 말로, 일단 **<라사는 암시된다>는 것이 확립되면**, 앞서 언급한 **<즐기는 일을 일으키는 힘>** 그것 역시 숙명적으로 확립된다.

진실로 **즐기는 일**은 <**라사-경험**> 그 자체로부터 일어나는 **차맛카라**와 동일하다. 더군다나 **삿트와** 등의 구성요소는 무한한 구성원이 다른 방식으로 구성되어 발견될 수 있는데, 하나 혹은 다른 것이 현저한 것에 따라, 유동성 등에만 맛보는 형태를 제한하는 것은 터무니없는 짓이다.

**라사를 맛보는 일은 지고의 브라흐만을 맛보는 것과 유사하다**는 이론에 대해 우리는 반대할 것이 없다. 더구나 시로부터 파생되는 가르침은 종교적 문서나 역사적 서술로써 전하는 명령과 교훈과는 다르다.

그러나 시는 마지막에 가르침을 낳는다는 것을 주장하는 이들에게, 우리는 책망할 것이 아무것도 없다. 그 가르침은 "**라마처럼 나도 그렇게 한다.**"는 보통의 비유와는 전혀 다른 것이고, **라사를 맛보는 일**을 허용하는 도구인, 우리 자신의 <직관(直觀)>의 힘이 풍성한 것에 있다.[1]

그래서 이것은 분명하게 확립되었다. 즉 **라사는 인식(곧 의식)을 통해 현현되고 맛보게 된다.**

✎ [1] 드바니-알로카에서 아비나바굽타는 말한다. "주된 요소는 **지식**(知識)이 아닌 **즐거움**(프리티, 아난다)**이다.** (지식일 경우에는 윤리학과 역사학의 작품과 혼란이 있을 것이기 때문이다.)

시(詩)로 자극받은 즐거움과 지식은 서로로부터 구별되지 않고, 똑같은 것의 두 가지 측면이다."⌛

## < 4 >『성스러움의 의미』발췌

성(聖)스러움에서 聖은 <거룩할 성>이다. 필자가 계성(啓聖) 중고교를 다닐 때 어떤 선생님이 교명을 설명하면서, <귀(耳)는 좌우에 둘이니 이쪽저쪽의 말을 많이 듣되 (어느 한 쪽에 치우치지 않게) 잘 알아듣는 것에, 또 입(口)은 '가운데' 하나이니 말을 적게 하고 '중심'의 말만 하는 것에 왕(王)인 것>이 성(聖)이라고 한 것을 기억한다.

여기서는 <성스러움의 의미>의 목차를 중심으로 몇 가지를 아주 간략하게 살핀다.

루돌프 옷토는 먼저 <합리(적인 것)>와 <비합리(적인 것)>를 다루는데,
그것은 필자에게는 <합리적인 것>은 <좌뇌적인 것>을, <비합리적인 것>은 <우뇌적인 것>을 의미할 것이다.
그다음 <누멘적인 것> 즉 '누멘성(性)'을 다룬다.

"나는 우선 라틴어의 '누멘(numen)'[1]이라는 말로부터 '누멘적인 것(das Numinose)'이라는 단어를 만들겠으며 (……)

다른 말로, '누멘적인 것'이란 가르쳐줄 수 있는 것이 아니라, 오직 <자극할 수 있고 각성시킬 수 있는 것>일 뿐이다."

✎ 1 "Numen"은 <신성(神性)>, <신의 뜻>이란 뜻이고, "누멘적인 것"은 <성스러움>, <성스러운 것>일 것이다. 분석(심층)심리학의 융도 많이 쓴 말이다. ⌛

그리고 <누멘적인 것>의 요소로서 여러 가지를 다룬다.

① '피조물(인간)의 감정' – 누멘적 대상에 대한 느낌의 주관적 반영으로서
② 두려운 신비
'두려움(전율)'의 요소
압도성(위압성)의 요소
'활력성(역동성)'의 요소
신비의 요소('전혀 다른 것')
③ 누멘적 찬송들
④ 매혹성
⑤ 어마어마함
⑥ 누멘적 가치로서의 거룩함 – 장엄성

그리고 <선험적(先驗的) 범주로서의 성스러움>을 두 장(章)에 걸쳐 다룬다.

잘 아는 대로, '선험적'이란 말은 <a priori>로 '경험 이전의 것'을 가리키는 말이다.

"<선험적 인식>은 이성적인 사람은 누구나가 다 갖고 있는 것이 아니라 - 그러면 그것은 '선천적인' 것일 것이다 - 누구나 다 가질 수 있는 인식이다.

<보다 더 높은 선험적 인식>은 누구나 가질 수 있으나, 우리의 경험이 말해 주듯이, 자기 스스로가 아닌 <더 높은 소질을 받은 이>에 의해 '각성'되는 것이다.

여기서 <보편적 '소질'>은 단지 '감수성의 능력과 판단의 원리'를 뜻할 뿐이지, 모든 사람 스스로가 그런 높은 인식을 산출할 수 있는 능력이 있음을 말하는 것이 아니다. 그런 산출은 오로지 특별한 재능(才能)의 사람에게만 가능하다.

이 '재능'은 보편적 소질의 높은 단계나 강화가 아니라, 그 질(質)과 정도에 있어서 다른 것이다. 이 점은 예술의 능력에 있어서 분명히 볼 수 있다. 예술에서 대중들은 다듬어진 감각을 통해 <예술적 감수성과 추체험(追體驗)과 판단>을 지니는 반면에, 예술가의 경우에는 그것이 발명과 창작과 작곡 등 <독립적인 천재적 산출능력>으로 나타난다.

한편에서는 단지 <음악적 체험의 능력>으로 나타나고, 다른 편에서는 <음악의 산출과 계시의 능력>으로 나타나는 이런 음악적 소질의 차이는 단순한 정도의 차이는 아닌 것이다.

<종교적 감정과 경험이나 산출의 경우>도 이와 유사하다. 대중들의 경우에는 소질이 단지 감수성으로만, 즉 <종교에 대한 자극의 가능성과 종교적 진리를 인지하고 판단할 수 있는 능력>으로만 존재한다. 다른 말로 하면, **보편적 소질**은 단지 '성령의 **증언**'이라는 형태의 '**영**(靈)'이다. - 그러나 이것도 오직 성령이 원하는 곳에서이다.

그러나 종교에서 이런 단순한 감수성이라는 첫 단계에서는 나올 수 없는 <더 높은 능력의 단계>는 **예언자**이다. 그는 <'내면의 소리'를 들을 수 있는 능력과 직감(直感)의 능력>, 그리고 이 둘에 근거한 종교적인 산출능력으로서의 **영**을 소유한 자이다.

이 <예언자의 단계>를 넘어서서 한 단계 더 높은 제3의 단계가 생각되고 예견될 수 있다. 이것 역시 제2의 단계가 제1의 단계로부터 도출될 수 없듯이 제2의 단계로부터 도출될 수 없다.

이는 한편으로는 <**영**(靈)을 충만히 소유한 존재>이자 다른 편으로는 <자신의 인격과 위엄 속에서

**성스러움**의 현현을 느낄 수 있는 '**직감의 대상이 되는 존재**'> (즉 **신성**)의 **단계**인 것이다.

그런 존재는 예언자 이상이다. 그는 (**신의**) **아들** (곧 **신성**)이다."

# 나가며
### - "숭고 혹은 거룩" 사리기와 보듬기 -

## < 1 > 말은 참 난감한데

불교의 노승들 참 난감했다네
당시는 구개음화 상당했을 터

"'보디 삿트바', 어쩌지요?"
"보리 살타(菩提 薩埵)로 해!"
한순간에 한숨 놓았더랬지

"심경(心經)의 '보디 스바하'는요?"
한 순간, 한숨 나왔더랬지
"모지 사바하(菩提 娑婆訶)로 해!"

✎ 구개음화(口蓋音化, 입천장소리되기)는 <"ㄷ,
ㅌ"이 "ㅣ"를 만나 "ㅈ, ㅊ"으로 되는 현상>이라고
배웠다. 굳이 예를 들자면, "굳이 시인이 아니라도
좋다."의 "굳이" 등이다.
　요즘에야 우리의 외국어 발음 실력이 좋아져서
그런 일이 없지만, 당시 산스크리트 단어 "보디"는
참 난감한 말이었던 모양이다.

## < 2 > 말도 잘 못하면서

교회 다니던 나, 경상도 머시마라
"살"과 "쌀", 그런 말도 잘 못했지

성경 퀴즈 시간, "모세의 아내 이름?"
큰소리로 대답했어. "십보라!"


✍ "머시마"는 경상도 사투리로, "사내아이"를 말하고, "살(肉)"과 "쌀(米)"은 아직도 "살"로 발음한다. 그러니 밥을 먹으면서도 늘 '살'을 먹는다.

"모세"는 <건져내다>는 뜻으로 구원자를 말하고, "십보라"는 <작은 새>를 뜻한다.

필자가 어릴 적 성경 퀴즈 시간에 큰소리로 대답한 그 뒤, **가톨릭** 신학자들과 개신교 신학자들이 **모여 숙의한 끝**에 <**공동** 번역>에서는 "시뽀라"로 순화(?)했다고 한다.

영어로는 "Zipporah!"라고 하는데, 아마 **모세**가 애굽으로 출장을 가며 "집 (잘 돌)보라!"고 해서?

약 이십 년 전 **버자이너 모노로그**라는 수줍은(?) 책이 있었다. **모놀로그**(독백)라서 비교적 조용했지, **다이얼로그**나 <대중 연설>이었더라면……

## < 3 > 말장난은 좋아하고

언젠가 <동기회 **카톡방**>에
**오프라인**에서 만나자고
초대(?)가 떴다.

"아무개는
 필(必)히 나와서 설법(說法)할 것"

그냥 <나만의 세계>에
갇혀 지내는 몸인지라……

"**心分必**(심분필)이요
 **水去法**(수거법)이라

 마음을 나누면 <반드시>가 되고
 물이 흐르면 그것이 <법>입니다."


 ✍ <카톡방(房)>을 보통, 조용하다고 해야 하나,
시끄럽다고 해야 하나? <문자>로 말하니 조용하다?
<(쓸데없는) 말>이 많으니 시끄럽다?
 <내 내면(內面)>이라는 <심방(心房, 마음 방)>은
어떠한지……

## < 4 > 말로써 말 많으니

조선 말 김립(金笠)은
<말 많은 세상>에서
말장난에 고수(高手)랬지

삼위파(三位派) 이 몸도
<가시 빼는 가시>로
말장난엔 한 수(手) 하지


✐ 잘 아는 대로, 김립은 방랑(放浪) 시인 김삿갓이다. 할아버지를 비판하여 고개를 들지 못했던……하여 <말 많은 이 세상>을 말로써 비웃었던……

필자는 한때 랜드로버(LandRover, 방랑자) **차**를 갖고 싶었다. 그러지 못했지만, 지금도 <**랜드로버 신**>을 신고, <(정신적인) 이런저런 곳>을 방랑하고 있는 것은 사실이다.

<삼위파>는 **카시미르 쉐이비즘** 즉 **트리카**를 말한다. <**나-너-그것**>, <**쉬바-샥티-나라**>, <**아는 자**(주체)-**아는 일**(지식)-**알려지는 것**(대상)>, <천(天)-인(人)-지(地)>, <**의식**-필자-독자> 등등

[필자는 김해 김씨 <삼현파(三賢派)>라고 한다.]

< 5 > 말 멈추기 속으로

<호숫가에서>

흰 구름이 하늘을 간다
하늘이 호수 속에 있다

호면을 가는 구름을 본다
햇살이 등에 따사로운데

문득 뒤쪽 어딘가에서
누군가 나를 보고 있다


   위 시와 다음 쪽의 시는 이진흥님이 십대 시절에
쓴 습작(習作)으로, 약간 고쳐 옮겼다.
   **하늘**과 **호수**는 나의 마음이다. 어쩌면 <우주적인
마음>과 <작지만 그래도 하늘을 담은 이 마음>……
어느 쪽이든, 생각의 **흰 구름**은 잔잔히 흐르는데,
   **은혜(恩惠)의 따사로운 햇살**이 <그런 나>의 **등**을
어루만지는 순간, **문득** 아-!
   **뒤쪽 어딘가에서** - 아마도 저 하늘에서, <그런
**나**>를 보고 있는 **무엇**을 - <다른 나>를 느낀다.
   아, 이 <놀라움과 아름다음(崇高美)>이여!

<고향 못가에서>

어쩌면 내 앳된 바램은
어릴 적 고향 못가에서

잔잔한 물에 던진 작은 돌멩이
하여 조용히 일던 그러한 물맴


앳된은 <어려보인다>는 뜻이고, 물맴은 <잔물결,
파문(波紋)>을 말한다. 우리는 누구나 어릴 적 한번
쯤은 물에다 돌멩이를 던졌던 경험이 있다. 그리고
그것이 떨어지면서 그리는 동심원도 보았고……

일본의 <짧은 시 (형식)> 하이쿠에 아주 유명한
선시(禪詩)가 하나 있다. 그것은 <우리가 잊고 있는
그 어딘가>를 엿보게 한다.


고요한 옛 연못에
개구리 한 마리 퐁당


저 고요한 옛 연못은 우리의 <시원(始原)의 곳>,
<태고(太古)의 곳> 즉 우리 내면의 <침묵(沈默)의
곳>이다. 여기에 작은 개구리인 <나의 한 생각>이
퐁당…… 그 <고요한 근원>에 파문을 일으킨다.

위의 시에서도 **고향**(故鄉) **못**가에서 즉 <우리의 본향(本鄉)인, 저 잔잔한 하늘 호수>에 던진 **작은 돌멩이**(꿈) **하나**가 일으킨 잔물결(**물맴**)은 **조용히** 퍼져나간다.

저 선시에서의 경험과 **고향 못가에서**의 경험⋯⋯ 무엇이 다른가? 선(禪)은 <**"고요할"** 선>이다.

**어쩌면 내 앳된 바램은** − 시인의 어릴 적 꿈은 **고향 못가에서** 그 **잔잔한 물에 던진 작은 돌멩이** 하나가 일으키는 어떤 **"조용한"** 잔물결이었을지도 모른다.

시인의 호(號) "노아(老兒)"처럼 <내면 그 잔잔한 곳에서 "어린애 같은 마음"으로 일으킨 그 동심원(童心圓)의 세계는 이제 바위만 같던 이 바우(필자)에게도 동심원(同心圓)으로 다가와 "조용히" **물맴**을 일으키니 말이다.

우리는 이 세상을 <죄(罪)와 한(恨)이 많은 곳>, <무언가 불공평한 곳>으로 볼 수도 있고, (그것은 사실은, <내 마음의 투사(投射)>, <내 속의 것들을 드러내는 것>일 뿐이다.)

아니면 **참 시인들**처럼 <참되고 아름다운 곳>, <배우고 싶은 것이 가득한 곳>으로 볼 수도 있다.

그리고 <어떻게 바라볼 것인가?>는 오로지, 오직 나의 선택일 뿐이다! 그것은 그 어떤 신(神)이라고 하더라도 막을 수 없다.

**시인은 시인(視人)이다**

시인도 물에 돌멩이를 던지고
우리도 물에 돌멩이를 던진다
시인이 물맴(同心圓)을 보면
우리는 물맴(動心圓)을 본다

이렇게 <보는 눈>을 가꾸면
우리도 시인(詩人)이다!

☯

셰익스피어는 그의 <한여름 밤의 꿈>에서 이렇게 말한다.

"**사랑에 빠진 자들**이나
**미치광이**는 머릿속이 들끓어

온갖 모양을 만들어내는 **상상력**(想像力)으로
냉철한 이성(理性)으론 이해할 수 없는 것을
생각해내오.
**미치광이**나, **사랑에 빠진 자**나, **시인**은
하나같이 **상상**으로 가득 차 있는 자들이오.

광대한 지옥도 다 담을 수 없을 만큼
수많은 악마를 본 자가 **미치광이**이고,
**연인**도 마찬가지로 미쳐 있어서
집시의 얼굴에서 **헬렌**의 아름다움을 보며,
**시인**의 눈도, 광적인 흥분 속을 구르며
하늘에서 땅으로, 땅에서 하늘로 훑어본다오.

**상상력**이 미지의 것들에 형체를 부여하면
**시인**의 붓은 그들의 모습을 그려내고
<실체가 없는 것>에 주소와 이름을 붙여준다오."

이제 노년으로 접어드는 사람이면 누구나 자신의
지난 삶을 <한바탕의 꿈>이나 <한 편의 연극>으로
바라볼 수 있다.
이번의 "나의 **삶**"이란 이 연극은 어땠는가?
다른 이들의 삶은, 나보다 극적(劇的)이고 멋있는
것 같은데, 나의 삶은 시시하고 그저 밋밋한 것만
같을지도 모른다. 아니면 실패한 것 같을지도……

**시인**(극작가) 셰익스피어는 말한다.

"<아무리 뛰어난 연극>도 그림자에 불과해요.
**<최악인 연극>도 (관객 즉 '지켜보는 자'의)
상상력**으로 보충해 주면 최악은 아니라오."

☯

이제 이 <나가며>를 나가려는 순간, 필자는 처음
<들어가며>라는 산에서 울렸던 그 작은 **메아리**를
다시 듣는다.

일찍이 이탈리아의 <단테("사슴") 알리기에리>가
<**두 개**의 봉우리>가 있다고 말했던, 그리스의 저
파르나소스 산에서 그 옛날 그 <**두 봉우리**>를 울려
퍼졌던 그 **소리**는 이탈리아 반도의 **움베르토 에코**
(Eco, "메아리")의 <**미의 역사**>에서 작은 **메아리**가
되어 울려 퍼지더니, 이제 그 **메아리**의 **메아리**가
한반도의 우리네 <**두개**(頭蓋)의 **봉우리**>에도 울려
퍼질 수 있다. (<좌우 뇌의 활성> 말이다.)

그 <**태초의 소리**>는 이것이었다.

## "가장 올바른 것이 가장 아름답다!"

그 **태초의 소리**의 계시를 따라 <아름다운 것>과 <**가장 아름다운 것**> 즉 **숭고미**(崇高美), 그리고 <올바른 것>과 <**가장 올바른 것**> 즉 **진리**(眞理)를 찾아 여기까지 왔다.

실제로 <**가장 올바른 것**>은 좌뇌의 관할이고, <**가장 아름다운 것**>은 우뇌의 관할이다.

이런 것을 성경에서는 <천지 창조의 찬가>에서는 거듭거듭 노래한다.

**"하나님의 보시기에 좋았더라."**
"God saw that it was good."

그것은 한마디로, <**자기**(自己)-만족> 혹은 <**참나 안에서의 쉼**>일 것이다.

그 옛날 **아비나바굽타**("새로운 그 무엇")가 말한 <**"맛보는 일"의 비밀**>을, 다행하게도 이탈리아의 <**"뇰리"가 맛본 것**>을 통해 <**숭고미의 미학**(味學)>이라는 <**맛보는 "놀이**(a Play)">에서 어쩌면 약간 **맛볼 수 있을지도** 모른다.

우리네 "**삶**은 한 편의 연극(a Play)"일지니.

**거룩한 책**("聖經")은 간곡히 권한다.

**"너희는 여호와의 선하심을 맛보아 알지어다!"**

그리고 "여호와"라는 것은……

(그것은 <들어가며>에서 분명하게 밝혔지만, 소위 <기독교의 신>을 말하는 것이 전혀 아니다. 필자는 단지 <기독교 용어>로 말하고 있을 뿐이다. 영어로 말하는 것이 영국인을 위한 게 아니 듯.)

**아는 자**("先知者")들은 끊임없이 외친다.

**"너희는 여호와**(즉 **의식, 참나**)**를 알라!"**
**"우리가 여호와**(곧 **삶, 존재**)**를 알자.**
 **힘써 여호와**(혹 **진리, 자유**)**를 알자!"**

☯

놀리의 『The Aesthetic Experience According to Abhinavagupta』가 어떤 경로를 통해 필자가 처음 읽게 되었는지는 기억이 없다.

[아마도 몇 년 전 우연히 <美的 體驗論에 관한 研究 - 아비나바굽타의 샨타-라사論과 체.게. 융의 自己實現說의 比較를 中心으로>라는 어떤 논문을 읽으면서가 아닐까 한다. 아니면 다른 것일지도….

아무튼 이 책의 출판을 앞두고, 위 논문을 다시 읽었다. <미학(美學)에 관한 것>은 평가할 입장이 아니지만, (필자가 좋아하는) <인도(印度) 미학>과 <융의 自己實現>을 소개하고 다루었다는 점에서는 보기 드문 논문이다. '서로의 향기(相馨)'라….]


그러나 이제 무언가 희미하게 짚이는 것이 있는 것 같다. 그것은 아마 이 **거울 속에서**, <**돌과 즈슴 이야기**>를 해보려다가 <**이슈와라 프라탸비갸**>를 통해 참 **나** 자신을 더 통찰한 다음, **웃팔라데바의 <하나님 찬양>**을 만끽하고 그와 **아비나바굽타**의 <**참맛을 찾아**> 맛보라는, **차맛카라**하라는 뜻일지도 모르겠다.

만약 그렇다면, 이 책은 그런 책을 통해 더 깊게 읽을 수 있다. <**내 자신이 깊어진 만큼**> 더 많은 것이 보이니까 말이다.

그러면 성경은 당연히 이렇게 개작(改作)된다.


　　"너희는 여호와의 선하심을
　　　더 깊이 맛보아 알지어다!"

아비나바 바라티의
숭고미의 미학(味學)

초판 1쇄 발행   2023년 8월 17일

지은이 | 金恩在

펴낸이 | 이의성
펴낸곳 | 지혜의나무
등록번호 | 제1-2492호
주소 | 서울시 종로구 관훈동 198-16 남도빌딩 3층
전화 | (02)730-2211   팩스 | (02)730-2210

ISBN 979-11-85062-45-7   93150

① 가시를 빼기 위한 가시
　『비갸나 바이라바』
　　- 명상 방편의 총림(叢林) -


　"자신의 생명은 포기할 수 있지만,
　　이 가르침을 포기해서는 안 된다!"
　일컬어 <112 방편>이다.


② 수행경(修行經)
　『쉬바 수트라』
　　- 영성 수련의 섬광(閃光) -


　꿈에 <은혜의 주(主)>가
　"저 산, 큰 바위 아래에……"
　그렇게 그는 이 경전을 얻었다.


③ 스판다와 재인식(再認識)의
　『소와 참나 이야기』
　　- 素所, 蘇消, 小笑 그리고 이 무엇 -


　"소"는 사람이
　<신성(神性)에 이르기 위해>
　가장 본받아야 할 선생(先生)이다.

4 아는 자를 아는 일
『프라탸비갸 흐리다얌』
  - 재인식(再認識)의 비의(秘義) -


"<거울 속의 도시>는
 <거울>과 다르지 않다!"
<재인식(再認識)>이 무슨 뜻인가?

5 참 나를 느끼는
『스판다 카리카』
  - 신성의 창조적 박동, 스판다 -


<"움직임"이라는 그 모든 것>
샥티, 에너지, 힘, 기(氣), 영(靈),
그리고 스판다라는 이 무엇

6 삼위일체경(三位一體經)
『파라 트리쉬카』
  - 그 비밀의 아비나바굽타 해석 -


"<맛없는> 음식은 없다!" -
<말(언어)>이라는 것은 인간에게
도대체 그 어떤 의미인가?

7 전체성(全體性)과 크라마의
  『뱀과 얼나 이야기』
   - 蛇辭, 思師 그리고 쿤달리니 -


  "아, 내 몸의 이 뱀!"
  성(性) 즉 섹스(Sex)는 무엇이고,
  전체성(全體性)은 무엇인가?


8 탄트라 알로카의 정수(精髓)
  『탄트라 사라』
   - <트리카 영성 철학>의 요체(要諦) -


  <인간 영성의 모든 것> - 탄트라
  그는 어린 우리를 위해……
  "그러니 이를 읽어라!"


9 아비나바 바라티의
  『숭고미의 미학(味學)』
   - 그 <미적 경험>, 차맛카라! -


  우리는 <아름다운 것>에 끌린다.
  왜 그런가?
  美學을 넘어 味學으로

⑩ 문학, 영화 그리고 꿈의
  『거울 속에서』(예정)
   - 그 현존의 순간들과 흔적들을 찾아 -

오늘도 "거울 속에서" 기다린다.
<거울 밖>을 내다본 이들의
아름다운 이야기를!

⑪ <신(神)-인식(認識)>경(經)
  『이슈와라-프라탸비갸』(예정)
   - 내 안의 신성을 되찾는 빠른 길 -

"내 영혼의 꿀벌은
 웃팔라(연꽃)의 향기를 찾아
 <절대(絶對)>의 만족을 얻노라!"

⑫ 인간(우주)의 본질을 꿰뚫는
  『말리니-비자야 탄트라』(예정)
   - 그 이론(지식)과 실천(수행) -

"인간의 본질을 모르면,
 진정한 해방은 없다!"
트리카 경전의 에베레스트!

⑬ 한 돌이 들려주는
　『돌과 즈슴 이야기』(예정)
　　– 時間, 空間, 人間이라는 **틈새** –


한 돌이 들려주는
돌과 여러 "**틈새**" 이야기에
시간 가는 줄 모른다!

⑭ 웃팔라데바의
　『하나님 증명과 찬양』(예정)
　　– 이슈와라싯디와 쉬바스토트라아발리 –


"증명하라, 그러면 믿겠노라."
– 아, 이 <사악한 마음>……
"**내 영혼이 주를 찬양**하나이다!"

⑮ 웃팔라데바와 아비나바굽타의
　『참맛을 찾아』(예정)
　　– 최고의 삶을 누리는 지혜 –


"**진실로 나는 멋진 이, 아는 이, 행운아라.
이 세상에서 나와 비길 이 누구랴?**"
– <이런 느낌>은……

16 죽음을 극복(克復)하는
『네트라 탄트라 수행』(예정)
 - <세 번째 눈> 곧 <여호와의 눈> -

"여호와여! 주(主)의 눈이
 성실을 돌아보지 아니하시나이까?"
- 한 인간으로 그 절박한……